高职高专"十三五"规划教材　社会工作专业

社会工作实务：
通用过程与技巧

主　编　张晓琴
副主编　刘百秀

南京大学出版社

图书在版编目(CIP)数据

社会工作实务：通用过程与技巧/张晓琴主编. ——南京：南京大学出版社，2018.8
ISBN 978-7-305-20697-9

Ⅰ. ①社… Ⅱ. ①张… Ⅲ. ①社会工作-中国 Ⅳ. ①D669

中国版本图书馆 CIP 数据核字(2018)第 176494 号

出版发行	南京大学出版社
社　　址	南京市汉口路22号　　邮　编 210093
出 版 人	金鑫荣
书　　名	社会工作实务：通用过程与技巧
主　　编	张晓琴
责任编辑	李建国　尤　佳　　编辑热线 025-83592123
照　　排	南京理工大学资产经营有限公司
印　　刷	南京人民印刷厂有限责任公司
开　　本	787×1092　1/16　印张 13.75　字数 343千
版　　次	2018年8月第1版　2018年8月第1次印刷

ISBN 978-7-305-20697-9
定　　价 35.00元

网　　址：http://www.njupco.com
官方微博：http://weibo.com/njupco
官方微信号：njupress
销售咨询热线：(025)83594756

＊版权所有，侵权必究
＊凡购买南大版图书，如有印装质量问题，请与所购图书销售部门联系调换

编委会成员(以姓氏拼音首字母为序):

付美珍　顾烨利　何思斯

黄泉华　刘百秀　肖　莹

张铭炜　张晓琴

前　言

社会工作是以实践为本的专业。实务能力的培养对于从事一线社会工作服务的学生来说，非常重要。我校从2011届学生开始，根据职业教育以岗定课的原则，参照职业资格考试内容，开设了《社会工作实务》课程。在教材的使用上，也是完全贴近职业资格考试一线，采用的是职业资格考试指定用书。作为该门课程的教师，在教学中深感职业资格考试指定用书不太适合职业院校社会工作专业人才培养，尤其是在课时有限的情况下难以开展十多个实务领域的深度学习。因此，我一直有个心愿，希望有机会与一线社工合作编写一本凸显社会工作实务通用过程与技术的教材。非常感谢原广州市心明爱社会工作服务中心督导主任刘百秀女士，在一次校企合作的交流互动中聊及教材的话题，她欣然答应加入教材的编写团队，并主动请缨召集广州社工届一批资深社工，正式启动本书的编撰工作。教材编写工作从团队组建到最终成型历时一年有余，感恩社工行业界的这群小伙伴，在繁重的工作之余，牺牲了自己与家人的团聚时光，从四面八方汇聚在一起，为教材的体例、内容选择、文字编排、案例采集进行头脑风暴，集思广益。肯德基、星巴克、绿茵阁……都留下了我们热烈研讨的身影。《社会工作实务：通用过程与技术》终于要付梓出版了，这是团队合作的成果，而最令我难以忘却的是和各位小伙伴一起工作的旅程。隆重推出参与教材编写的各位小伙伴（按姓氏拼音排序），他们是：

付美珍，女，苏州大学社会工作硕士，中级社工师，二级心理咨询师。曾在深圳、广州等地从事社会工作前线工作及专业教学6年，现为广州城市职业学院社会工作专业教师，主要研究青少年及家庭领域。

顾烨利，女，广州市天河区启智社会工作服务中心副总干事、督导。中级社工师、高级沙盘游戏咨询师、全国社会工作（实务）初级督导，广东省社会工作师联合会百名督导团成员。10年社会工作实务经验，近年来督导社工超过100人，面向社会及专业人士开展社工实务培训超过50场。凭借过硬的实务能力，以社工角色参与多起社会性突发事件的紧急介入，如劳资纠纷集体冲突现场调解、企业暴力伤害事件团体工作、消防事件后消防官兵辅导等。

黄泉华，男，广西大学社会工作专业毕业，中级社工师，广州市本土督导。8年专业服务经验，曾在东莞、广州多地担任司法社工，家庭综合服务中心主任等服务及项目管理岗位，担任项目管理期间多个项目获评优秀项目，现为广州市心明爱社会工作服务中心副总干事，并担任广州、佛山多地机构的专业督导。

何思斯，女，华南农业大学社会工作系本科毕业，广州市第三届督导人才研修班毕业，首届广州市白云区社工之星，10年社会工作服务经验，擅长精神康复服务、残障服务、社区服务，撰写案例《"爱在一起"助力隐蔽青少年融入社区》获得佛山市南海区妇联优秀案例，与叶锦成教授等同仁创立中国精神康复社会工作模式——中国复元模式,并于2016年12月在亚洲精神健康会议上发表《龙虎凤传奇——中国复元模式的现实感连结应用》。曾在广州、佛山两地从事社工前线服务、项目管理和机构管理工作。目前专注于残障领域和长者服务的督导工作。

刘百秀,女,中国青年政治学院硕士,中级社工师,广州市优秀社会工作督导。从事社工行业9年,曾在深圳、北京、东莞、广州及甘肃等多地从事社会工作前线服务及项目管理工作,并在广州、东莞等多间社工机构担任高级主管及督导主任。擅长长者、义工及社区发展服务;组织管理及规划;顾问培训及实务研究。目前专注于养老服务及家庭教育服务领域。

肖莹,女,中山大学社会工作硕士,中级社工师,二级婚姻家庭咨询师,2014年—2015年参加广州市第五届社会工作督导人才培训(研修)班并结业,从事社会工作实务7年。主要涉及:家庭领域服务、家综服务运营管理、机构督导安排与培训工作规划、机构专项的申报和管理、家综本土督导等。

张铭炜,男,中山大学社会工作硕士在读,华南农业大学法学学士(社会工作专业),中级社会工作师,广州市致学咨询服务有限公司专业督导、专业培训部经理。第二届广州市社会工作人才督导班毕业学员。现任多家社工机构外聘专业督导,广东省"双百计划"兼职协同行动者,广州市社会组织联合会专家库专家评委,惠州市为民社会工作评估与研究中心专家库专家评委,曾参与广州、惠州、东莞、兰州等地的社会工作项目评估。10年社会工作从业经历,在青少年及家庭领域有较丰富的服务经验。

本书由张晓琴策划,以社会工作通用过程为主线开展教材编写工作。其中,张铭炜负责编写项目一接案;肖莹负责编写项目二预估;黄泉华、付美珍负责编写项目三计划;顾烨利、张晓琴负责编写项目四介入;何思斯负责编写项目五评估;刘百秀负责编写项目六结案。张晓琴、刘百秀负责全书的统稿工作。本书实务案例由广州市心明爱社会工作服务中心提供,刘百秀点评;广州城市职业学院以教材立项的形式提供部分资金资助。在此一并表示感谢!

由于能力与知识水平有限,教材编写还有许多有待完善的地方,欢迎各位读者批评指正。

张晓琴
2018.7 于广州

目　录

项目一　接案 · 001

1　工作任务 · 001

 1.1　了解服务对象 · 001

 1.2　初步评估服务对象的问题或需求 · 001

 1.3　建立专业关系 · 001

 1.4　决定是否提供服务 · 002

 1.5　初步确定服务意向 · 002

2　通用技巧 · 002

 2.1　资料收集技巧 · 002

 2.2　接触服务对象的技巧 · 006

3　在三大手法中的运用 · 013

 3.1　在个案工作中的运用 · 013

 3.2　在小组工作中的运用 · 019

 3.3　在社区工作中的运用 · 025

项目二　预估 · 032

1　工作任务 · 032

 1.1　进一步收集资料 · 032

 1.2　分析和解释服务对象的资料与问题 · 032

 1.3　认定问题/需求 · 033

 1.4　撰写预估报告 · 033

2　通用技巧 · 033

 2.1　分析问题成因的技巧 · 033

 2.2　认定问题的技巧 · 034

 2.3　撰写预估报告的技巧 · 035

3　在三大手法中的运用 · 037

 3.1　在个案工作中的运用 · 037

 3.2　在小组工作中的运用 · 042

 3.3　在社区工作中的运用 · 044

项目三　计划 ··· 051
　　1　工作任务 ··· 051
　　　　1.1　明确需要介入的问题及对象 ··· 051
　　　　1.2　明确目的及目标 ·· 051
　　　　1.3　明确理论及介入策略 ·· 052
　　　　1.4　明确社会工作者、服务对象及相关合作方角色定位 ············ 052
　　　　1.5　确定服务行动计划 ·· 053
　　2　通用技巧 ··· 053
　　　　2.1　目标制定技巧 ··· 053
　　　　2.2　决策技巧 ·· 053
　　　　2.3　合作技巧 ·· 054
　　　　2.4　风险管理技巧 ··· 055
　　　　2.5　活动策划技巧 ··· 057
　　　　2.6　时间规划技巧 ··· 057
　　3　在三大手法中的运用 ··· 058
　　　　3.1　在个案工作中的运用 ·· 059
　　　　3.2　在小组工作中的运用 ·· 067
　　　　3.3　在社区工作中的运用 ·· 074

项目四　介入 ··· 084
　　1　工作任务 ··· 084
　　　　1.1　链接资源 ·· 084
　　　　1.2　疏导情绪 ·· 084
　　　　1.3　调解关系 ·· 084
　　　　1.4　提升能力 ·· 085
　　　　1.5　化解危机 ·· 085
　　2　通用技巧 ··· 085
　　　　2.1　资源链接技巧 ··· 085
　　　　2.2　情绪疏导技巧 ··· 085
　　　　2.3　关系调解技巧 ··· 085
　　　　2.4　能力提升技巧 ··· 086
　　　　2.5　危机介入技巧 ··· 086
　　3　在三大手法中的运用 ··· 086
　　　　3.1　在个案工作中的运用 ·· 086
　　　　3.2　在小组工作中的运用 ·· 099
　　　　3.3　在社区工作中的运用 ·· 115

项目五　评估 ··· 134
　　1　工作任务 ··· 135

    1.1 评估目标实现程度 …………………………………………………… 135
    1.2 评估策略技巧的有效性 ……………………………………………… 135
    1.3 评估社会工作者角色的有效性 ……………………………………… 135
  2 通用技巧 ……………………………………………………………………… 136
    2.1 评估逻辑框架—程序逻辑模式 ……………………………………… 136
    2.2 基线测量法 …………………………………………………………… 139
    2.3 任务完成情况测量方法 ……………………………………………… 140
    2.4 目标完成程度测量方法 ……………………………………………… 141
    2.5 介入影响测量方法 …………………………………………………… 141
    2.6 差别影响评分 ………………………………………………………… 143
  3 在三大手法中的运用 ………………………………………………………… 143
    3.1 在个案工作中的运用 ………………………………………………… 143
    3.2 在小组工作中的运用 ………………………………………………… 149
    3.3 在社区工作中的运用 ………………………………………………… 154

项目六 结案 ……………………………………………………………………………… 158
  1 工作任务 ……………………………………………………………………… 158
    1.1 总结回顾 ……………………………………………………………… 159
    1.2 巩固已有改变 ………………………………………………………… 159
    1.3 解除工作关系 ………………………………………………………… 159
    1.4 做好结案记录 ………………………………………………………… 159
    1.5 跟进服务 ……………………………………………………………… 159
  2 通用技巧 ……………………………………………………………………… 160
    2.1 总结技巧 ……………………………………………………………… 160
    2.2 关系终止(终结)技巧 ………………………………………………… 161
    2.3 成果提炼及展示技巧 ………………………………………………… 163
  3 在三大手法中的运用 ………………………………………………………… 164
    3.1 在个案工作中的运用 ………………………………………………… 164
    3.2 在小组工作中运用 …………………………………………………… 170
    3.3 在社区工作中的运用 ………………………………………………… 175

附件 社会工作通用过程与技巧案例分析 ……………………………………………… 179

参考文献 ………………………………………………………………………………… 208

项目一 接　案

接案是社会工作者与服务对象接触的第一个环节。通过接案,社会工作者与前来求助的潜在服务对象进行接触,了解其需要,帮助其逐渐成为服务对象并接受服务。这个过程是整个助人过程的开始,成功的接案是专业助人活动的前提。[①]

1　工作任务

1.1　了解服务对象

了解服务对象,是指社会工作者要清楚服务对象的信息与情况。在个案工作中,主要是指了解服务对象的来源、求助的类型、求助的过程、求助问题和与求助问题有关的服务对象资料。在小组工作中,主要是指了解服务对象的群体特征、文化背景等。在社区工作中,主要是指了解社区不同群体的特征、社区主要的问题及受影响的人群等方面。在社会工作的三大手法中,了解服务对象的侧重点各有不同,但是无论是个案、小组或社区社会工作者均要了解服务对象有什么样的优势、资源,这些有助于社会工作者进一步理解服务对象的问题及做出初步评估。

1.2　初步评估服务对象的问题或需求

在接案环节,初步评估服务对象的问题或需求主要体现为探索服务对象的问题及需求,即了解问题和需求是什么,具体包括:(1)了解服务对象可能存在的需求以及这类需求产生的原因;(2)了解服务对象是否愿意由社会工作者协助介入;(3)评估服务机构的功能或自身能力是否能够处理;(4)确定处理问题的先后顺序。

1.3　建立专业关系

社会工作的专业关系是社会工作者与服务对象之间的态度与情感互动,目的在于帮助服

---

① 全国社会工作者职业水平考试教材编写组.社会工作实务:中级[M].北京:中国社会出版社,2006.12.

务对象与环境之间达到更适应的合作关系。社会工作者与服务对象之间的这种关系的本质在于提供了服务对象与社会工作者之间一种有意义的联结，激发了服务对象的学习能力，使得服务对象愿意接受社会工作者的协助，从而受到社会工作者的影响。因此，专业关系能够使工作过程有组织、有亲切感，从而成为促进服务对象改变的动力。

1.4 决定是否提供服务

在完成对问题界定的任务后，社会工作者需要决定是否提供服务。通常有以下几种选择：

1. 终结服务。在了解服务对象及初步评估服务对象问题后出现以下情况社会工作者可以终止服务：(1) 服务机构缺乏合适的工作人员；缺乏有必要技能的工作人员；(2) 服务对象的问题不属于服务机构的服务范围；(3) 有能更好处理服务对象问题的服务机构。

2. 转介。社会工作者发现潜在案主的问题可由其他服务机构处理，可以选择把潜在案主转介至合适的服务机构。社会工作者联系好有关的服务机构，介绍潜在案主的问题和解释转介的理由；向潜在案主介绍所转介的服务机构或服务，解释为何要转介、如何转介。做好有关转介的工作。

3. 进入下一个服务阶段。社会工作者对案主的问题界定后，如果提供服务，就进入下一个服务阶段——预估阶段。

1.5 初步确定服务意向

在决定与潜在服务对象进行服务介入后，就需要根据收集到的资料初步确定服务的意向以及方向。在个案工作中，初步确定服务意向包括社会工作者与服务对象就需要解决的问题达成共识，并对问题的优先次序等进行讨论；在小组工作中，初步确定服务意向主要体现为社会工作者可以初步准备制定小组活动方向和计划；而在社区工作中，社会工作者则需要初步确定介入的问题。

2 通用技术

2.1 资料收集技巧

2.1.1 收集资料的层次内容

资料收集是一个系统工作。它要求社会工作者用一个全面的视角去看待服务对象及其所处的环境。通常，社会工作者可以从微观、中观和宏观三个层次来收集资料。微观层面，主要是服务对象个人本身的层面。在这个层面上，社会工作者需要了解其身体健康、心理情绪、经济能力、社交、社会支持等各方面的信息。中观层面主要了解其所处的家庭或所在的团体。家庭的有关信息包括家庭的结构、家庭成员的关系、家庭的文化、家庭的发展过程等。服务对象所在的团体需要了解的信息包括团体的组成、架构、特点、成员的关系、团体的规则等。宏观层面上，人所处的环境与人有着相互的影响，社会工作者需要了解所处的环境中社会结构、文化习俗、历史变迁、政治、法律政策等更宏观的信息（见表1-1）。

表1-1 收集资料层次及内容一览表

层次	个案	小组	社区
微观	身体健康 心理情绪 经济能力 社交关系	潜在小组参与者的基本特征	社区环境 社区居民的一般特征
中观	家庭结构 家庭文化 家庭关系互动 家庭发展历程 重要事件	生活环境 工作环境 社区组织 政府部门	社区权力关系 与服务对象有关的系统和部门
宏观	社交关系 社会支持系统 文化风俗习惯 政策法规	群体的文化 政策法规	社区的文化、习俗 历史变迁 政策法规

2.1.2 资料收集的方法

在社会工作中，资料收集的方法主要有四种，分别是文献检索法、问卷调查法、访谈法、观察法。

1. 文献检索法

文献资料的检索，是指社会工作者搜集所研究的现象的任何信息的过程。[①] 文献的资料包括个人的资料（包括日记、回忆录、自传、信件等）、报刊、官方统计资料、历史文献、地方志、年鉴、服务资料信息、探访记录等。

文献资料有一手资料，也有二手资料。一手资料是指经由其他人收集的但尚未经过任何分析的资料，比如社会工作者通常能够接触到的服务对象名单等。二手资料则是指他人原先为别的目的收集和分析过的资料。社会工作者需要根据自身的需求对其进行重新分析。在使用二手资料的时候要特别注意其结论或论点背后的前提条件。二手资料的分析有两种不同类型：一种是从别人为研究某一问题而收集的资料中，分析新的问题。另一种是用新的方法和技术分析原有的资料。例如，社会工作者打算研究某社区特殊服务对象的服务需求情况，调查前发现，过往三年已经有社区居民的服务需求调研的数据和资料。这样，社会工作者就可以使用这些资料进行二次分析。即将有关特殊对象数据和资料进行整理和分析，确定好原始资料后，社会工作者就可以选择研究的主题。二次分析中，研究主题的选择，往往是根据资料的信息确定的，通常是主题去适应资料。因为数据资料是客观的，无法改变。在对现有资料分析的基础上，社会工作者发掘资料中没有被确定的主题（见表1-2）。

---

① 风笑天.社会学研究方法[M].北京：中国人民大学出版社，2005.221.

表1-2 文献检索工具表

序号	资料名称	资料类型	资料主题	具体可用信息

备注说明：
1. 资料类型包括：1) 一手资料；2) 二手资料。
2. 资料主题包括：1) 群体特点；2) 群体需求或问题；3) 群体资源；4) □其他（需补充）_____

社会工作者收集的资料包括：从政府职能部门获得的有关服务对象名单（如民政部门提供低保家庭名单）、地方志、与服务对象/社区有关的调研数据和调研报告、过往的服务记录（如探访记录、个案记录、小组/社区活动记录）等。要获得相应的资料，社会工作者需要拜访政府有关部门（如民政部门）、工青妇等社会团体、社区居委会以及获取服务项目的资料档案。

2. 问卷调查法

问卷调查是一种能系统地、直接地从一个取自某种社会群体的样本那里收集资料，并通过对资料的统计分析来认识社会现象及其规律的社会研究方式。[①] 内容的广泛性、资料获取的及时性、描述的全面性和概括性、实际应用的普遍性是此方法的主要特征。

确定主题

进行问卷调查，要先定好调查的主题。社会工作者从社区中或所服务的群体中发现某些现象或问题，再将这些现象或问题具体化，集中研究的焦点，形成一个清晰的研究主题。

安排调研

定好主题后，社会工作者要对调研做好相应的安排，对整个调查工作进行规划，制定好详细的方案和行动步骤。开展调研工作的关键环节是制定抽样的方法以及问卷设计、问卷派发、资料录入、资料分析等的时间安排。抽样的选择上，如果掌握基础人群资料比较充分，可以选择简单随机抽样、分层抽样；如果基础人群资料不足，可以考虑选择偶遇抽样、判断抽样及雪球抽样等不同方式。

设计与派发问卷

制定好工作安排计划后，社会工作者要设计和派发问卷。问卷的内容包含封面信、指导语、问题、答案、编码等几个常用的部分。问卷派发有很多的方式，根据社会工作者日常工作的需要以及人手的情况，一般采用以下几种的问卷派发方式。① 个别发送法。将问卷印刷好，依据所抽的样本逐个发送到被调查者手中，讲明调查意义和要求，约定问卷的收取时间和方式。② 集中填答法。将被调查者集中起来，每人派发一份问卷，讲明调查的意义要求等，让被调查者当场填答，统一回收。③ 当面访问法。先选择和培训一组访问员，由访问员带着调查问卷分赴各调查地点，按照要求与被调查者进行访问和交谈，按照问卷的格式进行问答。④

---

① 风笑天.社会学研究方法[M].北京：中国人民大学出版社，2005.156.

电话访问法。由调查员通过打电话的方式与被调查者进行联系,并在电话中对被调查者进行问卷问答。[1]

3. 访谈法

访谈法是通过社会工作者和受访人面对面地交谈来了解受访人的一种研究方法。访谈用于资料的收集,是有目的地与服务对象交谈。访谈的形式可以分为结构式访谈和非结构式访谈。

结构式访谈又称标准化访谈,结构式访谈是一种定量研究方法。这种访谈的访问对象必须按照统一的标准和方法选取,一般采用概率抽样。访问的过程也是高度标准化的,即对所有被访问者提出的问题、提问的次序和方式,以及对被访者回答的记录方式等是完全一致的。

非结构式访谈又称为深度访谈、自由访谈[2]。它是一种无控制或半控制的访谈,事先没有统一问卷,而只有一个题目或大致范围的问题大纲。由访谈者与访谈对象在这一范围内自由交谈,具体问题可在访谈过程中边谈边提出,对于提问的方式和顺序、回答的记录、访谈时的外部环境等没有统一要求,可根据访谈过程中的实际情况做出安排。

访谈对象方面,在个案中体现为求助人或案主,方法多以面谈或者通过网络/电话等形式为主。在小组中多是潜在的小组参加者。而社区中访谈的对象就包括项目购买方、社区居民、当地各基层政府部门、社区居委会、社会组织、单位、企业等各个系统。

访谈有一种特别的形式,就是集体访谈,也可以称为座谈会。其形式是多人一起进行集中访谈。座谈会的优势是能快速地收集到信息。开展座谈会要注意的是,选择参加者最好是选有代表性的,他们的意见能够反映出多数人的声音。一般座谈会的人数以 5—7 人为宜,最多不超过 10 人。[3]

4. 观察法

观察法,是指带有明确目的,用自己的感官和辅助工具去直接地、有针对性地了解正在发生、发展和变化的现象。[4] 在社会工作实践中,社会工作者可以用参与式观察和非参与式观察收集资料。

参与式观察是指研究者深入到所研究对象的生活背景中,在实际参与研究对象日常社会生活的过程中所进行的观测。进行参与式观察,社会工作者要向被观察的群体解释清楚此次调研的目的和方法,以便得到他们的认可和接纳。在参与的过程中,社会工作者既可以是观察群体的活动而不参与其中,也可以与群体一起参与活动,置身其中,并从中向受观察的群体提出问题。社会工作者要注意自己的研究者的身份,在参与过程中,往往是融入所在的群体中,而当要对观察的现象进行分析的时候,又需要社会工作者跳出角色,恢复其研究者的身份。[5]

非参与式观察指的是观察者处于被观察者群体之外,完全不参与其活动,尽可能不影响群体。最理想的非参与式观察是被观察者一点也意识不到有研究者在场并正在观察他们。

---

[1] 风笑天.社会学研究方法[M].北京:中国人民大学出版社,2005.175-184.
[2] 风笑天.社会学研究方法[M].北京:中国人民大学出版社,2005.262.
[3] 风笑天.社会学研究方法[M].北京:中国人民大学出版社,2005.267-268.
[4] 风笑天.社会学研究方法[M].北京:中国人民大学出版社,2005.257.
[5] 风笑天.社会学研究方法[M].北京:中国人民大学出版社,2005.258-260.

社会工作者在刚刚进入一个社区的时候,可以尝试用非参与式观察方法,了解社区最基本情况,对社区有一个初步的印象和对社区问题和需要有初步的想法。

2.2 接触服务对象的技巧

社会工作者接触服务对象的过程区别于一般与人交谈的过程,它是一个有目的的接触过程,为了能够实现目的,达到比较理想的助人效果,在接案环节社会工作者需要掌握不同的方法技巧,从而更容易地让服务对象接受社会工作者开展的服务。具体来说,接触服务对象的技巧,关键要处理好两个主体的衔接,一是社会工作者本人;二是服务对象。前者涉及的是社会工作者自我准备技巧,后者涉及的是与服务对象的沟通面谈技巧。下面围绕这两个方面进行说明及阐述。

2.2.1 社会工作者自我准备技巧

社会工作者的自我准备是指社会工作者需要对自身有充分的认识,知道自己的个性特质、信念、文化观念等。在与服务对象接触过程中,才会知道自己有何种能力可以帮助服务对象,或者自己有何种不足会影响对服务对象的介入。另外,社会工作者也要有一些间接的生活经验,以便能更好地理解服务对象的处境。具体而言,社会工作者需要进行三个方面的准备:一是专业知识的准备,即知道如何做,了解助人的专业知识与技巧;二是自我认知的准备,即对自己有客观中立的评价,清晰自己在运用专业知识与技巧时的能力与不足;三是具备一定的生活经验,尤其是自己未曾经历的间接生活经验。

2.2.1.1 专业的知识

社会工作者工作实践中,不同的案主在不同的环境下,社会工作者会有不同的介入处理方式。这时具备专业的知识就显得特别重要。它能帮助我们系统地看待案主的问题,并能提出处理案主问题的方向。

社会工作的专业知识是一个非常庞大的体系,综合归纳起来,主要包括以下几点:

(1)与个人、家庭、小团体组织或社区发展有关的理论和研究。

(2)与社会问题相关的理论及研究。例如儿童虐待、家庭暴力等。

(3)与健康、心理卫生有关的理论和研究。

(4)不同文化或团体的理论研究。

(5)针对不同服务对象的理论或研究。

(6)有关人际、沟通等的研究。

(7)有关调查研究的理论知识和方法。

(8)社会政策方法的知识。

怎样储备专业的知识

庞大的知识体系,让社会工作者必须持续性地学习不同的专业知识。专业知识以无法想象的速度在不断成长和改变。社会工作者需要通过不同的途径储备专业知识。

(1)参加学历教育。目前我国教育体系正逐步完善,本科、硕士到博士等学历教育都已经有相应的社会工作专业。在学校接受专业的学习,有助于培养社会工作专业理念和构建专业知识框架。接受硕士、博士研究生教育,更会对某一社会工作领域进行深入的研究,丰富社会工作本土化知识。

(2) 参加国家社会工作专业资格考试。目前社会工作职业资格考试分为初级和中级，2018年年内将出台高级社会工作师的考试评审方案。只要符合考试资格，都可以通过考试获得专业身份认可。在备考的过程中，会相对系统地学习社会工作专业知识，从而对社会工作有框架性的认识。

(3) 参加社会工作实务培训。社会工作实务培训是针对某一领域或者某一理论实践进行系统性的知识讲解和实践训练。社会工作实务培训是将理论知识转化为实务能力的有效途径。通过不同的实务培训，可以丰富实务经验，提升处理实务工作的能力，促进实践的成效。在日常工作中，社会工作者可以多留意与自己工作相关的培训，并系统性地参加学习。

(4) 参加行业内的交流学习。行业内的交流学习也能够增加社会工作知识经验。不同的服务机构在开展服务中会有不同的服务经验，这些经验能够增加我们对实务工作的认识，开拓思路，发现问题，促进改变。

2.2.1.2 自我认识与自我评价

自我认识是对自身的经历、想法、信念等方面的综合体会。包括自己的个性如何、对待他人的行为态度怎样，自己的家庭脉络是怎样发展的，自己的学习、生活、工作经历有什么经验，自己的个性和信念是怎样受到自己家庭和生活、工作经历影响等。良好的自我认识能力，有助于社会工作者认识自己是怎样的一个人，能够怎样帮助或限制案主的改变，有较高的能力与案主建立关系和影响介入的效果。（见表1-3）

表1-3 自我认识练习

请尝试回答下面的问题。
1. 你的个性是怎样的？
2. 你有什么优缺点？
3. 你的兴趣爱好是什么？
4. 你喜欢/不喜欢什么？
5. 你焦虑/害怕什么？
6. 你的信仰是什么？
7. 你的家庭是怎样的？
8. 你父母的性格是怎样的？
9. 你父母对你有什么影响？
10. 你家庭的规则有什么？
11. 家庭的规则如何影响你在工作上的表现？
12. 你喜欢和什么样的人一起工作？
13. 你对和你有不同意见的人接纳程度有多高？
14. 有无自己认为无法互动的群体？

自我评价是个人对于自身的观点与感觉的看法。较高的自我评价能成为日常生活的缓解器，较低的自我评价会对人有不良的影响。有较高自我评价的社会工作者能以有效的方式处理事情，降低对案主的潜在伤害的可能[①]（见表1-4）。

---

① Barry Cournoyer. 万育维译. 社会工作实务手册. 台湾：洪叶文化事业有限公司，2012.41-42.

表 1-4 自我评价小测试[①]

完成以下对于自我评价的测量。问卷设计是为了测量对自己的看法,没有对错之分。请客观地填写每一个项目。答案数字填答方式如下:1＝从不 2＝不常 3＝少许时候 4＝有些时候 5＝一部分时间 6＝大部分时间 7＝总是

1. 我觉得当人们了解真正的我时会不喜欢我
2. 我觉得其他的人做事能力比我好
3. 我觉得我是一个有吸引力的人
4. 我觉得我在与他人共事时对自己的能力有信心
5. 我觉得我做什么事情都是失败的
6. 我觉得人们真的喜欢与我说话
7. 我觉得我是一个非常有能力的人
8. 当我和他人在一起时觉得他们也喜欢跟我在一起
9. 我觉得我能给他人好的印象
10. 我觉得如果我想的话,我有信心与他人开始一个好的关系
11. 我觉得我长得丑
12. 我觉得我是一个无趣的人
13. 当我和陌生人在一起时我会觉得很紧张
14. 我对于学习新事物有信心
15. 我觉得自己很好
16. 我觉得自己很害羞
17. 我觉得我比其他人差
18. 我觉得我的朋友会发现我是有趣的
19. 我觉得我有幽默感
20. 我对自己的行为感到生气
21. 我觉得与新朋友见面时是很自在的事
22. 我觉得别人是比我聪明的
23. 我不喜欢我自己
24. 对于处理困境的能力我觉得我有信心
25. 我觉得我是非常可爱的
26. 我的朋友对我的评价很高
27. 我很害怕我会在他人面前表现得很笨
28. 我觉得我是一个好人
29. 我觉得我有能力将事情管理得很好
30. 当我在其他人的周围时我都希望我能消失
31. 我觉得让他人听到我的意见会让我觉得困窘
32. 我觉得我是一个相当不错的人
33. 我觉得如果我能较像其他人,我会觉得自己比较好
34. 我觉得我比其他人更容易受到较多的压力
35. 我觉得别人喜欢我
36. 我觉得别人如果在一起时他们都很快乐
37. 我觉得无论我做什么事我都很快乐
38. 我相信别人的能力超过信任自己的能力
39. 我觉得我会把事情弄得一团糟
40. 我希望我是其他人

[①] Barry Cournoyer. 万育维译. 社会工作实务手册. 台湾:洪叶文化事业有限公司,2012.42－45.

(续表)

得分： 　　现将"＋"写在3,4,6,7,8,9,10,14,15,18,19,21,24,26,28,29,32,35,36,37问题之前,将"－"写在1,2,5,11,12,13,16,17,20,22,23,25,27,30,31,33,34,38,39,40问题之前。从所有正向问题的得分减掉负向问题的得分就是你的自评分数。正向与负向题目分数的加总会让得分介乎于－120和＋120之间。 　　正向的得分指出了正向的自评,分数越高,正向的自评越大。负向的得分则指出了负向的自我评价,分数越高,负向的自评越大。
根据得分,请思考以下的问题： ① 你如何定义自我评价？ ② 什么样的特质出现时,会使你认为对方是一个拥有正向评价的人？ ③ 你认为人们是如何发展他们的正向/负向评价的？ ④ 你是如何对一个展现正向/负向自我评价的人反应的？ ⑤ 正向评价如何帮助你从事社会工作服务？负向评价如何隐藏在你从事社会工作服务行为背后？ ⑥ 你正向/负向自我评价如何反映在专业表现中？ ⑦ 你会用什么方式改变你的自我评价？

自我评价是一个抽象的概念,它实在很难去定义并且实际去测量,然而它确实会被改变。从自我评价得分评估中,会发觉得分会受到一些短暂因素影响,例如：心情、身体状况和社会状况,都有可能影响结果。此外,像这样的测量工具也会有一些错误因素。实际分数在得分表中是一个确实数字(正或负)的呈现,但这样的答案不是唯一的需要,其他形式的测试也可以予以不同的评价结果。

2.2.1.3　间接的生活经验

社会工作者不可能经历所有案主的生活经历。拓展生活经验,通过阅读、提问、参与等了解其他文化,了解不熟悉的或者挑战价值观的生活方式,有助社会工作者更好地理解服务对象。例如开展服务时遇到一位失独的妈妈,社会工作者可能并没有经历丧子之痛,如何能够更好地理解她的情绪呢？一个比较可行的办法是,阅读有关失独家庭的文学作品和研究资料。这样,接触她之前,社会工作者已经看过和这位失独妈妈有相似经历的家庭的资料,初步感受她的哀伤。除此以外,要充分使用身边人的故事。比如刚毕业参加工作的社会工作者,可能没有子女抚育和管教等主题的经验,除了可以用文学作品或影视作品等弥补生活阅历上的不足,还可以通过接触身边的服务对象,倾听他们的故事获得相关的生命经验。

2.2.2　沟通面谈技巧

沟通面谈技巧让我们能够较快较好地与案主进行连接,收集到需要的信息以便进行评估。在接案阶段,对服务对象运用支持性的面谈技巧,让服务对象感受到尊重,得到支持,能更好实现资料收集的目的。

良好的语言沟通是社会工作中的重要技巧,能够促进社会工作者与服务对象进一步建立专业关系,深入了解更多信息。一般来说,沟通是在人们之间传递信息,是指一方向另一方发送信息。在工作过程中,社会工作者和服务对象的沟通是非常重要的,这需要社会工作者熟练掌握沟通技巧。沟通一般分为语言沟通和非语言沟通两类。

语言沟通是指社会工作者通过语言表达了解服务对象在不同阶段的不同需要与问题,及时调整服务方案;也可以与服务对象互相传达信息,表达自己的观点和感受,建立信任或者调整自己,促进双方的良好互动。

非语言沟通,主要通过眼神、面部表情、身体动作等肢体语言传递信息。非语言沟通的技巧主要有以下几个方面:①面部表情要轻松;②有眼神的接触;③身体姿势要舒适,动作要放松;④手势要自然;⑤距离适当,两人斜对面或正面相对。

在社会工作中,沟通技巧可以分为支持性技巧、引导性技巧和影响性技巧三种。支持性技巧是社会工作者借助口头和身体语言让服务对象感受到被接纳、被理解的相关技巧,主要目标是帮助建立信任关系,让服务对象愿意打开心扉,接受社会工作者的服务,主要包括专注、倾听、同理心和鼓励等技巧;引导性技巧是社会工作者主动引导服务对象探索自己过往经历的技巧,包括澄清、对焦、摘要等技巧,其主要目标是了解服务对象;影响性技巧是指社会工作者为服务对象提供信息和建议以供服务对象进行理解和采取行动,主要有提供信息、自我披露、建议、忠告、对质等技巧。

在社会工作的接案过程中,主要是希望与服务对象建立基本信任的关系,并且能够尽可能从服务对象处获得信息,本章重点介绍支持性技巧,而关于引导性技巧、影响性技巧可以参考本书后面的章节。

2.2.2.1 支持性技巧

运用支持性技巧,社会工作者可以借助友好的视线接触、轻松的姿态和认真的态度关注服务对象,用心倾听服务对象传达的信息、理解他们的感受,并运用同理心设身处地地体会案主的感受,理解他们的想法和要求,同时运用口头和身体语言鼓励案主,肯定他们的积极表现。主要包括同理心、尊重、真诚、积极的倾听和敏锐的观察等五种技巧。

同理心(empathy)

同理心是能够设身处地对当事人产生一种"人同此心,心同此理"的共鸣性了解,这是社会工作者接触和介入服务对象最重要的态度和技巧之一。

同理心不单单是与对方产生共鸣性的了解,还包括把对对方的了解表达给对方知道。因此,同理心包括两部分:首先是辨识(discriminate),站在对方的立场去了解当事人的感觉及其世界;然后是沟通(communicate),把所了解的表达出来,让对方知道助人者对他的感觉、行为已经了解了。所以同理心对于与服务对象建立和睦关系有很大的帮助,它协助他们发展出轻松地沟通及信任感,这在第一阶段是最重要的行为,协助服务对象探索自己及问题。因此,同理心可以说是关系建立的技巧,也是资料收集或问题澄清的重要技巧。同理心有初层次的同理心和高层次的同理心。在接案阶段一般运用初层次同理心。其技巧是简述对方的语意以及对对方的情绪进行反映。[1]

练习:同理心的辨析

情景1:案主即将要参加期末考试,他说:"我怕这次考试考得差,成绩又无提高,每次考试都是这样。"

回应:① 自信一点,相信自己会考得好的。

② 你去请教一下同学,让他们帮你补习。

---

[1] 黄惠惠.助人历程与技巧(增订版)[M].台湾:张老师文化事业股份有限公司,2008.48.

③ 不要想太多,还没考试你怎么知道结果?
④ 过往考试成绩不理想的经历让你担心这次也会考得不好,好像不太有信心的样子。

情景2:案主的儿子已经一个星期没有走出房间了,对社会工作者说:"他天天在房间做什么我们都不知道,敲门又不回应,只是听到房间放着音乐。"

回应:① 为什么不撞门进去?
② 家人做了什么让他天天在房间?
③ 他真的没出来过?
④ 儿子在房间没有出来,对你的敲门没回应,让你很担心他。

在表达同理心的同时有些问题需要避免。1. 避免假装了解。2. 避免鹦鹉学舌般模仿。3. 避免与当事人漫谈。4. 避免滞留在第一阶段。5. 避免反应过分冗长。6. 避免以问题代替同理心。7. 注意用语层次与当事人的背景配合。①

尊重(respect)

专业关系的尊重是一项非控制性、温暖、关怀的接纳他人的社会工作者的态度,意涵着无条件的积极关怀。②

任何人都应该被视为一独特的个体而被接纳。但在大多数的社会现实中,人们倾向与自己具有相同生活及工作的人交往,他们拥有共同的观点,相互友爱;相对地,人们通常较不会亲切地对待与他们生活背景及观点不同的人,甚至攻击或贬抑他们。

社会工作者的身份决定了需要和许多生活背景不同的人一起工作。服务过程中社会工作者可能发现自己特别不喜欢某些案主,同样有些案主也并不喜欢社会工作者;虽然如此,身为社会工作者,应该尊重、积极地接纳所服务的各类型案主。社会工作者将每个人当成一个独立的个体,都具有独特的价值;并尊重案主的个别性表达或许因个人因素不同意或不赞成案主的用词与行为;然而,持续关怀与接纳案主是必要的,视个人为一个有尊严与价值的独特个体,更确切地说,认可并尊重"案主自决"的基本权利。尊重案主,是实务工作中的专业特质。

尊重的辨析练习

情景:案主:"我家里没人理我,他们都不管我,一气之下我就出去抢了同学的手机去卖,靠自己。"

回应:① 你抢了同学的手机是犯法的。
② 你年纪还小就去抢手机,你家人一定很难过。
③ 你家人怎么不理不管你,你要理解你家人。
④ 你觉得生气,因为你在家里感受不到家人的关心。

真诚

真诚是指社会工作者的行为是发自内心的真心诚意。③ 如果社会工作者本身是真诚的,则他人也能感受到。案主觉察出社会工作者的真诚态度有助于当事人安全感及信任感的发展,也因此更愿意进入更深层的探索。但要注意的是,强调真诚的态度,并不意味着社会工

---

① 黄惠惠.助人历程与技巧(增订版)[M].台湾:张老师文化事业股份有限公司,2008.63-64.
② Barry Cournoyer.万育维译.社会工作实务手册[M].台湾:洪叶文化事业有限公司,2012.10.
③ 黄惠惠.助人历程与技巧(增订版)[M].台湾:张老师文化事业股份有限公司,2008.79.

作者可以随心所欲地去说或去做个人的想法和感觉,重点是助人的专业关系是以案主为主题与案主的关系中表达自己的感觉或想法。

真诚的辨析练习

场景:案主:"我来是希望你们给我解决问题的,但我将事情都告诉你了,你还没给我任何帮助!"

回应:① 问题的解决是你自己的事情,我们只是帮你理清问题。
② 你想将责任推给我,你自己从未想过如何处理,这是不负责任的。
③ 你都不和我合作,又无努力尝试,不能怪我啊。
④ 我了解你的期望和不满,事情没得到解决我也很困扰,不如我们先就这点讨论一下。

积极的倾听

积极的倾听不同于听,听是感官的,只是用耳朵听,而积极的倾听还要用心地去听,主动地回馈。① 它包含了以某种特有的方式说话和倾听,让案主有被了解和鼓励继续更深层自我表达的意愿。它是一种回馈的方式,通过反射方法将所了解到的信息再传回去。本质是解释案主的信息。重要的是,所用词语必须和案主的话有相同的含义。积极的倾听代表一种清楚且具体证实你了解的事,说明对案主意见、感受和经验感到有兴趣。如果无法积极倾听案主,可能会错过部分案主信息而造成误解、扭曲。甚至由于无法积极倾听,而造成案主不能自由完全地表达,也会影响到关系的发展。②

敏锐的观察力

敏锐的观察力能够洞察服务对象不敢直接或者隐藏在内心的情绪、困扰、期望,需要社会工作者能够听到案主说话的言外之意,看到案主动作和神态的反应,感受到案主的心理情绪。

敏锐的观察力通常结合服务对象语言和非语言的表达来感受。要与服务对象想法的方向和观点保持一致,以他们的思考框架为主,不要以自己认为的框架来开展服务。③ 例如,一位刚毕业的社会工作者遇到一位来求助关于婚姻问题的女士,该女士问社会工作者:"你结婚了没有?"这可能是该女士对社会工作者产生怀疑,认为社会工作者年轻,还没结婚,对她说的婚姻问题不理解,不能解决婚姻问题。她可能希望寻找一位有经验的社会工作者来进行介入服务。那么社会工作者就可以先与该女士去探讨是否需要找一位有更丰富的婚姻关系咨询经验的社会工作者进行跟进。社会工作者可以回应:"我想你的意思是如果可能的话,你希望找一个有婚姻咨询经验的社会工作者一起工作。"如果社会工作者所在的服务机构是一个比较新的服务机构,可能没有相应的资深的社会工作者能够长期稳定地跟进,那么可以和该女士探讨社会工作者能够做什么和有什么可以保障社会工作者的跟进是受到专业支持的。社会工作者可以回应:"的确我还没有结婚,可能对你提到的婚姻问题有不了解的地方,如果你愿意说出你的困惑,我愿意聆听和协助你处理问题。我会向我的督导请求帮助,在必要的时候也会邀请督导一起参与面谈,期望能够帮助到你。"当然,其他社会服务机构能提供更合适的服务,社会工作者可以提出转介。

---

① 黄惠惠.助人历程与技巧(增订版)[M].台湾:张老师文化事业股份有限公司,2008.49.
② Barry Cournoyer.万育维译.社会工作实务手册[M].台湾:洪叶文化事业有限公司,2012.120.
③ Barry Cournoyer.万育维译.社会工作实务手册[M].台湾:洪叶文化事业有限公司,2012.205.

3 在三大手法中的运用

3.1 在个案工作中的运用

个案工作中,社会工作者通常把服务对象简称为案主。个案的接案,也要经过了解案主,初步评估服务对象的问题及需求,与案主建立专业关系,到确定是否决定服务,确定初步服务意向五个过程。了解案主,主要是了解案主的求助类型,而初步评估服务对象的问题,主要是在了解案主求助类型的基础上,进一步收集服务对象的资料及信息,以便明确案主求助的问题或需求;而与案主建立专业关系则是为了未来有机会为案主提供服务奠定信任基础;最后则需要进行社会工作者及服务机构与案主之间的匹配,即彼此双方是否有准备进入专业服务阶段。从社会工作者及服务机构的角度来讲,则需要决定是否提供服务;从案主的角度来讲,则需要初步确定服务意向。

3.1.1 了解服务对象(案主)

了解案主,主要是了解案主的求助类型。求助类型又涉及一个基本概念,那就是案主来源。在接案过程,需要非常关注的是了解案主的来源。了解案主的来源,有助于社会工作者能够对服务对象求助和改变求助的动机有初步评估,初步判断潜在个案开展的难度及介入方向。一般来说,服务对象通常有以下几种来源:[1]

(1)主动求助。主动求助是潜在的服务对象带着不能解决的问题主动前来寻求帮助。这类潜在服务对象通常比较了解服务机构相关服务信息的人,他们知道服务机构能为他们提供些什么服务。因而服务机构提供的服务与他们的期望两者之间具有较大的一致性。

(2)他人转介。这类潜在服务对象是由他人转介而来的。他人是指社区的相关组织、服务机构(例如街道办事处、居委会、司法所等)或是邻居发现,希望社会工作者介入来帮助他们解决问题。需要注意的是,被介绍的潜在服务对象很可能因为对服务机构的服务不了解而对社会工作者有抵触的情绪,甚至拒绝接受服务。

(3)由社会工作者主动接触而成为服务对象。通常来说,我们每个人都会有某些需要帮助的事项。社会工作者通过外展、探访等可能会发掘出一些潜在的服务对象,认为他们有需要接受服务,因而社会工作者会更加主动地接触他们。但这类的服务对象可能并不感觉到有需要或者不想得到服务。所以,当社会工作者面对此类服务对象的时候,很重要的一个工作就是让他们了解社会工作者的服务,消除他们对服务机构和社会工作者的不信任,引导他们接受服务。

从来源看,潜在服务对象可以分为不同类型:自愿型、非自愿型和强制型。

(1)自愿型潜在服务对象。这类服务对象能够意识到需要协助而主动寻求帮助。他们的求助动机强,社会工作者比较容易与之建立关系,服务机构所开展的服务与他们的需要比较吻合。

(2)非自愿型潜在服务对象。这类潜在服务对象大多由他人转介给服务机构或是社会工作者发掘的,他们接受服务的意愿不强。

---

[1] 全国社会工作者职业水平考试教材编写组.社会工作实务:中级[M].北京:中国社会出版社,2006.13.

（3）潜在服务对象。这类服务对象通常是由政府、法院等部门转介而来的、依法必须接受社会工作服务的人。如果这类潜在服务对象不接受服务将依法受到相应的"制裁"。因此，他们往往会表现出抵触、抗拒的情绪或行为。

潜在服务对象通常带有不同层次的需求。一般来说，他们寻求帮助是在尝试自己解决问题不果后作出的最后选择。因而，社会工作者需要了解他们在求助前，是怎样尝试自己处理问题的，用了什么办法，向谁寻求过帮助，效果如何等等。

社会工作者了解案主的求助类型，有利于评估案主的求助动机和接受服务程度。同时，社会工作者需要开始为接触案主、开展介入工作做好自我准备，以期待能有专业的服务质素带给案主。

社会工作者要思考，案主的身份和案主可能求助的问题与哪些方面的专业知识有关，这些知识社会工作者是否掌握。例如一位中年妇女前来求助儿子的管教问题，此时社会工作者就会初步判断与案主情况有关的专业知识可能是有关家庭教育、家庭关系、妇女和青少年特点等方面。社会工作者还要清楚，准备接触的这位案主和他提到的问题是否是自己所能够接受的。社会工作者对自身的自我认识包括：自己有什么的偏好，接受什么，不能接受什么，自己的价值信念是什么，与准备接触的案主有无冲突等。例如，社区居委转介一名智障患者，提到该患者家里非常脏乱，一片恶臭。社会工作者就需要马上判断自己是否能够接受这名案主并能为他提供服务。

3.1.2 初步评估服务对象的问题或需求

初步评估服务对象的问题，主要是在了解案主求助类型的基础上，进一步收集服务对象的资料及信息，以便明确案主求助的问题或需求。那么，社会工作者需要收集案主的哪些信息资料，通过哪些方法去收集？

3.1.2.1 收集内容

接案阶段，主要收集案主以下资料：

首先要收集案主求助的"问题"。如果案主是主动求助或是由他人转介的个案，一般都会带有一个求助的问题，案主也会相对容易告诉社会工作者其问题是什么。如果案主是非自愿的案主，有可能其不知道自己有什么"问题"需要社会工作者介入协助处理，则社会工作者要和案主探讨可能存在的问题是什么，有什么需要处理的，如果不处理会有什么后果和影响，案主自己认为的问题或需要是什么等。

其次要收集案主的基本信息。包括案主的姓名、性别、出生年月、民族、籍贯、职业、联系方式、联系地址、政治面貌、接案来源等方面信息。再次收集与案主求助问题有关的信息，这些信息包括微观、中观、宏观三部分。微观方面需要收集案主身体健康、心理情绪、经济能力、社交、社会支持等各方面的信息。中观方面需要收集案主家庭的有关信息，包括家庭的结构、家庭成员的关系、家庭的文化、家庭的发展过程等。宏观方面的案主资料包括社会支持系统、文化风俗、政策法规等。具体参见表1-5：

表 1-5 个案收集案主基本信息表

层面	基本信息	具体内容
微观	身体健康	有无慢性病 有无重大疾病 有无身体残障(精神、智力、肢体、视障、听障等,残障的程度,有无办理残疾证明,何时办理等) 生活能否自理
	心理情绪	日常情绪状态(喜、怒、哀、乐等) 有无精神异常(具体异常行为) 容易影响情绪的事件
	经济能力	个人或家庭的收入来源 个人或家庭的支出使用情况,主要花费
	生活习惯	日常活动的习惯、生活规律 个人的兴趣、爱好
	个人观念	对问题的想法 认为什么是"好"的或"不好"的 为人处世的态度、行为
中观	家庭结构	同住的家庭成员 来往密切/疏离的家族成员
	家庭关系	家庭中有哪些关系(夫妻、父母/子女、兄弟姐妹等) 家庭中谁和谁的关系亲密/疏离/冲突 家庭成员之间是如何互动和交流的
	家庭文化	有哪些家庭的规矩 家庭对不同成员的规矩
	家庭发展历程	家庭何时开始组建 家庭中经历的大事件(结婚、子女的出生、子女的成长、子女的离巢、亲人的离世等)
宏观	社会支持系统	案主正式/非正式的支持系统 案主与各系统的关系
	文化风俗	案主所在的社区环境有什么文化活动 案主的风俗习惯
	政策法规	与案主有关的各项法律法规是什么 案主对有关法律法规的理解和运用的情况

练习:

一位 40 岁的女案主,她觉得自己 16 岁的儿子不听话,经常夜归和顶嘴,希望社会工作者可以帮忙教育这个儿子。请列出你认为需要收集的资料。

3.1.2.2 收集方法

在前面第二部分,详细介绍了社会工作通用性技巧——资料收集的方法及技巧。一般社会工作者在收集个案资料的时候,主要会运用到访谈法和观察法两种方法收集案主信息,针对特别的案例也会运用文献检索的方法收集资料。

第一,利用访谈的方法收集案主资料信息。在个案工作中多以结构式访谈的方式,采用面谈或者通过网络/电话等形式进行。为了帮助前线社会工作者更好地收集资料,每个服务机构通常都有结构式的接案表,社会工作者只需根据表中的内容进行基本信息的收集即可。在具体技巧方面,主要体现为面谈技巧中的引导性技巧。

案例:

表1-6 引导性访谈资料信息收集表

对话	引导性技巧
社会工作者:李婆婆,您今年多大了? 李婆婆:我87岁了。	封闭式提问
社会工作者:哦!那家里除了您还有谁一起住呢? 李婆婆:我和我老伴一起住。 ……	封闭式提问
社会工作者:李婆婆日常会做些什么? 李婆婆:日常多数在家,子女提前买好菜,我们就自己煮饭煮菜。中午休息一下,醒来就看看电视,就这样。 ……	开放式提问
李婆婆:哎,人老了,没用了…… 社会工作者:您说的人老了、没用了是什么意思? 李婆婆:年纪大了,身体越来越差,很多事情都做不了了。	具体化

第二,利用观察法收集案主资料信息。在个案中,主要是非参与式观察。与访谈法配合使用。即在与案主的面谈中,通过社会工作者观察案主的身体语言获得部分案主的资料信息。例如,面谈一位社区矫正的服务对象:他双手交叉放于胸前,与社会工作者交谈,此时反映出案主的一种防卫的态度,可能对社会工作者抱有戒心,信任感不足。社会工作者需要运用好支持性的技巧,以取得案主更多的信任。另外,社会工作者若是上门家访可以观察案主的家庭环境,包括家具的摆设、装修布置情况、物品使用等。如果是对长者的家访,就需要留意更多家居安全情况。如电线布线、光线明暗、地面是否积水、是否容易滑倒、有无扶手、台阶是否容易撞到而受伤、有无高空摆物容易掉落等。

第三,利用文献检索收集案主资料信息。分为两种形式:一是检索案主过往服务资料及信息(前提是该案主有过往服务史),如一位接受社区矫正的案主,一般司法所接收案主的时候会有详细的记录,社会工作者在接受转介的时候,可以借阅司法所的记录,了解案主的基本信息和情况以及所需要接受社区矫正的服务内容;二是检索案主类似群体的信息资料,例如接触阿斯伯格综合症的青少年儿童,我们可以从有关书籍中了解到这类症状的表现是一种社交的障碍,他们通常不能理解复杂逻辑的句子,要用简单直接的语言才能让他们明白。同时由于理解能力的差异,容易让他们在学校中受到歧视等。这样,在正式接触案主之前,社会工作者就对案主有初步的印象。

此外,这里介绍一个比较特别的收集资料方法——做假设。做假设的意思是社会工作者以某种理论为基础,在该理论框架下以案主提出的问题为起点,收集有关的资料信息和问题。如前面的练习题,假如社会工作者从家庭生命周期的理论为基础,可以假设是这个妇女在扮演母亲角色上出现困难,没能适应儿子长大时的变化,或者儿子此时在追求独立发展而与父母的管教出现矛盾等等。围绕这些假设,我们就可以进一步探索收集所需要的资料。我们可以先了解这位母亲认为孩子是如何不听话的,不听话的时候发生了什么事,她是怎样教育儿子的,儿子会怎样回应母亲的教育(中观家庭的关系)。

当然,这些假设只是基于我们所拥有的知识及理论基础,并不是真的是潜在服务对象的真正问题。要去探索他们真正的问题,还需要通过面谈,将收集到的资料进行整理,验证其与我们的假设是否一致。如果不一致,社会工作者需要建立一个新的假设。另外,我们也要避免对潜在案主先入为主。如前面那位16岁的男孩,可能在与他见面之前,他母亲已经讲了很多关于这位男孩的负面信息。社会工作者很容易就会对这个男孩产生负面印象,认为这是一个叛逆的、不听话的、不能理解母亲的儿子。带有这样的标签去见孩子的时候,社会工作者很容易会批评孩子或是对孩子行为进行教育。("你这样做是不对的""你应该听你妈妈的话。")。若是这样,社会工作者就很难与这位潜在的服务对象建立良好的关系,进行下一步的介入工作。

3.1.3 建立专业关系

个案专业关系是指建立在案主同意的基础上的社会工作者与服务对象之间的态度与情感互动,目的在于帮助服务对象与环境之间达到更适应的合作关系。它既是一种专业的关系,也是一种助人的关系。这种关系有如下特点:[1]

(1) 共识目标:有一个双方共识的目标;
(2) 时间限制:有一个特定的时间架构,即有时间限制;
(3) 利他性:在此关系中,社会工作者不以自己的利益为取向,而以服务对象的利益为中心;
(4) 专业权威性:在这个关系中,社会工作者是握有专门知识、具有专业伦理和专门技巧的权威;
(5) 控制性:这种关系是"控制性"的,社会工作者要掌握工作的大方向,并控制自己的感情投入和采取的行动。社会工作者在此关系中会保持工作的客观性,能意识到并控制自己的反应和行动。

专业关系的建立和维系不是某个单一阶段完成的过程,而是由接案开始贯穿在整个个案的过程当中。而在接案阶段,与案主建立良好的专业关系特别重要。专业关系建立一个很重要的呈现是与案主建立契约关系。这种契约关系表明社会工作者与案主之间是有目的的关系,同时要求社会工作者能尊重、接纳案主,让案主感受到理解,是愿意敞开心扉的。

建立专业关系需要社会工作者能很好地运用沟通面谈技巧中的支持性技巧,即同理心、尊重、真诚、积极的倾听等,促进案主对社会工作者的信任。此外,建立专业关系还需要社会工作者建立专业的工作形象,以促进这种信任,具体包括:

(1) 表现出亲切友好、热情可信。发自内心地对案主表现出亲切友好的态度(微笑),积极探索案主的问题,避免出现防卫心理,保持开放的态度,热情回应案主。

(2) 表现出有知识和能力。社会工作者可以运用好自己的专业知识和专业规范与案主进行接触。案主的求助往往要求社会工作者能帮助他解决问题。社会工作者要有自己的专业判断,知道现阶段自己可以做什么,不可以做什么,需要做什么。例如,一位妈妈急切希望社会工作者能够与她的闭门不出的儿子面谈,社会工作者评估觉得现阶段还不适合与她儿子见面,则要和这位妈妈讲清楚自己的考量和计划。

---

[1] 全国社会工作者职业水平考试教材编写组.社会工作实务:中级[M].北京:中国社会出版社,2006.20-21.

(3) 表现出以案主为中心。与案主面谈要专注于案主,关注案主语言及非语言的信息。对案主的说话有回应,有眼神的交流。面对案主的情绪要有同理心、尊重、接纳案主的经历。答应案主要跟进的事宜需要及时跟进。

下面用列表的方式(见表1-7)以前面提到的希望帮助自己不出房门的儿子走出房间的女士为例,详细说明社会工作者与案主建立关系所运用的技巧。

表1-7 社会工作者与案主建立服务关系的技巧运用分析

对　话	技巧运用分析
背景信息:这是一次初次面谈,前来求助的黄女士与社会工作者约好到中心面谈,她神态担忧地走进社会工作者的面谈室。	
(黄女士慢慢地走入社会工作者中心的大门,环顾四周。) 黄女士:你好!我想找李社工。 (按照约定好的时间,李社工已在接待处等待黄女士。) 李社工(微笑):你好!你是黄女士吧。我就是李社工,与你电话沟通的就是我。请跟我来,我们这边坐。	亲切友好的态度
(双方坐下后) 李社工(眼神望向对方):黄女士,请坐!我是李雷,大家都叫我李社工,这是我的工作证,是本中心负责家庭方面服务的社会工作者。 黄女士:你好! 李社工:之前在电话中听到你说的关于你儿子已经很久不出房间的事情,我想了解更多这方面的信息,所以请你来到这里。	
黄女士:是的。这个问题困扰我们很久了。	说明初次面谈的目的,体现专业性
李社工:嗯,能不能讲讲具体的情况是怎样的? 黄女士:我也不清楚从哪里说起。总之就是现在我儿子一天到晚都将自己关在房间里面不出来,我们怎样敲门他都不理睬我们,我们都不知道该怎么办?	开放式的问题,聚焦于求助的问题
李社工:你儿子在房间里不出来让你现在很担心。 黄女士:是的。	运用同理心
李社工:你儿子年龄有多大了? 黄女士:今年16岁。 李社工:发生这事多久了? 黄女士:有2个月了。 李社工:当时发生过什么事吗? 黄女士:当时……	封闭式问题,快速了解基本的信息
李社工:黄女士,今天我们听到了你儿子关在房间不出来前后发生的事情,初步了解到他的情况和你家庭的情况。我想下一次见面,我们会上门探访,看看能不能见到你儿子,可以和他谈谈。 黄女士:好的,真的非常感谢你们的帮忙。没有你们的帮忙,我真的不知道该怎么办。	开放式问题,了解具体事件发生经过 总结这次会谈和计划下次跟进的方式

此外,在社会工作助人关系中要寻求五个共同因素,从而搭建起良好的专业关系。这五个因素分别是:(1)社会工作者力求与案主准确沟通想法和感受;(2)社会工作者力求与案主彻

底沟通有关他们的资料;(3)社会工作者力求与案主的沟通充满亲切感和关怀;(4)社会工作者力求使自己的角色与案主的角色互补;(5)社会工作者力求与案主建立信任。

3.1.4 决定是否提供服务

通过对潜在服务对象信息的收集,社会工作者要决定是否为其提供正式服务。

决定是否提供服务,要考虑以下几个因素:

1. 是否在服务机构的服务范围。服务机构的服务范围会影响社会工作者对是否提供服务的决定。例如有服务机构以发展案主能力或以项目形式为主的,面对一些经济援助的个案就可能不适合继续跟进。

2. 是否在服务范围之内。如果案主住处离社会工作者的工作场所比较远,即使其户口所在地为社会工作者的服务区域,但考虑路途时间的成本以及提供服务的及时性,最好能够转介到案主就近的社会工作者中心接受服务。

3. 是否在能力范围内能处理。面对一些个案,可能超出社会工作者现阶段的能力范围的,例如一位刚毕业的社会工作者,要处理家暴的个案,这可能会造成跟进的困难,影响介入服务的质量,对案主和社会工作者本身都有不好的影响。或者社会工作者本身不能很好地接受案主的想法或处境,没有足够的自我调节适应,例如社会工作者面对肢体残疾的案主产生了恐惧感,这就需要考虑转介给更有经验的同事跟进。

4. 有无足够的支持可以帮助案主。足够的支持包括社会工作者本身的支持,例如有无督导能及时了解和指导社工的介入。服务机构是否有其他的资源可以帮助案主处理问题等。

3.1.5 初步确定服务意向

社会工作者在接案阶段要和潜在案主确定是否有继续服务的意向。如果双方愿意就潜在案主的问题继续探讨和介入,就可以进入下一个助人的阶段。否则,社会工作者需将案主转介给更合适的服务机构或者直接结束服务。

3.2 在小组工作中的运用

3.2.1 了解潜在组员的群体性特点

决定开展小组活动之前,社会工作者需要了解潜在组员的群体特点,以便决定以何种形式设计和开展小组活动。

参照资料收集的通用技巧,社会工作者可以从微观、中观和宏观三个方面了解组员的群体性特点。微观层面上,潜在组员有哪些基本的特征,包括他们的行为表现、喜好、聚集点、活动范围和空间等。中观层面要了解潜在组员的生活、学习、工作的环境是怎样的,潜在组员是如何与社区互动的。宏观层面上了解潜在组员的群体文化、社会对潜在组员的群体印象、法律法规对群体的影响等。

在小组工作中,社会工作者可以通过文献检索法、问卷法、访谈法、观察法等方法了解群体对象的特点。

3.2.1.1 通过文献检索法了解潜在组员一个服务对象的特点

我们尝试用以下的例子来说明如何了解群体的一般性特点。

例如,社会工作者准备为13岁的青少年开展活动。现拟运用文献检索法了解此年龄阶段的青少年一般性的生理和心理特征。以下步骤可供参考:

第一步,检索现有的社会工作理论:检索有关青少年的社会工作理论。通过主题式阅读,会发现主要有以下理论探讨青少年问题(见表1-8):埃里克森的人生八阶段理论、精神分析理论、社会学习理论。

第二步,分析理论:该理论是在探索青少年的哪个议题及特点?有什么结论与发现?

第三步,实践运用:这些发现及结论对于小组工作的开展有什么启发及提示作用?这一步骤主要在预估实现,故本章节不进行探讨。

通常来说,收集资料及分析资料会贯穿整个服务的过程。上述三个步骤是整个接案和预估阶段要进行处理的。接案的重点在于收集事实与结论,而预估则是关注这些事实及结论在服务过程中的运用。

表1-8 案例示范说明

序号	文献名称及主要内容	涉及青少年议题及特点
1	埃里克森的人生八阶段理论指出,13岁的青少年处于青春期,面临自我同一性和角色混乱的冲突。青少年期的主要任务是建立一个新的同一感或自己在别人眼中的形象,以及他在社会集体中所占的情感位置。青少年从他人对其态度中、从自己扮演的各种社会角色中以及与同伴建立亲密友谊中进一步认识自己,对自己的过去、现在、将来产生一种内在的连续感。认识到自己与他人在外表上、性格上的相同与差别,认识自己的现在与未来在社会生活中的关系,这种同一感帮助青少年了解自己和与自己有关的人、事、物上的关系,能顺利进入成年期。埃里克森认为,如果一个儿童感到他所处于的环境剥夺了他在未来发展中获得自我同一性的种种可能性,他就将以令人吃惊的力量抵抗社会环境。	青少年普遍性的心理发展特点
2	从精神分析的角度看,13岁的青少年正处于青春期,出现明显的性征,男性出现梦遗,女性月经初潮。此时的青少年希望自己是完全独立的个人,但现实却是他们没有能力独立生活,还必须和抚养者生活在一起,于是他们转而寻求各种办法来显示自己的独立。他们开始喜欢打扮自己,变得和父母疏远,反驳父母的言论,反感父母的行为管束。他们通过与他人不同、与父母不同来确定自己的独立。青春期青少年另一个变化是开始产生幻想。伴随着生理性特征的发育,他们产生丰富的性幻想,但控制冲动的能力却发展得比较慢,于是他们会发展出一些防御机制来帮助控制性幻想。有些青少年会变得极度害羞,在人群中表现出退缩,害怕展示自己的身体和性欲望。更多青少年会形成团体,男生和男生一起,女生和女生一起,谈论自己的秘密和关于异性的话题。	青少年生理发展和心理发展的特点
3	社会学习理论认为,人们可以通过观察他人行为及行为后果间接地积累经验,即人类的学习过程既可以是直接的自身经验积累,也可以是通过对榜样的观察间接地实现。同时该理论还进一步指出,人类大多数行为都是在对榜样的观察后习得的,因而强调榜样在社会学习中的巨大作用。青少年的行为习得,是通过对他人观察而积累形成的。他人可以是家庭也可以是其朋友的群体。	青少年的行为习得方法

3.2.1.2 通过问卷调查了解潜在组员的特点

下面以社区青少年生活及学习状况调研计划为例子说明进一步收集组员的共同需求。

社区青少年生活及学习状况调查计划(简化版)

调查背景:××社区位于城市中心地域。辖区面积为2.22平方公里,其中常住人口约7.3万人,户籍约4.2万人。社区户籍13—18岁青少年5千多人。辖区有公立学校2所,职业学校3所。社会工作者刚进入社区,对社区青少年的现状了解不多,期望透过问卷调查的方法来了解社区青少年的生活照顾、日常活动、兴趣爱好、群体文化等方面的现状。

调查的目的:了解社区青少年的生活及学习现状。

调查对象:社区13—18岁在读青少年。

调查方法:本调查拟采用雪球抽样的方法,先采访数名社区青少年,再通过已采访的青少年寻找符合条件的青少年,如此类推。计划派发问卷150份。

调研计划时间:

表1-9 调研计划表

时间	内容	负责人
1周	问卷设计	A社会工作者
3周	派发问卷	A社会工作者、B社会工作者
2周	数据整理和分析	B社会工作者
1周	完成调查报告	B社会工作者
其他略		

从上面的调查计划中,社会工作者需要清晰以下几点:

明确调查问题和调查对象

运用调查问卷,首先要明确调查的问题和调查对象。调查问题的确定,是社会工作者从社区中或是所服务的群体中发现一些现象或是问题,再将这些现象或问题具体化,集中研究的焦点,形成一个清晰的研究主题。明确调查对象则是明确调查所针对的人群是谁。调查对象最好有特定的范围,例如60—79岁的社区长者,13—18岁的在读青少年等。这样的调研结论才会更准确,设计服务才会更有针对性。

设计调查计划,明确调查目的

接下来,是对调查研究进行设计,明确调查的目的。一般问卷的调查会应用于对社区整体的认识和了解,例如了解社区在此时期的社会生活状况,居民的生活习惯,生活质量等方面。也可能是对社区内某一问题进行系统的调查,找出问题的症结,为解决问题提供思路。例如老人的照顾问题,家庭的亲子教育问题等。

选择抽样对象

明确目的后,就需要选定抽样对象。抽样的方法有两大类,包括概率抽样和非概率抽样。一般的社会工作实务中,因为所花费的人力、时间等成本比较高,服务对象较分散,进行概率抽样的可能性比较低。因此社会工作者可以选择非概率抽样的方式,选择抽样对象。非概率抽样包括偶遇抽样、判断抽样、定额抽样和雪球抽样等四种方式。

落实调查时间

调查的时间包括问卷设计所需要的时间、派发问卷的时间、收集和分析问卷的时间和最后撰写调查报告的时间。社会工作者要根据可参与调研的人员数量、服务开展时间等因素合理安排调研的时间。

设计问卷

问卷是调查研究中用来收集资料的主要工具，它在形式上是一份精心设计的问题表格，其用途是用来测量人们的行为、态度和社会特征。一般问卷会包括封面信、指导语、问题、答案、编码等几个常用的结构。

表1-10 问卷范例及说明

问卷范例	应用分析及说明
青少年调查问卷 亲爱的朋友： 　　你好！我们是××街综合服务中心的社会工作者。为了解本社区青少年的学习、生活状况，服务需求，制定合适的服务计划，特组织本次调查研究。本次调查将遵循保密原则，不会泄露你的个人资料。请根据你的实际情况填写，感谢你的支持与配合！（以下问题除了特殊标明外，其他题目均为单项选择题，请在你所选择的编号前打"√"。） 　　　　　　　　　　　　××街家庭综合服务中心 　　　　　　　　　　　　　　　　　2018年3月 1. 你的年龄是_____ 2. 你的性别是　□男　□女 3. 你现在读 　□初一　　□初二　　□初三 　□高一　　□高二　　□高三 4. 你是否是独生子女？ 　□是　　□否 5. 与你同住的有(可多选)： 　□爸爸　□妈妈　□爷爷　□奶奶 　□外公　□外婆　□其他_____ 6. 你父母的工作情况 　□父母都有工作　　□父工作，母没有工作 　□母工作，父没有工作　□父母都没有工作 …… 20. 对于社会工作者开展的活动和服务，你还有哪些想法和建议呢？ 　　本次问卷到此结束，谢谢你的参与！	这里主要涉及封面信及指导语的设计。 1. 封面信，即一封致被调查者的短信。它的作用是向被调查者介绍说明调查的目的、调查单位或调查者的身份、调查的大概内容、调查对象选取方法和对结果保密的措施等。封面信要简明、中肯、篇幅宜短不宜长，两三百字即可。 2. 指导语用来指导被调查者填答问卷的各种解释和说明，其作用类似于机器使用说明书。有些简单的指导语可以一两句话即可，有些复杂的指导语会有填答说明，对填表方法、要求、注意事项做说明。 　　这是问卷的主体，也是问卷设计的主要内容，主要涉及问题的设计。 　　问题可以分为开放式和封闭式两类。开放式问题就是只提出问题，但不为回答者提供具体答案，由回答者根据自己的情况自由填答。封闭式问题是在提出问题的同时，给出若干个答案，要求回答者根据实际情况选择。 　　开放式问题优点是允许回答者充分自由地发表自己的意见。因而所得的资料丰富生动。缺点是资料难于编码和统计分析，对回答者的知识水平和文字表达能力有一定的要求，填答的时间耗费较多。封闭式问题的优点是填答方便，省时省力。资料易于做统计分析。缺点是资料失去自发性的表现力，回答中的一些偏误不易被发现。

录入及分析资料

问卷回收后，对问卷数据进行初步汇总及分析，就可以得到社会工作者需要的服务群体的初步需求及存在问题。如上面案例，社会工作者经过调研发现：

(1) 本地的青少年家庭家长多为双职工家长,平时忙于工作,日常的照顾多由祖辈负责。

(2) 祖辈的照顾主要集中在对生活的照料上,对于青少年的品德行为教育较少关注,认为只要保证孩子的温饱就可以了。

(3) 青少年日常活动较多和自己的同学一起在社区内游玩。

结合文献研究(社会学习理论)的结论,社会工作者还可以了解,本地的青少年的行为习惯、品德培育方面,主要学习的对象是自己的同学或朋友群体。

3.2.1.3 通过访谈法了解潜在组员的特点

访谈对象的选择上,最好能够选择一些有代表性的人物。这些人物包括群体的代表,在群体中比较活跃的人或受到其他群体成员认可的人。他们能够在某程度上表达出更多的群体共性的特点和需求。

访谈方式的选择可以是结构式、半结构式和开放式的访谈。结构式是有完整的访谈提纲,并按照提纲将问题逐一提问,并记录。半结构式则是不局限于访谈提纲,根据受访者实际的回答情况继续进行提问。开放式的访谈则没有提纲,让受访者根据访谈目标,自由地回答,社会工作者再进行提问。如果社会工作者经验比较少,建议多运用结构式或半结构式的访谈方法,拟定好访谈提纲进行访谈(见表1-11)。

另外,考虑时间和人力因素,可以将受访者集中一起进行访谈,这样便于服务对象安排时间。

以前文提到的青少年需求收集为例,社会工作者可以继续通过访谈法了解青少年的特点。

访谈计划采用半结构式访谈法,对15名中学生进行访谈。社会工作者从初一到高二每个年级选择3名学生进行单独面谈。

表1-11 访谈提纲

访谈提纲	应用分析及说明
1. 请介绍你自己。包括年龄、年级、籍贯、居住地等。 2. 你跟谁一起生活?家庭成员中和谁关系最密切? 3. 你平时喜欢做什么事情?有什么兴趣爱好?花多少时间在兴趣爱好上? 4. 你有多少好朋友?会一起做什么? 5. 生活或学习中会遇到什么困惑和问题?会怎样解决?	访谈提纲的题目,要围绕着访谈的目的来设计,注意题目是否已经包含了想了解的各方面信息。 访谈提纲列举多少,可根据情况设计。

3.2.1.4 通过观察法了解潜在组员的特点

社会工作者可以深入到研究对象的生活背景中,在实际参与研究对象日常社会生活的过程中进行观察。如前文提到的青少年群体,社会工作者可以尝试进入他们的生活中,与他们一起在篮球场上打球,一起到饮料店喝饮料,一起谈论喜欢的女生/男生,玩他们喜欢玩的游戏等,当成他们成员中的一份子。从中记录这个群体的日常行为、互动,兴趣爱好等。要注意的是,开展参与式观察,要说明社会工作者这样做的目的,取得所在的群体的同意。在参与的过程中,要尝试进入角色,即成为这个群体的一员,从语言、行为举止等接近受观察的群体。当需要对受观察群体进行分析时候,又要跳出来,用局外人的眼光来进行分析。

3.2.2 收集潜在组员的问题或需求,发现共同需求

通过上面多种方式收集到组员的资料信息,社会工作者就可以继续发掘潜在组员的共同需求。以上文提到的青少年为例,从文献检索中了解到青少年一般的心理特征和行为特点,发现青少年有认识自我、学习社交、建立自我形象和自我同一性的需要;在问卷调查和访谈中,进一步具体化当地青少年的需求,发现由于家长以双职工为主,未能对子女放学后的活动做妥善的安排,青少年变得比较懒散,影响学习成绩;青少年放学后较多聚集在街头,出现较多的青少年小群体,有逃学、结交不良朋友、抽烟喝酒、校园欺凌等偏差行为。因而在该社区的青少年有提高学习成绩的需要,也有纠正偏差行为、预防偏差行为发展为违法行为的需要。

3.2.3 接触潜在的小组成员

社会工作者接触潜在组员前,最好能够做好自我准备。自我准备包括:

1. 社会工作的专业知识和有关潜在组员群体特质准备。社会工作者本身具备的专业知识,包括沟通交流的知识技巧、开展个案、小组等服务的知识技巧,更重要的是,社会工作者要了解和熟悉所服务的群体潜在组员有关知识和经验。就如上文提到的青少年群体,社会工作者通过对文献资料的搜索以及问卷的调查,已经对所在社区的青少年群体有所认识和接触,对他们的生活习惯、爱好等也有所了解。这就为接触他们做好准备。

2. 社会工作者的自我认识和自我评价。社会工作者的自我认识除了对自身的认识和评价外,更重要的是社会工作者本身要认识到自己是否能够接受服务对象的处境。例如有些社会工作者可能觉得有偏差行为的青少年的一些想法和自己相差甚远,容易带有自己的偏见与他们相处,这样的话,社会工作者就需要及时接受督导或向主管申请工作任务的调动。

3. 了解潜在组员的生活经验。了解他们日常活动习惯、群体互动的过程,有助于社会工作者能够更好地理解他们。运用他们能够接受的方式接触他们,更容易获得群体的信任,建立良好的专业关系。

在具体接触潜在组员的时候,一般运用个别性接触方式,如社区探访、家庭访问等形式,还有就是集体性接触,有针对地接触潜在组员,包括无针对性的社区活动或讲座,以及针对小组主题的探索性或体验性活动。

1. 个别性接触方式

社区探访:社会工作者可以在社区中走访,发现社区的居民并进行初步的交流。交流可以借助制作好的小组活动宣传单向居民介绍小组活动,发展潜在的组员。

家访:社会工作者按照有关部门提供的居民名单进行家访,并通过家访将服务信息传送给潜在服务对象。

2. 集体性接触形式

无针对性的社区活动或讲座:这些社区活动和讲座是面向全体的社区居民,在居民参与的时候,社会工作者可以尽可能地多和参加活动的居民接触,介绍社会工作者的活动,物色参加小组的潜在组员。

小组开展前的主题探索性或体验性活动:开展中心活动,可以吸引不同的社区居民参与,这些活动应该以居民喜欢的、感兴趣的内容来吸引居民。同时居民可以尝试体验一些小组活

动的内容,感受小组活动过程,提升居民参与小组活动的动机。

3.2.4 潜在小组组员意向招募

明确服务对象和参加小组条件:明确有哪些服务对象可以发展为潜在组员,进行招募之前需要设定参加小组活动的条件。例如开展幼儿教育的小组,要考虑家长是否需要带上自己年幼的孩子一些参加;开展残障人士的小组,是招募某一类型的残障人士还是可以不同类型的残障人士参与等。

接受报名:接受报名的形式可以有很多。包括:在中心现场报名、邮件报名、微信报名、电话报名等不同的方式。多种形式的报名方法可以增加拟报名的人数,但社会工作者的工作量也会随之增加。在选择服务对象时可以比较集中使用一到两种方式来接受报名,同时也要考虑哪种方式服务对象是比较容易接收到报名信息。报名的信息主要包括参加者的姓名、联系方式,最好也有对服务对象是否适合参与小组的初步评估。

邀请参加:如果社会工作者评估觉得个别服务对象适合参与该小组活动的,可以尝试亲自邀请他。告诉服务对象小组工作的内容,小组工作的目的以及为何觉得他适合参与这个小组。

3.2.5 明确服务参与意向及知情

在小组活动开始前两周或者更早的时间,邀请组员参与小组的组前意向面谈。

最常见的方式是个别的面谈。在个别面谈中让组员了解小组工作的目的、工作的内容,评估组员的身心状态是否适合参与小组活动。也要了解组员的小组期望,他希望从小组中获得什么,他理想中的小组是怎样运作的。如果申请者较多,将是一种耗费时间与精力的事项并不是每个小组都必须进行组员筛选,但如果条件允许,社会工作者安排组员筛选工作,即使是一次很简短的会面,也会降低不合适的组员加入小组的风险,确保小组顺利开展。

在组前意向面谈时,社会工作者要评估好潜在的组员是否适合参加小组。评估的依据可以有以下几点:(1)组员对参与小组的动机是否较高,是否有足够的改变提升意愿。(2)组员参与的小组目标与社会工作者的小组目标是否一致。(3)组员的价值观是否与社会工作者工作有冲突。(4)组员的身体健康与精神状况是否适合参加小组。

3.3 在社区工作中的运用

3.3.1 了解社区及居民

了解社区,我们可以从以下三个层面去进行资料的收集,形成社区背景的基础资料。(见表1-12):

1. 微观层面:社区的基本资料,包括人口及其组成、社区服务、环境设施、社区经济、政治、交通。

2. 中观层面:社区居民及团体的关系、权力分布。社区中有影响力的部门、团体是怎样影响社区居民在社区中的生活和工作的。潜在的服务对象在社区中与哪些团体有联系等。

3. 宏观层面:社区的文化习俗、历史变迁、社区价值观念、政策法规对社区的影响等。

表 1-12 社区背景基础资料一览表

层面	主题	主要内容
微观：社区基本资料	社区环境	地理位置、自然环境、社区设施、交通、房屋类型等
	居民/服务对象特征	人口、年龄、组合、家庭人数、就业状况、收入水平、教育程度、居民社会网络状况等
中观：社区关系	社区的权力	社区的政府服务机构、干群关系、企业、事业单位的数量、分布等
	与受助对象有关的社会服务	服务单位数目及类别、服务范围、人手编制、服务名额、服务需求、短缺或过剩情况、服务机构/单位之间的关系
宏观：文化、政策的影响	社区背景及历史	如发展历史，居民来源及流动，过往发生过的重要事件或社区问题等
	社区的文化	历史的建筑，如祠堂、老屋等；传统的节日、文化达人等
	政策法规	与潜在服务群体有关的政策法规；如何影响潜在服务群体的生活

这三个层面的资料在任何社区发展计划中都是需要的。社区的基本资料除了可以深化社会工作者对社区的认识外，对日后选择活动的对象、设计服务内容也有帮助。社区内各成员及团体的关系和社区权力分布的资料，对于日后社会工作者组织和动员策略有指引作用。社区问题、社区需要的资料为社会工作者设计服务提供了工作方向。

要了解社区，可以运用前文提到的文献检索、问卷调查、访谈和观察法四种方法。本章主要介绍访谈法和观察法在了解认识社区工作中的作用。

1. 访谈法

访谈法有结构式、半结构式和无结构式访谈三种方法。社会工作者在初进入社区的时候，可以以结构式或半结构式方法对社区的机关单位、基层政府部门、居委等进行访谈。这些部门对社区的情况熟悉，同时又掌握政策动向，能够为社会工作者提供到比较权威的数据和资料信息。这样，在进入社区收集资料的过程中，社会工作者更容易获得社区有关的规范性的需求。

如果要获得社区居民的更多的基本资料，社会工作者可以进行社区走访。社区走访可以看作是非结构式访谈的一种形式。因为很多谈话的内容是根据当时的情景以及居民的表达而定的。进行社区的走访，要做好以下预备工作：

(1) 明确走访目的

开始走访之前，先规划走访的线路，明确本次走访的目的。走访的目的可以有很多，包括认识社区的居民、了解社区的问题、建立社会工作者的形象、建立关系或收集资料等。清晰的目标有助社会工作者更好地开展后面的工作。

(2) 选择对象和时间

社会工作者规划好走访的对象，对象可以是全体的社区居民或者某一群体，如社区长者、青年人等。这取决于社会工作者本次走访的目标。同时，因应对象的不同，选择走访的时间也会有不同。走访长者，可能更多的是在早上较早的时间比较合适；走访青少年可能是下午放学后或者周六日的时间比较合适。因此,要根据社区居民的一般生活习惯、作息时间等进行走访的安排。

（3）提前准备一些话题

社会工作者可以提前准备一些话题,以便打开居民的话闸子。这些话题可以是活动的信息、服务的资源、实用的资料等。同时准备一些社会工作者服务的单张,以方便面谈前的派发和让社区居民了解中心活动。

（4）合适的穿着

我们要注意好穿着适宜的服装,过于正式的着装可能会引起受访对象的拘谨,但过于随便的装扮或短裤短裙等又可能让受访对象产生对社会工作者专业性的怀疑。比较适合的着装是与受访对象所处阶层相匹配的衣服,要让社区居民感受到整洁、大方和有专业性。

（5）预计可能的居民反应和应对方法

多数情况下,社区居民对陌生人的戒备心会比较强,社会工作者的走访很容易被社区居民拒绝。实际上,对于一个陌生人,社区居民是没有义务和必要与社会工作者交谈的,拒绝是一个正常自然的反应。除了被拒绝外,社区居民可能会有其他的情绪反应,如愤怒、失望、哀伤等。社会工作者要预计好对这些反应的应对方法,事后也要检视当场的回应是否恰当等。无论遇到什么的情况,要保持冷静,从容做出应对。

（6）准备好相应的物资

社会工作者进行社区走访的时候需要准备好相应的物资,例如工衣、工作证、社区地图、记录表格(本)、笔、装有水的水壶、电筒等。工衣和工作证是我们身份的一种体现,让社区居民能够一看就知道社会工作者的身份。社区地图、记录本、笔是方便走访社区和做记录。水壶和电筒等是一些健康及安全用品。社会工作者在走访社区的时候可根据社区实际情况增加或减少相应的物资。

（7）进入社区

做好以上的准备后,社会工作者就可以进入社区与居民进行接触。社会工作者在社区中主动认识社区的居民,向受访居民展示工作证,介绍自己的身份,说清楚自己开展服务的场地位置等方面进行自我介绍,争取获得受访居民的信任。有些情况下,社会工作者可以邀请基层政府部门、居委工作人员或熟悉的居民一起走访,这容易增加居民的信任,但有时候又会让居民误解社会工作者的身份,所以社会工作者要清楚什么时候邀请基层政府部门和居委工作人员为宜,同时要做好角色的澄清。

在受访的社区居民同意或不拒绝的情况下,社会工作者就可以马上继续和受访者交谈更多的内容。此时可以问一些较容易回答的问题,例如问居民"在这里居住了多长时间?"避免直接问一些敏感的话题,如"你的收入是多少?"。社会工作者也可以选择周围环境和一些正在发生、大家关心的事情来开展话题。例如"走楼梯要走8层,平时走上来也会很累了吧?""你的房子光线很足,是你自己选的吗?"等。

谈话的过程是一个由初步到深入的过程,可以由一些感觉开始。如"住在这里,有什么觉得满意的?"再慢慢根据情况,探索其他深入的话题,如"这里小区比较开放式,车多路窄,有无担心孩子的出行安全问题?"等等。

探索社区的基本资料,每次对居民的走访谈话时间要适宜,不要过长。如果居民有急切的个人问题需要处理,那就需要另外寻找时间跟进。

一般结束话题可以小结谈话的内容并且感谢居民对社会工作者的信任,表达与居民谈话的心情,并且留下联系方式,鼓励居民能够主动联系社会工作者。离开后,马上做好资料的记录和整理。

另外,在进行社区走访的时候,除了上面提到的一般方法外,在一些农村社区、城乡结合部社区等有比较丰富历史文化信息的社区中,我们也可以参考资产为本的社区工作手法进行社区的走访。资产为本的社区工作强调的是对社区资产的发掘和利用,社区资产是与社区资源相近的一个概念,社区资产可看作是个人、组织或者整个社区减少或阻止贫困的一种特殊资源。

社会工作者可以以欣赏性的访寻的策略了解和认识社区居民。通过欣赏性的寻访以建构共同认同的本地历史。"欣赏"表示用一种正面、学习和探究的态度去进行社区探访,通过访问及听故事的方法去寻找正面的记忆,聚焦于过去的成功及令人振奋的历史,像滚雪球一样让更多的人参与到故事的建构过程。访寻绝不是一般意义上的社区调查,也不是一项单一的工作,而是一种社区工作的策略,一个为促进社区"动"起来,在了解和认识社区居民的同时,也是促进社区居民愿意走在一起发展自己社区的重要而基础性的工作方法。[①]

2. 观察法

认识社区,需要全面和深入。认识社区是一个过程,需要一段时间或按若干阶段进行。社会工作者要有全面和全方位认识社区的思想准备,只有这样描述出来的社区轮廓才会更清楚。社会工作者进入社区收集资料,可以运用观察法对社区进行观察。走访的时候,留意社区的环境,包括社区的公共资源、社区人员、社区的商户、运动场等各样的设施。通过观察后的记录总结,可以在社区中绘制社区资源地图。

社会工作者可以选择社区一个位置,这个位置可能是社区人流量比较大的地方,也可以是某服务群体比较多和聚集的地方。在这个位置上去观察来往的居民的互动,环境等。例如:

> 社会工作者在社区的一个小公园广场做观察,这个小广场被四周高大的绿树围绕,广场一角有多排的桌椅,每天早上有数十位长者围坐在这些座椅上,他们有的在打牌,有的在下棋,围观的长者时不时地交谈,大家都非常地投入。通常每局牌局结束后,他们当中有的发出高兴的大笑,有的显得非常遗憾和不满,嚷嚷着就从口袋里掏出几十块给赢了的长者。这个广场的环境绿树成荫,适合长者休息娱乐;但同时借比较多的树木的遮掩,长者们喜欢玩赌博变得不容易被发现,赌博风气一直存在。

社会工作者通过观察,对小公园有了一个更加直观的认识,也发现了社区长者日常的休闲娱乐活动与社区赌博现象。

在观察多个社区环境之后,社会工作者就可以着手绘制社区资源地图了。绘制社区资源地图,实际上就是对社区的资源进行了解和发掘,盘点社区中的资源为日后服务进行储备。社区的资源包括以下的几个方面:

(1) 人。社区的人可以看作是资源。社会工作者相信每个人都有其独特的才能和资产。"人",包括社区里出现过的历史人物;住在社区里的文学家、艺术家、工艺师或具特殊专长("厨

[①] 张和清、杨锡聪等. 社区为本的整合社会工作实践-理论. 实务与绿耕经验[M]. 北京:社会科学文献出版社,2016. 51-52.

艺""舞蹈""说故事"等)的人物。当然,我们一般所认为的弱势群体的人,也有可能成为资源的一部分。如一位身残的服务对象,即使其肢体行动不便,但其生活经验、坚强的意志等仍可作为一种资源加以运用。

(2) 社区团体。在社区中,会有不同的社区居民组成的社区团体,这些社区团体的存在是因为大家有着相同的兴趣或者关心的事情而聚在一起的。

(3) 正式的组织。在社区中包括政府各部门、学校、一些商业的服务机构等。他们本身是资源,背后也会带有更多的社会资源。

(4) 社区的有形资产。包括社区内的建筑、公共空间、风景名胜、体育场、文化馆、宗庙等。

(5) 社区的无形资产,包括有特色的文化生活(茶艺等)、风俗习惯、节日庆典、历史故事、民间传说或文化活动(灯谜等)、传统美食(特别的菜肴或小食)、老地名或故事、老建筑或庙宇,甚至是地道口音和用语。

3.3.2 收集社区及居民的问题或需求

通过文献检索、问卷调查、访谈和观察法四种方法了解和认识社区,就可以借助所获得的资料信息进行社区居民的问题和需求的收集和整理。一般来说文献检索可以获得规范性和比较性的需求;问卷调查可以获得居民的表达性需求和感觉性需求;访谈可以获得表达性、感觉性和规范性的需求;观察法可以获得表达性和感觉性的需求。例如:

某城中村社区问题情况介绍

社会工作者在某城中村社区工作,通过城中村改造的有关文件了解到该社区准备进行征地改造,将按照其他社区的标准对该社区进行改造,村民身份变成居民身份,村民居住由原来的农村房屋变成小区楼盘。因此,该社区的村民有从农转居的身份适应的需要。通过问卷调查了解到,村民生活方式比较单一,日常休闲活动多以麻将为主,并有赌博的行为。青少年学习动机不高,逃学、吸烟等偏差行为比较明显等。因此,该社区有丰富休闲生活方式的需要和预防青少年违法的需要。社会工作者从访谈当地基层政府部门、村委、村民等了解到,社区的村民非常关心拆迁改造的问题,在拆迁改造中容易引起村民与政府部门、村民之间的利益纠纷,该社区面临如何合理面对拆迁的问题的需要。社会工作者通过对社区的观察,发现社区中楼与楼的距离近,楼底电线密集,纵横交错,小区道路狭窄,车多,社区的安全问题比较明显。

3.3.3 初步进入社区

1. 做好自我准备

社会工作者初步进入社区,需做好以下一些准备:一是专业知识的储备,在社区中专业知识主要包括社区发展、社区组织、公共问题处理的知识技巧、调查研究、社会政策研究的知识、文化的敏感性、沟通知识等各方面。二是在自我认识方面,了解自身对社区工作开展的兴趣和适应性。社区工作是在一个相对宏观的层面对服务对象进行介入,与个案工作相比,要面对的人和情景会比较多,改变的是人与环境、人与社区的相互影响,更加注重系统的思维。社会工作者要了解自己是比较适合开展个人层面的介入还是适宜环境层面的介入工作,从而找到更好的社区工作介入途径。三是开展社区工作,社会工作者要做的多是发动群众,让社区居民能够关注社区的问题和需要,协助社区居民能应对这些问题。因此,社会工作者要走进居民的生活,与居民共同面对生活的挑战。

2. 了解进入社区的多种方式

进入社区的方法,与前文提到的资料收集的方法可以同步进行。也就是说,资料收集的过程同时也是进入社区的过程。社会工作者常用的进入社区的方式有:

(1) 家访

家访是社会工作者常用的进入社区的形式。社会工作者身处在社区居民日常生活的环境中,能够非常直观地观察居民的生活。通过观察居民家居摆设、卫生环境等可以对服务对象有更多初步的印象,理解其问题和需要。一般家访的时候要穿着带有社会工作者或服务机构标志的工衣。但要注意的是某些特定的受访对象(社区矫正人员、低保户家庭)可能不太喜欢社会工作者穿着工衣家访。进入家访的时候要先询问受访对象是否愿意社会工作者进入其家里,如果受访对象不同意,那就在门口与其谈话;如果受访对象同意,则可以进入家里,在靠近门口的位置与受访对象谈话。

(2) 社区漫步

社区漫步并不是漫无目的地在社区游走,而是对辖区内的人群、商铺、企业单位有仔细的观察和记录。社会工作者可以去观察此时街头上人流量情况,人群特征,他们的衣着打扮,他们的行色,他们正在做什么;街上有什么商铺、企业单位,他们的营业、工作时间是怎样的等等。社会工作者也可以尝试不同的时间段去观察社区同一地点的情况,以此收集更多信息。

(3) 拜访社区重要人物

拜访社区的重要人物,可以用谈话的方式,也可以实地观察,以便对社区的情况有更深入的了解。如果社区调查是定量(quantitative)的资料收集工作,那么个别的拜访就是定性(qualitative)的。定性分析对社区的需要及问题有较深入地探讨,所以有些社会工作者甚至会在自己工作的社区住上一段时间,希望更深入、更仔细地认识社区。在建立工作关系方面,拜访比起社区调查更优。不过,个别拜访需要的时间长,社会工作者要有极大的耐性将零碎的资料整理和诠释。假若拜访的对象太少,所得资料的代表性也未必可靠。因此在拜访对象的选择上,需要考虑拜访对象对社区的了解程度以及他/她在社区中的影响力等方面的因素。

(4) 社区调查

通常用问卷形式收集居民对社区内的环境、卫生、交通、教育、文娱及康乐等社会服务的意见。整理资料后可得出一般居民所感受到的社区需要。这类社区调查的好处是,社会工作者可以较系统全面地了解居民对社区的要求、期望及对社区问题的切身感受。不过,社区调查要运用科学的资料收集方法,社会工作者在这方面需要有专业的知识(或借助有关的专业人员)帮助,所收集到的资料才可信和可靠。

(5) 工作小组

社会工作者可借用现有的居民小组或组织居民形成工作小组,倾听他们的意见。社会工作者可找一些热心的居民,以小组形式进行座谈,如有较多的居民有兴趣,则可召开居民大会,一起讨论社区的需要和问题。

(6) 开展社区活动

借助一些传统节日或者某主题来开展社区活动,社区活动可以是游园会、摊位宣传、小组活动等形式,这些活动可以增加社会工作者在居民中的曝光率。组织开展社区活动是接触居民,获得居民资料信息的好途径。

3.3.4 决定是否提供社区服务

社会工作者综合考虑服务是否为社区提供服务。考虑的因素如下:(1)是否找准社区的问题或需要。(2)社区中的人对社区的问题或需要有无改变的意愿。(3)服务机构有无相应的人力、物力、财力提供服务和处理社区的问题和需要。

3.3.5 明确社区服务意向

资料收集工作结束后,社会工作者需要进行初步的评估,决定是不是要在这个社区开展服务。如果在这里开展服务,将会以什么样的服务群体、服务议题开展。当决定在此社区开展服务,就可以进入下一个阶段了。

项目二 预 估

预估,也就是预评估,是社会工作实务过程中的重要环节。它是在接案的基础上,进一步收集服务对象的相关资料,并对服务对象的问题/需求、服务对象的系统、服务对象和环境的互动等方面进行综合分析判断,形成暂时性的评估结论的过程。预估是一个持续的过程,也是不断发展的动态过程,按照社会工作介入的不同阶段可分为介入前的早期评估、介入中的评估和结束时的评估,可分别对应为社会工作实务通用过程中的预估阶段、评估阶段和结案阶段。所以本章介绍的预估主要是指社会工作者在接案后,计划和介入前的早期评估。

1 工作任务

1.1 进一步收集资料

预估的基础是收集资料,只有收集到足够的与服务对象相关的资料,社会工作者对服务对象的问题及需求才可能有正确的认识和判断。也就是说,收集资料是为预估做准备的。如在接案阶段资料收集得很充分,在预估期则可跳过这一任务。

1.2 分析和解释服务对象的资料与问题

顾名思义就是对收集到的资料进行整理,找出它们之间的逻辑关系,从而进行分析和解释。也就是说,将所获得的有关服务对象系统的资料、服务对象和社会工作者对需要与问题的认识加以整理和组织,形成概念性的认识,去解释问题。这样,所收集到的资料才具有意义,可作为支撑社会工作实务推展的依据。

收集到的资料主要有定量资料和定性资料两类,对这些资料的处理一般包括整理、分析。根据资料性质的不同,整理和分析的方法也有所不同。对于定量资料(如问卷数据),就是将收集到的原始数据资料进行审核、转换、录入和清理,然后运用数据统计软件进行统计分析。常见的数据统计软件有 Excel 和 SPSS 等。对于定性资料(如访谈记录),首先是整理笔记、建立档案、编码、形成概念、撰写分析型备忘录;其次是对资料进行分类、描述、综合、归纳。定性资料分析的基本逻辑是归纳法,也就是从具体的、个别的、经验的事例中逐步概括、抽象,形成概念和理论。常用的定性资料分析法有连续接近法、举例说明法、比较分析法和流程图方法等[①]。

---

① 风笑天.社会学研究方法(第二版)[M].北京:中国人民大学出版社,2005.318-319.

1.3 认定问题/需求

这一阶段是要探究服务对象的问题与需求,形成问题阐述。认定服务对象的问题和需求是非常重要的,社会工作者和服务对象双方只有明确了问题和需求后才可能有的放矢,才能为之后服务计划的制定和实施打下基础。

问题的界定可以从以下几个方面来做[1]:

一是描述服务对象的问题与需求。包括问题是什么,问题的范围、原因、严重程度及持续时间。

二是描述问题是如何发生的及发生的原因。包括问题是在什么情况下发生的,发生的时间、原因与先后次序;服务对象和其他重要系统的反应及应对措施。

三是描述服务对象的处境及其社会系统的情况。

四是探究服务对象问题得不到解决的原因。

五是描述服务对象系统的发展阶段。包括服务对象系统的发展阶段及对应此发展阶段的特征。比如个人或家庭所处的生命周期,小组或社区运作所处的阶段。

六是描述并鉴定服务对象系统的资源状况。包括预估服务对象参与解决问题的动机强度、学习能力、资源和时间等情况。

1.4 撰写预估报告

问题阐述后就需要撰写预估报告,目的在于清楚表达对问题的认识。为社会工作者和服务对象、社会工作服务机构以及那些与服务对象有关的系统提供关于服务对象需求与问题的准确和详细的信息,并为下一步制订服务计划提供依据。在格式和内容的设计方面,根据不同服务机构的要求,预估报告会有所不同。

2 通用技巧

预估的方法有很多,适用于个案工作、小组工作、社区工作三大手法的方法称为通用方法或通用技巧。根据预估的工作任务可将其分为三类:分析问题的技巧、认定问题的技巧、撰写预估报告的技巧。

2.1 分析问题成因的技巧

一个问题的产生可能是由很多不同层面的不同因素造成的,分析问题的成因就要从不同层面进行。社会工作者也可借助一些常用的工具和相关理论进行不同层面、不同视角的分析。常用的分析问题的理论有社会生态系统理论、社会网络支持理论等。常用的分析工具有关键事件时间线、家庭结构图、生态系统图、社会网络图等。

2.1.1 绘制关键事件时间线(里程碑事件)

关键事件时间线是依照时间次序将一个人生活里重要或有意义的经验描述出来。这一方法有助于去追溯特定问题或议题的起源以及发展,显示出个人/家人或专业关系里短暂关

---

[1] 全国社会工作者职业水平考试教材编写组.社会工作实务(中级)[M].北京:中国社会出版社,2017.31-32.

系的状况、从过去的成就和其他成功经验记录中找到其优势条件等等。这一方法常常用于个案工作,而在小组工作和社区工作中则更多使用里程碑事件的描述,即依照时间次序将一个团体或组织里发生的重要的或关键事件记录下来。

时间线的基本组成包括:(1)使用一条相当长且连续、水平或垂直的线来描述某一个时期;(2)数条垂直、交叉或者短的倾斜的线去表明选择的事件的日期;(3)对于某些较短的线附近的事件或者经验进行简短地描述(关键时间线绘制举例可详见个案工作的应用部分)。

2.1.2 社会生态系统分析

社会生态系统理论,简称为生态系统理论,是系统理论的分支,聚集于家庭和环境支持的网络,将人放在环境系统中加以考察,强调生态环境(人的生存系统)对于分析和理解人类行为的重要性,揭示了家庭、社会系统对于个人成长的重要影响。

生态系统理论利用家庭结构图和生态图作为视觉工具,特别有助于社会工作者了解服务对象与其他社会系统之间的互动,从而评估服务对象的环境。其中生态图是社会生态系统图的简称,也是家庭结构图的延伸,它展示了一个人的社会环境,清晰地呈现出个人、家庭及社会系统之间的相互作用和影响,有效地将一个人与外在环境系统的关系通过图的形式呈现出来,说明了系统之间能量的流动和各系统间的关系本质,及其与个人需求和满足需求的资源系统、个人问题之间的关系。家庭结构图则被广泛运用于个案工作中,将在通用技巧在个案工作的运用中详细介绍。

生态图的绘制步骤包括:(1)用圆圈将服务对象家庭系统表示出来,并将服务对象置于圆圈的家庭系统中;(2)将服务对象及其家庭的社会环境系统包含的人和团体、组织、服务机构等用圆圈表示出来;(3)用线段将各系统即圆圈连接起来,圆圈间的距离表示了关系的亲疏;(4)连接圆圈间的线条构成则代表关系的本质(实线代表关系紧密,虚线代表关系不紧密,曲线表示关系有问题、有张力或关系紧张);(5)系统间关系线条的箭头表示关系的方向性,即系统间的能量和资源的流向(家庭生态图的绘制举例详见个案工作的应用部分)

2.1.3 社会网络分析

社会网络分析可以评估和测量服务对象社会支持网络的种类和规模,并从服务对象主观经验的角度将其获得支持的性质和数量呈现出来。

社会网络分析是社会工作实务中一种分析问题的方法,目的在于帮助社会工作者准确地理解人们怎样通过各种社会交往或通过资源的施与和接受而互相作用和影响的。社会网络在社会工作实务中也泛指社会支持系统,通常指由家庭、朋友、专业人士或其他社会系统提供的帮助、指导和关怀。其中社会支持是指个人与社会环境的正面互动。社会网络是由正式和非正式支持系统组成的。

社会网络图的绘制方法是:由服务对象找出他们支持网络的成员,然后将支持成员和支持按其所回应的具体问题界限分类,描述他们如何看待他们所获得的这些支持,从而依据类别和支持程度画出服务对象的社会网络圆形图。

2.2 认定问题的技巧

社会工作者在收集资料过程中挖掘和发现服务对象的需求和问题后,要将这些问题进行梳理和分析。一般首先根据具体的情况将问题进行分类,列出问题清单;然后再结合服务对象改变的动机强弱和意愿程度,初步认定服务对象的问题。在综合分析服务对象的处境后界定问题时可借鉴企业常用的资源分析法和 SWOT 分析法。

2.2.1 资源分析法

资源分析法是通过对社区资源的分析,了解社区在资源上表现出来的优势和劣势,发现在资源使用上的需要进行的调整。它包括现有资源的分析、资源利用分析、资源灵活性分析、资源平衡性分析和战略适合性分析五个步骤。借鉴资源分析法的步骤,社会工作者可将列出的资源清单进行如下分析:

哪些是服务对象现有的资源?

哪些是可利用的资源?

哪些是环境发生变化可重新组合和挖掘的新资源?

通过资源分析,从而找到影响服务对象改变的资源的优势和劣势。

2.2.2 SWOT 分析法

SWOT 分析,又称为态势分析法,是将与研究对象密切相关的主要的内部优势、劣势和外部的机会和威胁等,通过调查列举出来,并依照矩阵形式排列,然后用系统分析的思维,把各种因素相互匹配起来加以分析,从中得出一系列相应的结论,而结论通常带有一定的决策性。SWOT 分析法是一种能够较客观而准确地分析和研究一个单位现实情况的方法。SWOT 分别代表:strengths(优势)、weaknesses(劣势)、opportunities(机遇)、threats(威胁)。

SWOT 是一种战略分析方法,通过对被分析对象的优势、劣势、机会和威胁等加以综合评估与分析得出结论,通过内部资源、外部环境有机结合来清晰地确定被分析对象的资源优势和缺陷,了解分析对象所面临的机会和挑战,从而在战略与战术两个层面通过调整方法和资源以保障被分析对象达到所要实现的目标。SWOT 的应用非常广泛,如企业管理、人力资源、产品研发等,也可以应用在社会工作领域用来分析服务对象,从而充分发挥服务对象的优势因素,克服弱点因素,利用机会因素,化解威胁因素;考虑过去,立足当前,着眼未来,为制订行动计划提供依据。

2.3 撰写预估报告的技巧

预估报告一般分为两个部分:一部分是呈现问题,包括问题发生的时间和所涉及的人和系统,以及服务对象和问题的背景等;另一部分是专业判断,包括对资料的理解、对服务对象问题的评估、对形成问题原因的分析及对问题原因的理解和解释、判断改变的可能性和益处。

社会工作的预估报告格式有许多不同的做法,DAC 模式就是其中一种。DAC 模式涵盖许多不同领域的工作,社会工作者可根据自己独特的实务工作环境而选择不同的预估报告模式。因此,社会工作者需依据个人工作环境的特殊性做弹性的调整,以符合个人独特的环境需要与功能,社会工作者也需要知道有许多替代性的方案。

所谓 DAC 模式,包含三个重要的部分,即[1]:

D(Description)描述:即把在探索过程中所获取的资料组织成描述性资料;

A(Assessment)预估:将已产生的有关"人在情境中的问题"的理念或假设有系统地陈述成暂时性的预估;

---

[1] Barry Cournoyer. 社会工作实务手册[M]. 万育维,译. 台北:洪业文化事业有限公司,2006.226-228.

C(Contract)签约:简要说明与服务对象协商后的工作契约。(见表2-1)

表2-1 DAC模式具体内容(以个案工作为例)

DAC	具体内容
描述	1. 确认案主 2. 个人系统、家庭与家族系统及社区系统 3. 陈述问题与早期目标 4. 助力与资源 5. 案主的转介资源与过程:相关资讯 6. 社会经历
暂时性预估	1. 个人:本质与人格结构、情绪与情感、生命周期发展、能力、危机 2. 家庭、家族、初级社会系统:本质与结构、情绪与情感、生命周期发展 3. 环境:资源、社会文化
签约	1. 问题:案主定义的问题、社会工作者确认的问题、工作问题 2. 最终目标 3. 规划:工作途径、案主的任务或行动步骤、社会工作者的任务或行动步骤、阶段性任务或行动步骤、评估计划

预估是资料的分析过程,从而形成要解决的问题及假设。因此,预估报告中最重要的内容是从收集到的大量资料中清晰地陈述服务对象的问题。所以,如何陈述问题,是预估报告撰写中重要的技巧之一。我们可以通过先初步陈述问题,再增加量性陈述和质性陈述,从而再增加"应采取的行动"陈述的方法,逐步陈述问题,这种方法可简称为QQA组合技巧,具体内容如下[1]:

Q:Qualitative Statement 质性陈述,即说明问题的性质与内容。

Q:Quantitative Statement 量性陈述,即量化说明问题的严重程度。

A:Justification for Action Statement 采取行动的有力依据陈述,即在质性、量性陈述的基础上,增加针对问题应采取的行动(见表2-2)。

表2-2 利用QQA组合技巧陈述"长者因意外而入院治疗"问题范例[2]

	举例说明
初步问题陈述	有长者因意外而入院治疗
质性陈述	有高龄长者因缺乏防滑意识不慎跌倒而入院治疗
量性陈述	有高龄长者因缺乏防滑意识不慎跌倒而入院治疗,其中70%在家里跌倒
行动陈述	有高龄长者因缺乏防滑意识不慎跌倒而入院治疗,其中70%在家里跌倒,情况严重,应当采取措施,减少长者居家跌倒情况

---

[1] 项目臭皮匠. 项目百子柜:一本社工写给同行者的工具书[M]. 北京:中国社会出版社,2015.50-51.
[2] 项目臭皮匠. 项目百子柜:一本社工写给同行者的工具书[M]. 北京:中国社会出版社,2015.51.

3 在三大手法中的运用

3.1 在个案工作中的运用

3.1.1 进一步收集案主个人及其环境资料

社会工作者接案后,要进一步收集与案主问题相关的资料,以更全面、细致地了解案主的需求与问题。主要收集以下几方面的资料:一是案主个人层面的资料,二是案主环境系统层面的资料。社会工作者需要具体收集案主个人层面和环境系统层面的哪些资料可详见上一章"接案"部分相关内容。预估是建立在收集到足够多的服务对象资料基础之上的。

3.1.2 分析案主的问题及环境系统对问题解决的影响

收集资料的同时,社会工作者实际上一直在进行相应地分析和评估,但只有在收集了较充分的资料基础上,预估才能形成。其目的在于通过对问题的了解发现介入的方向。

3.1.2.1 分析案主问题的性质、成因、程度及对案主的影响

社会工作者收集足够多的资料来描述案主问题的性质、范围和程度,从而对案主的问题有清晰的认识,明确谁有什么样的问题,以及为什么会存在这样的问题。在预估中,社会工作者可以从以下几个方面来着手来分析案主的问题[①]:

(1) 案主最初的需求和关注是什么?
(2) 案主如何看待自己的问题?
(3) 问题的原因是什么?
(4) 问题行为发生在什么地方?
(5) 问题行为发生在什么时间?
(6) 问题行为的频率、强度和持续时间是多少?
(7) 问题产生的后果是什么?
(8) 案主是如何应对问题的?
(9) 有没有其他相关的问题存在?

在探索以上问题过程中,问题时间线这一工具可以帮助社会工作者了解案主如何受过往事件的影响。问题时间线是根据时间次序,追溯特定问题或议题的起源以及发展等,通过使用简单的表格呈现出来。下面以张小菊(化名)的关键事件时间线为例说明,详见表2-3。

表2-3 张小菊的关键事件时间线

时间	关键事件
1972年	张小菊出生,家中长女,父亲常年不在家,经济拮据
1984年	同学取笑她衣服由破旧衣服拼接而成——自尊心受挫

[①] 朱眉华,文军.社会工作实务手册[M].北京:社会科学文献出版社,2006.47-48.

续表

时 间	关键事件
1992年	第一次与同村的刘先生约会
1993年	未婚先孕
1994年	与刘先生结婚,并生下一对双胞胎女儿
1998年	丈夫刘先生在一次洪水中丧命
2000年	经人介绍认识了杨先生
2001年	与杨先生结婚
2002年	生二胎儿子
2013年	发现乳腺恶性肿瘤并住院治疗
2014年	所在社区的社会工作者第一次上门家访

3.1.2.2 分析案主所在的环境系统对问题解决的影响

案主在其特定的社会环境中,会受到社会阶层、民族、文化传统、宗教信仰等社会文化因素的影响。案主的问题和所处的环境系统紧密相连。了解环境对案主的影响,以及案主的社会支持系统有哪些,有利于社会工作者全面了解案主的问题及成因,并找到环境因素中解决问题的有利和不利条件。

案主的环境系统主要包括家庭系统、社会系统。家庭系统方面的资料分析一般包括家庭成员、家庭关系、家庭习惯、文化传统等对案主的影响(家庭系统对于案主的影响至关重要,将在下一节具体阐述)。社会系统方面的资料分析一般包括学校、工作、住所、邻居、休闲娱乐场所、宗教、种族及社交生活等可能相关的系统。社会工作者可通过关键事件时间线来了解案主的环境系统中是否有关键性人物或事件,以及关键事件和重要人物对案主的影响,特别是对案主问题的解决有无影响。同时,社会生态图是分析案主环境系统资料的有效工具。下面通过一个案例来说明生态图在个案工作中的运用(如图2-1所示)。

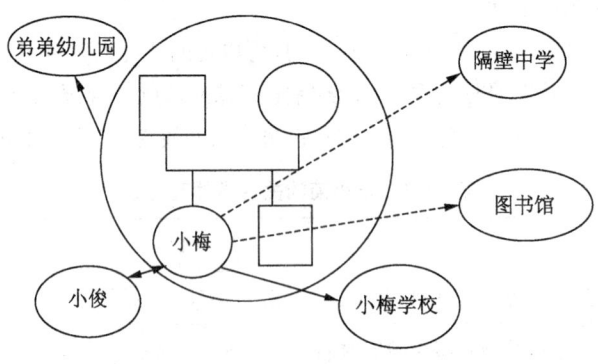

图2-1 小梅的家庭生态图

案例:小梅是一名高二学生,有一个比自己小10岁的弟弟,全家人对弟弟非常宠爱。小梅的爸爸妈妈都会轮流接弟弟上下幼儿园。小梅也偶尔去幼儿园接弟弟放学。但是,小梅经常一个人上学和回家,并独自上补习班课程。在补习班上认识了隔壁中学的男生小俊,两人经常接彼此上下课,由此萌生了恋爱关系。小梅和小俊也约着一起去图书馆。

3.1.3 探究案主的问题与需要,形成问题阐述

简而言之就是社会工作者依据收集的资料,运用专业知识或方法对案主的问题进行相应的分析和评估,从而确立案主问题的解决方向,为下一步制订服务计划做准备。其中在个案工作中经常运用的方法主要是家庭结构分析法。

家庭结构是结构家庭治疗模式中一个很重要的内容,家庭结构是家庭成员实际交往过程中的产物,是固化的家庭关系;家庭问题的出现主要原因在于家庭结构出现了问题。[①] 结构家庭治疗模式在表述家庭结构时主要采用次系统、边界、角色、责任分工、权力架构等重要概念来说明。而绘制家庭结构图是结构家庭治疗常用的技巧之一,也是预估中常用的方法之一。它一般用于分析案主生活的历史以及各种社会关系和重大事件,能帮助社会工作者了解案主在家庭中所处的位置,以及家庭是如何影响案主的。

家庭结构图是以图形表达出家庭的树形结构。家庭结构图可以直观地提供有关家庭历史、婚姻、伤病等重要家庭事件、家庭成员间的沟通和互动状况等重要信息。家庭结构图使用不同的符号来表示家庭的代际关系、主要家庭事件、家庭成员的职业、死亡、家庭的迁移和分散、角色的分配和指派、家庭内关系和沟通模式等。

家庭结构图绘制方法如下:

1. 男性通常用方形表示,女性则用圆形表示。用双线条的方或圆表示案主。

2. 婚姻关系用线段来表示,一般男性位于左边,女性位于右边。实线代表已婚,虚线代表未婚。从关系线段衍生下来的符号,表示是从这个关系而来的孩子。其中关系线段衍生出来的三角形表示怀孕,双胞胎用汇聚一点的线连接。

3. 父母和子女之间、子女之间用三条平行线表示关系过密,两条平行线表示关系亲密,虚线表示关系疏离,波浪折线表示关系冲突,断开的线表示关系中断。

4. 夫妇分居和离婚分别用"/"和"//"符号表示。还可以不同符号表示有关结婚、分居、离婚、死亡等情况。例如,M'2017 表示 2017 年结婚,C'2017 表示 2017 年同居,S'2017 表示 2017 年分居,D'2017 表示 2017 年离婚等。

5. 孩子以出生时间从左到右排列,死亡的家庭成员在方形或圆形图上画"×"表示。出生和死亡日期分别标记在符号上面的左边和右边。当下的年龄或死亡时的年龄通常标记在符号内。还可以在每个图示上注出家庭成员的名字。

6. 另外还可以用一些简单符号来记录家庭生活中的重大事件,如家庭成员的毕业、工作/工作变动、疾病、搬迁、意外事故、伤害等。(见图 2-2)

案例:张女士 2013 年离婚,有一对 16 岁的双胞胎女儿。一年后经人介绍认识了顾先生并于 2015 年再婚。顾先生的妻子因病去世,有一个 25 岁儿子,并于 2016 年结婚。2017 年底顾先生得一孙子,2018 年儿媳怀孕后,张女士发现顾先生背着自己

[①] 朱眉华,文军. 社会工作实务手册[M]. 北京:社会科学文献出版社,2006.164-165.

给儿子攒钱,对女儿却不够关心,经常早出晚归,对家庭也越来越不上心,常常夸夸其谈,华而不实,二人因此争执不断,关系日渐冷淡。

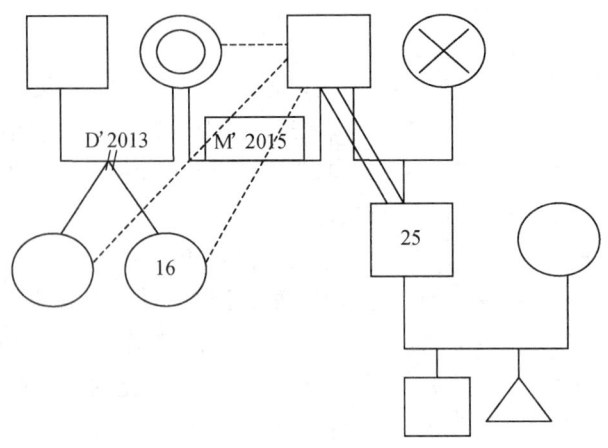

图 2-2 张女士的家庭结构图

3.1.4 撰写个案预估报告

个案预估报告是有关案主个人和家庭的社会功能的各种信息的综合报告。社会工作者在撰写时会特别关注案主的需要和现有正式和非正式资源能否匹配或满足。个案预估报告格式根据不同服务机构的要求而有所不同。但一般会包括描述和预估两部分内容,即把在探索过程中所获得的信息组织成描述性资料;将已产生的有关"人在情境中的问题"理念或假设有系统地陈述成暂时性的预估(见表 2-4)。

表 2-4 个案预估文书撰写范例

一、案主的背景简述①
案主琳恩,女,1960年5月10日出生,现为福期公司的操作员。爱尔兰籍美国人,是罗马天主教徒。琳恩表示她最近担心和儿子罗伯的关系,他们时常发生争执。而她却不知道问题的原因在哪里。琳恩会因儿子罗伯犯小错而勃然大怒。琳恩指出,约6个月前开始对儿子罗伯感到易怒,偶尔也会发生在丈夫理查的身上。琳恩希望社会工作者的服务能降低她的易怒,减少她与儿子、丈夫间的争执。 案主的丈夫理查,35 岁,现任职格雷斯建筑公司的木匠工作。 案主的儿子罗伯,12 岁,小学六年级学生。 案主的联络电话:223—1234,公司电话:567—5678
二、案主的家庭系统和社会系统 1. 家庭系统 1.1 家庭结构: 琳恩与丈夫理查、儿子罗伯一起居住,并养了一只混血狗斯来。 1.2 家庭习惯: 周一至周五,琳恩与丈夫理查从早上 8 点工作到下午 5 点,其中一人约在早上 7 点 15 分送协助儿子罗伯上学,这人通常是琳恩。放学后,儿子罗伯搭校车回家,约下午 3 点 45 分到家,而琳恩夫妇则约在 5 点 45 分到家。

---

① 此案例来源于 Barry Cournoyer 的《社会工作实务手册》第 233 页的案例,编者根据实例情况改编。

续表

1.3 家庭关系： 据琳恩描述，丈夫理查与儿子罗伯有良好的亲子关系，一起运动和钓鱼。琳恩表示她与儿子罗伯的关系有点紧张，并同时指出丈夫理查虽然并不是一个很风趣、浪漫的人，但她仍然非常喜欢他。 2. 社会系统 教堂：琳恩描述，她的家庭会规律性地参与教会活动。琳恩虽然并不是每周到教堂做礼拜，但偶尔会协助教会的义卖活动或参与其他教会活动。儿子罗伯几乎每周都会到教堂参加教会活动，而丈夫理查较少参与社交活动，缺少关系密切的朋友。 罗伯的学校：琳恩描述罗伯是一个好学生，学校老师对琳恩说，罗伯是个害羞的孩子。当老师在课堂上提问罗伯时，他的声音温和并带着点迟疑，通常却能较好地回答问题。琳恩也说，儿子罗伯在社区有2—3个好朋友。 居住的社区：琳恩描述，她的家庭与社区中的某些家庭拥有良好的友谊关系，每个月会有一些聚会或野餐。邻居友善，社区犯罪率低。

三、个案初步评估

3.1 问题陈述

琳恩和儿子与先生之间易怒且常起争执，然而生气与争论的同时会感受到羞愧与罪恶感，导致失眠、体重下降、头痛，以及开始吸烟。琳恩找到了一份离家近的全职工作，但她并不确认这份工作能否让她重新开始全新的生活。此外，她在家庭与工作之间存在着角色紧张或角色冲突。问题已经持续了6个月，琳恩和社会工作者评估，认为问题和症状的严重程度为中度。她也能以胜任的态度继续达成她的责任。并且琳恩和社会工作者一致同意：目前的问题并非有立即的生命危险，尚不需立即或密集性的介入。

3.2 问题可能的原因

个人因素：

琳恩对他人似乎具有强烈的义务感和责任心，特别是对她的儿子与丈夫。她维持高标准，且经常感到有罪恶感或担心她做得不够好，以及当她犯错或让他人觉得不舒服时，她看起来很难轻松一下。在过去，她乐于园艺栽种，然而自从她进入福斯制造公司工作后，就变得不愿意让自己的时间花费在无生产性的休闲娱乐上。当她没有办法达成她所期待的角色责任时便会感到有压力与罪恶感。琳恩似乎未形成个人的生活目标。

情境与系统因素：

琳恩的家庭系统呈现出以琳恩为主要执行者或管理者的结构形式。她负担大部分的家庭任务。丈夫理查看起来是分担较少的家务与家庭任务。琳恩是最主要的家务处理者与教育者。琳恩的家庭规则与角色界线十分清楚。但当琳恩工作后常待在家里，某些家庭规则和角色开始产生松动，但就这点而言，琳恩似乎在额外增加职业责任之后，也尝试去维持先前的家庭和社区责任。

另外，就系统观点而言，琳恩的家庭正迈向拥有青春期孩子家庭的阶段，一个青春期的孩子将激发许多对自己、父母及家庭整体系统的新议题与决策。据琳恩描述，儿子罗伯开始经历身体上的改变，已经变得更自我及以自我为中心，这些变化可能正影响着罗伯与琳恩，甚至他与父亲之间的关系改变。在这段期间，琳恩可能焦虑且不清楚自己的家庭角色，琳恩无法明确地回应罗伯的青春期。

3.3 案主的改变动机

在与案主面谈的过程中，案主琳恩显得有强烈的动机进行个人的改变，以减轻快要崩溃的责任感，并允许其他人来承担。她更进一步感到舒适与心情轻松，能去感受生活的乐趣，这是非常重要的。琳恩看起来在面对社会工作者时能感到自在，也相信社会工作者有能力妥善处理她的问题，并且愿意和社会工作者共同努力。

3.4 问题解决面临的挑战及风险评估

虽然案主琳恩和社会工作者尚未讨论到照顾他人与控制欲的关系，但这是有可能的。当琳恩较不关心其他人并减少关怀行为时，她是否会感到控制感逐渐失去的焦虑。另外，琳恩虽然感到沮丧，但她和社会工作者都不认为她最近会对自己或他人具有危险性，如自杀想法或行动的问题。她指出她未曾有任何的自我伤害行为，也没有自杀的念头，更不会有伤害他人的想法或意图。

3.2 在小组工作中的运用

3.2.1 进一步了解意向组员的需求和问题

预估仍属于小组正式开始前的准备阶段。组前面谈是这一阶段常用的方法之一,是社会工作者与潜在组员相互了解并建立初步关系的一种途径。组前面谈的主要任务有:一是了解潜在组员的信息,如个人能力、偏好及一些特殊的信仰行为方式等,以利于之后有针对性地开展工作;二是澄清潜在组员的疑惑,消除其顾虑,沟通小组目标、契约、角色行为等,为小组工作的开展做好准备;三是综合估量潜在组员的情况,确定合适的组员。[1]

3.2.2 分析意向组员的共性需求和问题

小组工作是以小组中的个人为对象,目标在于通过小组工作的过程,使组员获得行为的改变及社会功能的恢复与发展。那么,小组过程是否进展顺利,小组的团队力量能否发挥积极作用就决定了小组工作的成效。这样,小组工作的成效在一定程度上取决于小组开展前是否充分了解并清晰地分析组员的特性、组员的同异质性需求。下面将结合意向组员的个性特点及同异质性需求进行分析阐述。

3.2.2.1 组员的个性特点分析

在不同的小组中,小组及其成员的性质不同,会影响社会工作者在小组中所扮演的角色。而不同性质的小组,组员的特性也会有所不同。我们可以通过按照小组的性质和目的分类来了解组员的特性,具体可将小组分为以下类型[2](详见表2-5)。

表2-5 不同类型小组的组员特性一览表

小组类型	小组特点	组员特性
任务小组	有明确的任务或工作取向、结构	组员也相应有明确的任务或工作。如环保小组、登革热预防宣传小组等
教育性小组	帮助组员获取更多的知识及学习更复杂的技术,并通过小组的互动和讨论来增强组员的态度和能力。小组的领导者通常由专业人士担任	组员是由对某些知识和技能训练有共同需求的人员组成
社交小组	目标是组员的关系改善和互动,主要围绕提升组员的社会交往能力开展	组员多表现为有提升社交能力方面的需求
拓展小组	有明确的角色指引和行业规范指导,训练组员的意志品德、行为、纪律规范等	有自觉意识和某些共同能力需要提升的组员
志愿者小组	通过开展义务服务,培养组员的服务意识和责任意识,并在过程中实现自我价值和提升各种能力	组员为志愿者或潜在志愿者
兴趣小组	发展和培养组员的各种兴趣和能力,陶冶情操	组员对某种兴趣有共同的需求
娱乐性小组	目的是使组员获得快乐和放松	组员有娱乐和互动需求
意识提升小组	致力于对组员增能,提高组员对自己和社会整体的意识	组员有增能的共同需求

---

[1] 朱眉华,文军. 社会工作实务手册[M]. 北京:社会科学文献出版社,2006.109-110.
[2] 张洪英,等. 小组工作[M]. 济南:山东人民出版社,2012.9-10.

续表

小组类型	小组特点	组员特性
成长小组	促使组员思想观念、情绪、态度和行为等多方面的觉醒、反思、改变与发展,从而获得成长	组员有共同的成长需求
治疗小组	改变组员的行为、态度、人格、情绪上的障碍,恢复社会功能	组员有共同的偏差行为等
社会化小组	发展和改变组员态度,帮助组员学习社会适应技巧和行为方式,提高组员应对社会压力的能力	有共同改变或增强意愿需求的组员
自助与互助小组	利用组员中存在的资源作为支持,相互协助解决组员自身的问题	组员多由同辈群体组成,重在组员的社会支持网络的建立和社会资本的重建
社会行动小组	利用小组资源,集结社会力量,达到社会改变,维护组员或社区的整体利益	组员有共同利益受到损害需要维护

3.2.2.2 组员的同异质性需求分析

小组由两人以上组成,能够形成一定的关系、地位和角色的演变,组员间相互影响和支持,有共同的目标、利益和归属感,有小组发展阶段和小组动力等。简而言之,需要有共同需求和目标的群体才能组成一个小组。所以,清晰地分析出组员的同质性需求是小组形成的关键,而清楚地了解组员的异质性需求能够避免一定的小组冲突,保证小组工作的顺利进行。

社会工作者收集到组员的需求和问题的大量资料后,便需要整理与分析资料。根据资料的性质,可分为定量资料分析和定性资料分析:

(1) 定量资料分析是将收集到的一批数据资料进行审核、转换、清理、录入,然后进行统计分析。常用的数据统计软件有 Excel 和 SPSS 等。

(2) 定性资料分析是将收集到的各种以文字、符号表示的观察记录、访谈笔记,以及其他类似的记录材料进行定性分析。常用的定性分析方法有:连续接近法、举例说明法、比较分析法和流程图法。其中比较分析法是关于一致性比较和差异性比较的方法:

一致性比较法,是将注意力集中于各个不同组员中所具有的共同的特性上,并通过运用一种排除的过程来进行。

差异性比较法,是先找出那些在许多方面都十分相同,但在少数方面不同的组员;这样就可以比较两类不同的组员探索两类不同特性组员的共性行为特点及成因。[1]

通过对收集的组员需求资料进行定量定性分析,可以帮助社会工作者列出组员的同质性需求和异质性需求。

3.2.3 初步确定小组问题

小组是具有效果和效益的,小组工作也需要考虑成本效益,所以,小组工作要以组员的最迫切需要为前提,同时也要考虑到组员解决问题的能力,从而确定小组的共性问题。也就是说,既要考虑到小组本身的挑战和机会,也要考虑到组员的优势和劣势。SWOT 分析法可以帮助社会工作者将与小组和组员密切相关的内部优势、劣势和外部的机会和威胁等,通过调

---

[1] 风笑天.社会学研究方法(第二版)[M].北京:中国人民大学出版社,2005. 319-323.

查列举出来,并依照矩阵形式排列,然后用系统分析的理论和方法,把各种因素相互匹配起来加以分析,从中得出一系列相应的结论。

下面以某研究院家属大楼社区的广场舞学习兴趣小组(第三期)为例,运用 SWOT 矩阵进行分析,为社会工作者制订具体小组计划提供依据(见表 2-6)。

表 2-6 广场舞学习兴趣小组(第三期)的 SWOT 分析图表

S 优势: 义工舞蹈老师积极参与 对学习广场舞有兴趣的居民人数多 居民文化素养较高	W 劣势: 连续性准时参与难以保证 报名人员年龄参差不齐 居民领袖缺乏
O 机会: 街道提供场地 居民学习广场舞需求强烈 已成功开展了两期	T 挑战: 发展收费服务的合理化问题 需求远远高于供给 人力、经费资源的限制

3.2.4 撰写小组预估报告

小组预估报告的表现形式主要体现在小组计划文书中的小组背景分析中,主要包括小组问题描述、小组问题由来分析(见表 2-7)。

表 2-7 广场舞学习小组(第三期)预估文书撰写范例

一、小组背景/问题简述
某研究院家属大楼社区的广场舞学习小组已成功开展了两期,随着广场舞的普及和往期组员在社区的宣传,有兴趣学习广场舞的居民人数越来越多(质性描述 Q)。甚至有居民主动向社会工作者报名参加广场舞兴趣小组。根据社会工作者上月宣传活动中现场报名人数统计约有 30 人(量性描述 Q)。报名者虽然年龄参差不齐,但是学习广场舞兴趣高。为了提升居民自身组织活动的能力,培养居民领袖带领更多有兴趣的居民学习广场舞,某研究院家属大楼社区社会工作者将开展广场舞学习小组第三期(行动描述 A)。
二、小组理念/理论框架
(如:价值理念、理论框架等,即说明小组是依据什么理论指导设计的) 　　布莱德肖(Bradshaw)提出将需要分为四个层次,即规范性需要、感觉性需要、表达性需要和比较性需要。其中表达性需要是指当大部分居民都使用某种服务,使其供不应求,由居民实际的行动而表达出来的需要。这种需要是对服务数量上的需求。某研究院家属大楼社区有越来越多的居民有学习广场舞的兴趣,并在社会工作者的宣传活动现场通过报名的方式表达了出来,让社会工作者意识到居民有学习广场舞的需求。 　　社区资产为本的模式认为居民自身也是一种社区资源,居民有动力将其技能用于社区发展和社区问题的解决,居民是社区的建设者。基于此,社会工作者通过开展广场舞学习小组,在小组过程中培养有领导能力的居民,提升其组织社区活动的能力,让居民自身带领更多对广场舞有兴趣的居民学习,从而解决广场舞学习小组报名人数多和居民领袖缺乏的问题。

3.3 在社区工作中的运用

3.3.1 进一步探索社区及其居民的资料

探索社区一般包括三方面的内容:社区的基本资料、社区居民和团体的关系及权力分布,以及社区问题/社区需要。探索社区基本资料一方面便于加强社会工作者对社区的认识,另一方面对日后活动的对象、内容和设计有很大帮助。全方位多渠道地认识社区居民及团体的关系、权力分布对日后社会工作者的组织和动员的策略有指引作用。而社区问题/社区需要能为社会工作者提供工作方向。

在社区工作的接案阶段,社会工作者的主要任务就是探索以上社区三个方面的内容,而收集以上资料的方法常常有社区调查、个别拜访、居民小组和居民大会、查阅已有社区资料等等,所以,在预估阶段的主要任务是分析收集到大量的社区资料。但是,若接案阶段收集的资料不全面,预估阶段则仍需要进一步收集。收集资料的技巧与接案阶段类似,在此不再详述。

3.3.2 社区及其居民的资料和社区问题的分析

根据探索社区的内容不同,社区分析具体也可分为三部分:分析社区的基本资料(包括社区资源)、分析社区居民和团体的关系(包括权力分布)、分析社区问题。

3.3.2.1 分析社区的基本资料

社区的基本资料包括人口数量及其组成、历史、社区服务、环境设施、社区经济、政治、交通、社区价值观念、社区资源等。其中人口组成的资料一般包括年龄结构、性别结构、文化程度与职业构成、生活水平、生活方式和人际关系等。分析社区人口基本资料可借助人口统计学的相关方法进行,如人口普查、抽样调查、生命登记等方法搜集资料、评价资料,以及对人口现象和过程的数量关系具体描述的统计方法、实验方法和数学方法,也包括研究人口现象内在纯数量规律(如在一定年龄别的生育率和一定年龄别的死亡率条件下,必然形成一个稳定人口模式)等等(见表2-8)。

表2-8 A社区的基本资料分析举例

A社区基本资料	资料分析	分析关注点
总计有25万人,其中户籍人口为12万,流动人口为13万。	涉及户籍人口与流动人口比。在A社区,户籍人口:流动人口比例≈1:1,这就意味着每2个人里面其中有1个是外地人和1个本地人,所以在探索这个社区的服务时,至少要考虑这2个不同的服务群体,并针对这2个群体有针对性需求调研。	社区人口的构成:户籍人口和非户籍人口比例、年龄结构比例、性别结构比例等。
总计有25万人,有5万多户家庭。	涉及家庭结构。在A社区,合计有25万人,有5万户,意味着平均每户有5口人,意味着这个社区大部分是扩展家庭,有祖孙三代人一起居住,家庭支持系统一般会比较强。	社区的家庭结构类型:主干家庭、核心家庭、联合家庭、重组家庭、单亲家庭等。
总计有25万人,有15万是汉族人,3万苗族人,5万回族人,2万壮族人。	在A社区,合计25万人,涉及4个不同民族。也就是说会涉及4个不同的民族文化和信仰。社区服务设计要考虑到不同民族群体。	社区文化:民族、宗教、风俗等。

分析社区资源是社区工作中重要的任务之一。社区工作的优势在于强调社区居民的合作,充分调动社区内部资源。社区资源是指能够满足社区居民生活需求的一切自然物质资源和人为的社会文化制度。它是一个社区内一切可运用的资源、可动员的各方面的力量。社区资源包括人力资源(含团体与服务机构组织)、物力、财力、知识与资料、历史传统、生活习俗、发

展机会、自然地理、天然物质资源、人文社会环境等各方面,只要能有助于社区发展工作的,均应加予发掘、动员与运用。另外,从社区资产的角度可将社区资源分为三类:居民个人资源和组织资源、社会团体及部门资源(如政府部门、医院、学校等)、自然资源与物质资源(如自然地理环境、社区设施、广场等)。

分析社区资源的方法可包括:

首先,列清单。把收集到的不同资源汇总,列出社区资源清单。

其次,整理和分类。根据个人层面到组织层面将社区资源进行整理、分类。可以从社区资本、社区资源的主体、资源整合等不同的角度或层面将社区资源进行分类,具体依据社区工作的实际需求来确定分类的维度(见表2-9)。

表 2-9　A 社区的资源分析表举例

分析点	居民资源	社会团体及部门资源	自然资源与物质资源
现有的资源是什么?	1. 民族舞蹈团 2. 义工队	1. 社区老年大学 2. 社区卫生服务中心	1. 文化广场 2. 儿童游乐园
可利用的资源是什么?	1. 律师居民 2. 退休幼师	1. 街道文化站	1. 江边绿色跑道
当环境发生变化,可重新组合、挖掘的资源有哪些?	1. 社区党员 2. 公益人士	1. 某航空公司义工团	1. 户外健身场地 2. 喷泉广场

3.3.2.2　社区动力分析

在探索社区背景、社区需要、工作方向的过程中,人的因素至为重要。社会工作者接触大量的居民、社区领袖、专业人士、政府官员等,这样做除了收集资料为未来的工作铺路之外,还有两个主要的目标:就是了解社区各方人士和势力之间的关系,以及与社会工作者建立初步的工作关系。

探索社区动力,可以了解社区内的权力分布及个人、团体之间的交往模式,对于社会工作者日后的联络、合作、资源运用等决定有帮助。与社区建立关系,在社区树立正面的形象,对日后推进工作非常重要。社会工作者可通过访问社区内人士,请其讲出社区内分别在不同范畴之中的最具影响力的个人或组织,以便掌握在社区事务上的权力分布情况。

分析社区动力的步骤可分为三步①:

第一步,列举。列出社区内活跃于社区事务的个人、团体、组织、服务机构和部门等,然后逐一分析它们的目标/职责、组织/组成、信念/期望、资源权力及其来源等特性,以便掌握它们的取向和行事动机。

第二步,分类。按各自的取向或功能将列出的组织分门别类,把取向相近而有共同利益的组织归纳为同一的体系,然后按各体系之间立场是否有分歧或利益是否有冲突,把各体系之间的关系描绘出来。这样便可逐步区分出社区内不同的体系和它们之间的互动关系。

第三步,关联。在静态的社区之中,通常不易观察到各体系之间的关系,故此可以从一些

---

① 甘炳光,胡文龙,等.社区工作技巧[M].香港:香港中文大学出版社,1996.18-19.

社区事件入手，从中知悉各牵涉的团体组织不同的立场取向，以及它们的行为和背后的动机。

3.3.2.3 社区问题/需求的分析

在预估阶段，分析社区问题/需要是最重要的环节。如何认识问题决定了如何分析问题，而如何分析问题决定了如何解决问题。接下来将从社区自身和社区所处的环境系统两个维度来分析社区问题。

1. 分析社区问题的性质、成因、程度及对社区的影响

在社区工作发展的历程中形成了不同的社区工作模式，不同的模式在认识问题的角度和分析社区问题的取向上存在很大的差异。根据介入取向的不同，可分为两种模式：需求为本的社区模式、资产为本的社区模式。

需求为本的社区模式一般从问题角度出发，主要关注：社区问题是什么、问题产生的原因是什么、居民面临的最迫切的问题是什么、哪些社区外部资源有利于问题的解决。而资产为本的社区模式一般从社区资源角度出发，主要关注：社区自身的资源是什么、居民有意愿参与的问题是什么、如何调动社区资源解决问题、问题如何推动社区发展。具体可详见表2-10。

表2-10 两种不同介入取向社区模式的社区问题分析主要关注点

社区模式	社区问题分析主要关注点
需求为本的社区模式	社区问题是什么 问题产生的原因是什么 居民面临的最迫切的问题是什么 哪些社区外部资源有利于问题的解决
资产为本的社区模式	社区自身的资源是什么 居民有意愿参与的问题是什么 如何调动社区资源解决问题 问题如何推动社区发展

两种不同介入取向社区模式的社区问题分析框架的主要关注点不同，决定了看待和分析社区问题的角度也会有所不同。具体表现在以下几个方面：社区假设、居民假设、问题界定、问题提出、问题性质和社区资源的认识方面。详见表2-11。

表2-11 两种不同介入取向社区模式的社区问题分析

比较项	需求为本的社区模式	资产为本的社区模式
含义	识别各种社区问题，并从问题中探究其形成的原因，解决社区问题	用社区自身的实力了解社区，开发和建设社区内在的能力，让社区居民发现、评估和调动社区内部资源，推动社区持续发展
社区假设	社区被看成是有问题的，有需求的	社区被描述成资源丰富的
居民假设	居民是特别有需要的，无助的，是服务的享受者	居民有动力并将其技能用于社区发展和社区问题的解决，居民是社区的建设者
问题界定	居民最迫切要解决的社区问题	居民有意愿参与的社区问题

续表

比较项	需求为本的社区模式	资产为本的社区模式
问题提出	外部专家或专业服务机构自上而下找出问题	社区中有能力的个人、组织和服务机构主动发现问题
问题性质	回应居民的需求,只关注社区问题的解决	不仅回应居民的需求,还影响社区长远的发展
社区资源	寻求社区外部资源解决问题	居民自身也是一种社区资源,充分整合社区内部资源并有效利用

2. 分析社区所在的环境系统对问题解决的影响

社区工作是以制度导向的角度来分析问题的,即社区问题的产生并不完全是个人自身的原因,而是与社区周围的环境、社会制度及整个社会有密切的关系。因此,社区工作的重点需考虑社区环境及制度如何影响人的社会功能,如何限制人的能力的。而社会政策是社区所在的非常重要的环境系统。在我国,社会政策与社区社会工作者相互影响,社会工作者在政策制定过程中有重要的参与作用,而社会政策的执行有赖于社会工作者的推进。所以在此将重点介绍社会政策分析。

首先,何谓社会政策分析?社会政策是指影响社会不同社群的资源、社会地位及政治权力分配的各种组织决策。社会政策分析是社区工作分析技巧之一,它包括政策内容分析、政策制订及执行过程分析。

其次,如何进行社会政策分析?社会政策分析架构多以内容分析为主。社会政策分析架构大致包括:问题发掘及界定、政策制订或规划、政策执行或落实、政策评估。社会工作者在协助解决社区问题时,可考虑社区问题是属于政策分析架构的哪一个环节,从而按该环节内不同部分的建议,做出分析推敲,并发掘问题所在。[1]

再次,中国的社会政策。中国的社会政策的总体目标在于提高人民的社会生活质素,这是中国特色社会主义社会政策的基本点,也是中国社会工作的指导原则。社会政策在范围上既包括政府的政策,也包括社会福利服务机构的政策[2]。现在与社会工作有关的社会政策主要是社会保障政策、不系统零散的社区工作政策。社会工作者了解这些社会政策是必要的。社会政策分析有助于社会工作者了解社会政策制定及执行时涉及的各种影响因素,协助社会工作者发掘社区问题产生的原因。例如:

广州廉租房政策对金沙洲社区服务规划的影响

2007年11月28日,广州市在金沙洲新社区为3148户"双特困户"(即收入低于最低生活保障标准且住房困难家庭的贫困居民)进行了实物配租,以每月1元/平方米为其一次性解决住房问题。至此,金沙洲新社区成了广州最大的廉租房社区。由于不少"双特困户"是因病致贫或因残致贫,用于安置贫困人口的廉租房往往从客观上造成了低保、低收入和残疾人群的聚集。[3]

对此,为了进一步提升社区公共服务质量的水平,提高金沙洲新社区居民的幸

---

[1] 甘炳光,胡文龙,等.社区工作技巧[M].香港:香港中文大学出版社,1996.35-51.
[2] 朱眉华,文军.社会工作实务手册[M].北京:社会科学文献出版社,2006.270-271.
[3] 袁奇峰.广州保障住房建设两例[J],北京规划建设,2015(4):174-177.

福感和归属感,"金沙街家庭综合服务中心"于2011年7月正式开放。该中心根据金沙洲社区的实际需求,除了提供家庭服务、青少年服务、长者服务三大常规服务外,将残障康复服务和义工服务设为中心的特色服务。

3.3.3 初步界定社区问题

当社会工作者收集到社区背景、社区需要、社区问题方面的资料后,接下来要探索以后的工作方向,其中最重要的是探索社区居民对社区问题的改变和参与程度,从而明确哪种社区需求/问题要优先处理等。在社区工作中,决定社区问题的缓急,多依据居民的价值判断,社会工作者在其中只是发挥辅导的角色。同时,社会工作者也需要衡量现有的资源,比如人力和物力方面,是否有能力处理一项或多项的社区问题。这就涉及必须考虑社会效益和成本效益。若注重成本效益,则考虑适当的服务使用者,即居民最迫切需要解决的社区问题。若注重社会效益,则考虑居民参与的意愿,即居民有意愿参与的社区问题。比如,需求为本的社区服务模式会倾向于解决居民最迫切需要解决的社区问题,而资产为本的社区服务模式则会倾向于居民有意愿参与的社区问题。

3.3.4 撰写社区预估报告

社区预估报告的表现形式主要体现在社区工作计划文书中的社区背景分析,也可以通过社区导向报告来呈现。主要内容包括对社区基本资料的分析,社区问题的分析,以及社区居民和团体关系的分析(见表2-12)。

表2-12 B社区导向报告文书范例

一、社区人口分析 　　截至2018年4月,据B社区所在街道户籍科统计,常住人口共计3万人,约6000户,其中户籍人口1万,非户籍人口2万,是典型的外来人口聚集社区。按照年龄层次统计,60岁以上老年人约3000人,占总人口数的10%。育龄妇女人数约6000人,占总人口数的20%。根据经济收入情况统计,低保、低收入家庭100户,占总户数的1.7%。 　　从社区人口结构来看,B社区是一个外来人口占多数的社区,社区人口年龄较年轻。社区家庭的整体经济收入情况较好,经济困难家庭少。社区共计3万人、6000户,每户约5人,社区的家庭结构主要以核心家庭、主干家庭、联合家庭等为主,家庭支持系统相对完善。
二、现有的社区服务分析 　　B社区成立于2001年,位于C城东南部。辖内总面积6平方公里,共设有4个居委会。 　　教育方面,辖区内有公立中小学各1所,民办中小学2所,公立幼儿园1所,私立幼儿园3所。 　　医疗方面,辖区内社区卫生服务站只有1个,医疗资源紧张。 　　娱乐设施方面,辖区内有一个大型文化广场,免费面向广大社区居民。广场内还设有一个中小型儿童游乐场,有部分游乐项目,大部分免费。
三、社区问题陈述 　　一是高空抛物问题。辖区内整体卫生环境良好,但由于高层住宅楼聚集众多,高空抛物时有发生,影响着社区安全。 　　二是宠物随地大小便问题。辖区内养猫、狗宠物的居民较多,经常户外遛宠物时的粪便没有及时清理,影响着社区的卫生。 　　三是娱乐基础设施少。辖区内主要是有一个大型文化广场供居民休闲娱乐,遇到天气恶劣情况,缺少室内或有遮挡的娱乐场地。另外,广场上也缺乏供居民休息的椅凳设施。 　　四是社区居民之间交流少,邻里文化冷淡。辖区内以外来人口或流动打工人口多,邻居之间相互不认识,缺少邻里文化。

续表

四、社区与其他组织的互动关系 　　B社区与其他相邻社区关系良好,每年至少与其他社区合作举办一场大型娱乐活动。同时,也会与妇联、共青团、残联定期合作开展社区宣传教育活动。B社区与社会公益组织或团体互动较少。
五、社区的优势/优点 　　一是交通便利。B社区辖区内设有多个公交车总站、地铁站,居民出行方便。 　　二是生活便利。B社区辖区内设有2个农贸市场和2家大型超市。日常生活便利。 　　三是居民素质较高。辖区内居民普遍较年轻,教育水平也较高,且容易沟通协调。 　　四是居民经济收入水平良好。辖区内低保低收入家庭比例低。
六、社区发展的限制/困难 　　一是医疗资源紧张。辖区内只有一个社区卫生服务站,如每逢打疫苗时间人数多,场地小。社区卫生服务站科室种类少,医疗资源缺乏,居民看病不方便。 　　二是社区自身资源利用率低。辖区内居民职业多样,大多居民主动积极关注社区发展,但缺少居民领袖将他们组织起来。 　　三是社区娱乐服务场地有限。B社区所在交通便利黄金地段,土地资源紧张,服务场地小,无法满足居民的需求。

项目三 计 划

社会工作服务计划是为下一步介入行动的开展做铺垫,是一个理性思考并做出决定的过程。社会工作者需要在预估的基础上为解决服务对象的问题进行一系列解决方案的思考和决策过程,因此,计划是预估和实施改变行动的桥梁。本章内容主要介绍社会工作实务中的计划,包括工作任务、通用技巧以及在三大手法中的运用。

1 工作任务

计划不只是着眼于某个因素,而是要将与服务对象有关的各种因素的互动关系串联起来,构成对服务对象系统情景的完整认识。社会工作者在制订计划时须清楚考虑以下几个方面的问题:计划是否符合服务对象的需要,计划内容是否与目标相结合,服务机构是否有足够的资源来完成等。为了确保服务工作的顺利开展,社会工作者在制订服务计划时需明确以下五个方面的内容:

1.1 明确需要介入的问题及对象

计划的首要任务是明确需要介入的问题,包括介入工作过程中要加以处理、加以改善的服务对象社会功能的问题以及服务对象关注的问题。其次,社会工作者要明确介入行动要改变的人和系统,不仅要明确服务对象本身,还包括服务对象所处的家庭、群体、组织和社区等。

1.2 明确目的及目标

目的是社会工作介入总体要达到的方向和结果,是行动方向。而目标是指具体的工作指标,是工作的阶段性成果。

设定目的和目标的过程是社会工作者和服务对象共同合作、达成共识的过程,目的和目标要与服务对象的问题紧密联系,具体目标设置包括如下步骤:一是确定服务对象的需要和问题;二是向服务对象解释设定目标的意义;三是共同选择适当的目标;四是与服务对象讨论实现目标的可行性和可能的利弊;五是确定目标并决定目标完成的先后次序。

在目的及目标的确定过程中,可以运用 SMART 原则,即明确性(S)、衡量性(M)、可实现性(A)、相关性(R)、时效性(T),以确保目的和目标设置的科学性和合理性。

1.3 明确理论及介入策略

理论具有解释服务对象的行为与社会过程,确定社会工作者将要协助解决问题的性质和原因,解释服务对象的行为与社会问题的性质与成因,设定社会工作过程的工作目标,提出一套达到计划目标的介入策略、技巧及模式等功能。

因此,在计划阶段,社会工作者明确理论后,可以运用理论来选择具体的介入策略、方法和技巧。而选择不同的指导理论则会有不同的介入策略。

1.4 明确社会工作者、服务对象及相关合作方角色定位

为了达到服务目标,社会工作在开展工作时要运用不同系统的资源,包括家庭、朋友、邻居、同辈团体及社区等。在计划目标的达成过程中,社会工作者要承担多种角色。但社会工作者是一个资源的联络人,还是做直接服务的提供者,这些都要在计划中加以澄清。对服务对象的角色也应有清楚地说明,以促进工作的进行。[①] 此外,社会工作者在协助服务对象时,经常要协助争取资源来解决问题,因此积极的寻求服务合作方,签订合作协议也是社会工作者在计划阶段要明确的。

1.4.1 明确社会工作者的角色

在助人过程中,社会工作者可以提供直接服务、间接服务与合并服务。直接服务是社会工作者直接为服务对象提供的服务,而社会工作者的角色有服务提供者、治疗者、支持者、关系协调者、倡导者等五种;间接服务是社会工作者借助于其他程序向服务对象提供的帮助,社会工作者的间接服务角色有行政管理者、资源筹措者、政策影响者等三种;合并服务包括直接服务和间接服务,社会工作者所担任的角色包括了多种功能的综合。

1.4.2 明确服务对象的角色

在助人过程中,服务对象通常对于他们被期望的事感到不确定和焦虑。很多人担心自己没有能力做出改变,特别是案主不确定怎么做才是对自己有最大的帮助。因此,明确服务对象在助人过程中所扮演的角色,澄清不清楚的状况显得尤为重要。服务对象作为服务过程重要部分,在服务过程中承担着一定的角色。通常有资料提供者、决定者、接受者、实施者、行动者、评估者等角色。

1.4.3 明确相关合作方的角色

在助人过程中,服务对象问题的解决及需求的满足大部分时候不仅需要社会工作者及服务对象自身的努力,也需要多方合作,发掘更多的资源,并鼓励他们在不同的阶段参与到服务中来,才能更好地解决服务对象的问题及需求。因此,相关合作方在服务过程中也发挥着重要的角色。他们的角色通常有资源提供者、支持者、协助者、建议者等。

1.4.4 约定角色的方式

为了更好地明确社会工作者与服务对象及相关合作方的角色,一般会通过口头或书面的服务协议来确认双方角色权利与义务。服务协议也称为服务合同、工作契约等,是社会工作者与服务对象经过讨论协商所达成的满足服务对象需要和解决他们问题的工作方案,是双方对

---

① 全国社会工作者职业水平考试教材编写组,《社会工作实务(中级)》[M].北京:中国社会文献出版社,2017.45.

解决问题的承诺及合作计划,体现了双方的伙伴关系。服务协议主要包括计划的目的与目标,双方的角色与任务,为达目的与目标所采取的步骤、方法与技巧,期望达到的结果,以及进行总结、测量和评估的方法等。

1.5 确定服务行动计划

行动计划是一种对改变过程进行的整体性思考,它是为了实现目的和具体目标而精心设计的一系列行动[①]。计划要列明介入行动的服务内容、具体程序、时间规划、分工安排和应急方案,以便约束社会工作者和服务对象一起为实现目的和目标共同努力。[②] 当大体的服务目标、形式等被确定后,社会工作者开始着手制订服务计划。一份详细的服务行动计划,应该包括以下内容:服务目的与目标、服务对象、形式、日期、时间、场地、程序表、人手分配、资源要求、预计困难及解决方案、评估内容及方法等。

2 通用技巧

在计划阶段,适用于个案、小组、社区工作中较为常见的通用技巧有目标制定技巧、决策技巧、合作约定技巧、风险管理技巧、活动策划技巧、时间规划技巧等六个技巧:

2.1 目标制定技巧

社会工作的目标是各项具体的工作指标,是为了实现最终目的而在工作过程中需要完成的具体、近期以及阶段性的成果。所制定的目标除了要遵循SMART原则之外,要必须符合服务机构目标和社会工作伦理并保持一致,控制在社会工作者具备的专业知识和技巧的范围内,这样才能得到服务机构的支持和配合,确保服务对象获得很多的资源和更有效的服务。社会工作者在描述目标语言时,应该尽量使用积极正向的语言描述目标,以增强服务对象改变的信心和动力。

2.2 决策技巧

决策是在两个或多个可供选择的方案中做出判断和选择。决策贯穿于社会工作问题解决和任务执行的整个过程,在不同阶段中都会不断产生有待决断的事情,需要社会工作者及时、高效地做出决策。在做出决策前,社会工作者必须清楚界定服务对象的问题和需求,服务对象自身所具有的资源和潜力,以及服务对象与社会环境之间的关系。社会工作者应该鼓励服务对象参与整个决策过程,并以服务对象为中心,坚持问题导向,共同协商来决定服务方案,并为了达成共识的目标而做出共同努力。

决策的主要步骤如下:第一步是提出多个可能的主题并制定方案;第二步是真实了解几个可能的方案中的全部信息以及价值所在,运用可测量、科学性、可行性和可操作性等标准预估每个方案的优点和不足;第三步是准确预估每个方案可获得的成效以及执行结果,根据满意原则确定最适合的服务方案。决策的技巧主要有"头脑风暴法""目标树法"等。

---

① 朱眉华,文军.社会工作实务手册[M].北京:社会科学文献出版社,2006.59.
② 全国社会工作者职业水平考试教材编写组.社会工作实务(中级)[M].北京:中国社会文献出版社,2017.45.

2.3 合作技巧

合作,是指社会工作者与服务对象为达到共同目的,与相关合作方彼此相互配合的一种联合行动、方式。在社会工作者服务中,合作有服务式合作、活动式合作、项目式合作、宣传式合作等类型(见表3-1)。

表3-1 社会工作多元合作类型[①]

合作类型	多元合作对象	合作内容	合作特点
服务式合作	社区组织:居民自治组织、学校、医院等;非营利组织	服务机构常规性服务及个案、小组等直接服务	社会工作者主导,社区组织和非营利组织协助合作进行
活动式合作	政治组织;社区组织;经济组织	根据节假日和服务对象需求开展的活动	政治组织、社区组织和经济组织参与共同合作。政治组织或经济组织承担活动经费,服务机构负责活动策划,与社区组织共同实施完成。
项目式合作	政治组织;非营利组织;经济组织	根据社区实际情况及需求实施社区项目	多方合作,共同开展
宣传式合作	政治组织;经济组织;大众媒体等其他组织	对于某个议题或项目进行宣传而展开的合作	具体的合作形式和合作组织会根据主题的需要进行选择
其他	……	……	……

一般来说,在与合作方进行约定,很多个案会谈技巧、需求调研技巧等都可以适用,在本章节内,会侧重介绍在合作时经常运用并效果较好的约定技巧,它们分别是:合作约定技巧、合作协议技巧等。

2.3.1 合作约定技巧

社会工作的活动领域和类型是多样的。就其开展服务的形式来说,可以分为独立的服务和与其他方面合作的服务。前者多是一些有明显社会工作特点的服务,如解决儿童、老人、残障人士的临时性困难,协助服务对象改善人际关系和社会关系,发展他们对微观环境的适应能力等。在这些服务中,社会工作者运用个案工作、小组工作、社区工作等方法,在较小、较简单的环境中解决问题。在问题比较复杂的情况下,社会工作者就要与其他人员合作来解决问题。比如,在社区发展、安老服务、失依儿童服务、残障人士就业服务以及解决与政策、制度密切相关的问题方法,必然要与政府和其他相关人员进行合作,共同解决复杂问题。社会工作者独立开展服务的机会相对有限,而复杂活动则具有普遍性,在这些复杂活动中,社会工作者的活动并非刻意独立、区隔的,而是必须与其他方面合作进行。[②] 与服务合作方开展有效地合作约定技巧包括:

---

① 沈丽冰. 社会工作者服务机构多元合作建设研究[D]. 广州大学,2017.
② 王思斌,社会工作者要善于合作[J]. 中国社会工作. 2013(16).

（1）明确双方可提供的资源。在实践中能展开形式多样的合作，重要的前提是双方有着可以开展合作的资源，如社会工作者与服务机构自身的实力与相关合作方所具备的能力与资源等。明确双方的资源情况，评估是否有能力解决问题，成为是否能达成合作的先决条件。

（2）寻求相同或相近的目标。在相关合作方洽谈时，寻求彼此在合作过程中的相同或相近的目标，在协作、信任以及情感的基础上，进行情感的交流与沟通，以促进合作的达成。

（3）建立多方位的沟通方式。良好的合作关系，需要有共同合作的契机和合作的需要之外，沟通也很重要。有效沟通是一种双向动态，双方在接受信息后可以充分反馈，确保信息的有效。不同的合作对象的性质不同，合作方式不同，合作的诉求也不同，因此采取多元化、多方位的沟通方式。

（4）持续不断的互动与磨合。与合作方的合作并非一蹴而就，一帆风顺，合作发生在不断沟通、不断互动、不断磨合的过程之中。在持续互动的过程中，能够增进不同服务机构之间的了解，可以求同存异，也让合作服务机构彼此"拣选"，逐步认清对方是否合适再次合作或者继续长时间合作。在持续的互动中，双方会逐步明确合作的态度、合作的关系、彼此的需求、彼此的期待等。

通过对服务合作方的识别，社会工作者与相关合作方就双方的权利、责任及任务等进行约定。一份完整的合作约定，包括甲乙双方的名称、双方合作的机制、甲方的权利与义务、乙方的权利与义务、经费资助及财务管理、约定期限、附件等。

2.3.2 合作协议技巧

合作协议是指社会工作者与服务对象及相关合作方在介入目的、目标等方面达成的协议。合作协议内容包括服务对象问题的界定、协议介入目的和目标、协议介入策略和行动等。合作协议签订技巧包括：彼此尊重和信任（尊重彼此的专业地位、文化、价值），有效沟通，享有共同目标，每项工作中考虑如何维系合作关系，建立合作的共同理念等。在实际工作过程中，签订合作协议分为书面协议和口头协议两种。

（1）书面协议。列明各项工作目标及双方的义务和责任，这样的协议对于改变过程是有积极帮助的，所以，一般来说最好是能够签订书面协议，使其起到督促双方的作用。

（2）口头协议：在效用上与书面协议没有明显的不同，一般用于专业关系建立的初期，是服务对象和相关合作方还不习惯签订协议时的变通方式。

2.4 风险管理技巧

风险是指可能会出现的问题，这种问题会带来积极或者消极的后果，例如，滑雪会遇到突然出现的障碍，可能导致受伤（消极后果），但也会带来前所未有的快乐体验（积极后果）。当计划阶段所需的任务（包括内容明细表、方案预算和监测与评估）大致上完成，便可针对工作任务进行风险管理。

假若在社会工作者服务活动中经常发生安全问题和风险，那么很难想象这项社会工作服务能够被社会所认可而持续运营下去。因此，服务的安全和风险问题，会严重影响和制约服务质量。没有高品质的安全管理保驾护航，也就难以打造出被社会所认可的高品质社会工作者服务。风险管理一般从以下三个方面进行探讨：识别服务风险类型、分析风险机理、制定风险管理办法。

2.4.1 识别风险

社会工作者服务机构在服务运营中既面临自身内部成员带来的挑战和风险,也面临来自服务对象、合作伙伴、社会环境等方面带来的挑战和风险。小到一个场地、一次服务活动的安全,大到服务对象的权益保护和整个项目运营,都需要社会工作者服务机构来考量其中的服务风险和安全保障问题。

一般来说,社会工作者需要以项目目标和所涉及的任务为依据来识别风险。需要掌握以下原则:

(1)要完成项目的每项任务,会出现什么风险?

(2)要达到项目的每个目标,会出现什么风险?

也就是说,我们需要从每个项目里的每项活动去检视、思考及列出可能遇到的风险,以保证目标能够顺利达成。这时候,我们需要从"内容明细表"中"目标"和"任务"两部分的内容出发。需要注意的是,并非所有任务都会存在风险,我们只需把我们认为存在风险的任务罗列出来即可。

2.4.2 分析风险

根据风险的可能性和影响力的高、中、低三个级别,按以下步骤对风险处理的先后进行排序:

(1)先在表"风险管理框架"第四栏填写风险的"可能性/影响力"的高、中、低级别。

风险管理框架

目标	任务	风险	可能性/影响力	措施	项目方案的处理	负责人

(2)随后,准备一个矩阵图(如图3-1),纵轴为可能性,横轴为影响力,按风险的可能性和影响力三个级别,把风险的编号填写在矩阵图所属方格里。

(3)填满后,我们得出项目风险的分布情况,然后,判断哪些风险需要处理,判断时有以下原则:

处于A部分的风险,发生的可能性高,影响力也高,为高风险,必须处理。

处于空白部分的风险,发生的可能性和影响力都不同时为高,为中度风险,需要处理。

处于B部分的风险,发生的可能性和影响力都低,为低风险,可暂不处理。

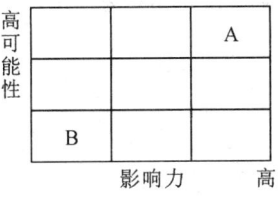

图3-1 风险的可能性和影响力分析矩阵图

2.4.3 制定应对措施

根据矩阵图的风险级别的分析结果,制定应对措施。处理风险可根据风险的高低,采用四种策略:回避、转移、减轻和接受。当风险高时,多采用回避或减轻策略,风险低时,则采取转移或接受策略。一般来说,回避、转移、减轻三种策略的措施都能通过修订服务计划来回应;采取"接受"策略的措施难以提前准备,需要等风险出现后才能处理。因此,需要把"接受"措施填写在服务计划里的"可预计风险与措施"部分,以说明计划已经考虑到这些风险,并有所对策。最后,需要为每项风险的处理措施安排负责人,这样才算完成整个服务风险管理的过程。如果完成了这些步骤,彻底地检视了服务的潜在风险,并预先准备好对策,服务计划一定具有很高的可行性。

2.5 活动策划技巧

当社会工作者制订服务计划书时,可以利用"6W+2H+I+E"活动策划技巧协助检查计划书内容有无遗漏。"6W+2H+I+E"活动策划技巧为我们在计划阶段提供了科学的决策和工作分析方法,协助社会工作者制定计划以及对服务的规划与分析,使服务能有效地执行。方案计划符合十项方案构成要素,即"6W+2H+I+E"程序方程式(见表3-2)。

表3-2 服务计划书设计方式

程序方程式=6W+2H+I+E 6W= When(何时)+ Where(地点)+ Why(目标)+ What(内容)+ Whom(对象)+ Who(工作人员) 2H= How much(财政)+ How(具体方法) I= If…then(突发事件的应变方法) E=Evaluation(评估)

When:是指时间、日期、期限。

Where:是指地点。

Why:是指服务的目的和目标。

What:是指服务内容。

Whom:是指接受服务的对象。

Who:是指提供的工作人员(包括志愿者)。

How much:是指资金和预算,包括收入和支出两个部分。

How:是指工作技术、方法、知识。

If…then:是指应变方案,即如果发生临时状况,应该怎么办。

Evaluation:是指评估,包括评估内容及方法,即服务是否达到目标?评估指标是什么?服务进行及结束后,采用什么样的方法进行评估等。

2.6 时间规划技巧

在计划阶段,社会工作者需跟进服务的进度目标,编制合理的时间进度规划,并根据时间进度规划以检查服务执行情况,若发现实际执行情况与规划进度不一致,就及时分析原因,并采取必要的措施对原进度规划进行调整或修正。时间规划工作分为五个步骤:

(1)对服务进行分解,形成服务清单。确定为达成服务目标所必须进行的各项具体的服务,并将具体服务记录下来形成一份详尽的服务清单。

(2)对服务内容进行排序,识别各服务之间的关系。制定好一份详尽的服务清单后,需要对各项具体服务的相互关系进行识别,并安排和确定其先后顺序。

(3)对服务资源进行估算。根据实施每项具体服务所需的资源、使用数量以及何种资源什么时间投入活动中,得出一份详尽的资源需求计划。要注意的是,不同类型的资源数量以及资源使用的时间,如一个资深社会工作者和一个初级社会工作者完成一项相同服务所花费的时间是不同的,所以要确定资源的类型、数量和资源消耗时间的依据。

(4) 服务持续时间估算。在一定条件下,直接完成该服务所需的时间和必要的停歇时间的综合。在这个阶段,要把任务所设计的时间都考虑到,服务所需时间的长短需考虑到人力、物力、财力资源的分配情况。

(5) 计算初始的时间进度规划,制定时间进度。根据服务清单、服务内容的排序及服务持续时间估算的结果和所需要的资源进行进度规划编制工作,其主要任务就是确定服务活动的起始和完成日期、具体的实施方案和措施。

时间进度规划方法有很多,常用的时间规划技巧有以下几种:

(1) 顺序与逆序法。在订立执行的工作和时间方面,可以采取顺序或逆序的方式。部分工作要求社会工作者思考以下问题:若要达成这件事,事前要做什么?需要准备什么?如此类推。例如要举办一项讲座,社会工作者倒数要做的工作包括:场地安排(最后一项)、宣传单印制(倒数第二项)、确定参加人员(倒数第三项)等。这就是逆序的计划方法,对活动正式举行日期前的准备工作,这方法十分合用。

社会工作者也可使用顺序的方法,所需思考的问题是:第一步要做什么?接下来要做什么?如此类推。举办一场讲座,社会工作者第一步要预定场地,第二步要邀请演讲者,第三步是宣传者。如社会工作者已有相当丰富的活动经验,制定各阶段所需要执行的工作就会驾轻就熟。

在实际工作环境中,逆序和顺序的方式均能派上用场。社会工作者通常用顺序的方式,构思服务的准备工作。但对于服务最后的准备工作,可以采用逆序的方法,思考最后要做哪些工作。①

(2) 甘特图表。甘特图表是以工作分解结构为基础,把目标、任务、活动、工作各层级的内容列表显示,其中目标、任务、活动、工作包以及时间安排是主要元素。甘特图表是按时间坐标绘出的,横向线条表示各项工作任务起止时间先后顺序,整个计划由一系列横向线组成。也称为横道图,横轴表示时间,纵轴表示活动(任务),线条表示在整个服务期间计划和实际的活动完成情况。整个计划由一系列横道线组成。甘特图的编制包含以下几个步骤:

① 将构成整个服务流程的全部任务纵向排列填入表中;
② 横轴表示各项任务可能利用的工期;
③ 分别计算各项任务完成所需要的时间;
④ 如果在工期内能完成整个工程,则将所计算出来的各项任务所需工期安排在图表上,编排出日程表。这个日程的分配是为了要在预定的工期内完成整个服务,对各项任务的所需时间和持续日期进行试算分配。在甘特图上,可以看出各项活动的开始和终了时间。在绘制各项活动的起止时间时,也考虑它们的先后顺序。

3 在三大手法中的运用

社会工作在计划阶段的工作任务和通用技巧是对一般助人过程的概括,适用于各种服

---

① 张北球,苏国安,陈锦汉. 活动程序——计划,执行和评鉴[M]. 2008. 30 - 32.

务对象,为社会工作者提供了一套在不同场合中可以使用的程序、方法、技巧,为服务对象解决问题和满足需要。上述提到的工作任务和通用技巧在社会工作的个案、小组、社区工作三大手法中的运用和侧重点有差异,本节内容主要描述工作任务、通用技巧在三大手法中的具体运用。

3.1 在个案工作中的运用

个案工作是由专业社会工作者运用有关人与社会的专业知识和技巧为个人和家庭提供物质或情感方面的支持与服务,目的在于帮助个人和家庭减低压力、解决问题,达到个人和社会的良好福利状态。[1] 因此在制订个案工作计划时,要明晰服务的目标及工作本质。

3.1.1 明确需要介入的问题及对象

在个案工作明确需要介入的问题阶段,社会工作者首先要明确案主是谁,了解案主的情况及其所处的环境,明确案主自身及其所处环境出现的问题并对案主问题的性质和能力进行评估,寻求案主面对问题和有效解决问题的方法途径。

在明确需要介入的问题时,社会工作者必须遵循几点原则:一是明确对案主问题性质和需求的分析,加强对案主受助意愿和能力的了解;二是如果案主的情况发生变化,对问题的界定也必须随之改变;三是必须鼓励案主参与到整个助人过程中;四是对问题的界定必须以提供服务为目的展开;五是注重服务效果的提升。

社会工作者可以与案主通过面谈的形式明确问题(见表3-3)。

表3-3 明确案主的问题和需求的方法

建议格式[2]:
我想我们愿意一起来分析有待解决的问题,让我们一同检视问题,并记录这些问题,以便我们能够共同来处理问题。首先,是____问题,其次,是____问题。第三,是____问题。这些是否是正确的、有待解决的问题呢?

案例案例1:

案主:(在你服务的服务机构中,案主已经确认了两个主要的求助问题,而您也提出了案主同意去处理的第三个问题)嗯,这就是我所有的经历,我希望你能够帮助我。

社会工作者:(详细描述需要介入的问题)我也是这样想的,我们之前已经确认了三个主要的问题,让我们现在再检视一次这些问题,同时我将摘录这些问题;以便我们可以继续执行往后的工作。第一是住宅问题,你现在已经露宿街头3天了,而且天气也开始逐渐转凉;第二是糖尿病的问题,你已经一周没有进行药物控制,同时你也缺少保险和经济条件去支付医疗费用;第三是失业问题,你已经失业两个多月,需要寻找工作赚取生活费。对于上述的问题,你有什么样的想法呢?

3.1.2 制定目的及目标

在制定个案工作目标时,社会工作者应该对案主的问题进行界定,即对案主的资料进行

---

[1] 王思斌《社会工作概论》第三版[M].北京:高等教育出版社.2014.96.
[2] Barry Cournoyer. 社会工作实务手册[M]. 万育维译. 台北:洪业文化事业有限公司,2006.265.

收集后,分析案主的问题、形成原因以及变化过程,明确案主问题的主要表现、问题的成因,评估案主的能力和环境中可运用的资源,提出干预建议。

在明确案主的问题和需求之后,社会工作者应该围绕问题,以案主希望实现的具体行为和达到的程度作为标准,与案主一起制定共同达至的目标。要注意的是,目标的描述符合服务机构目标和社会工作伦理,并在社会工作者所能驾驭的专业知识和技巧的范围内(见表3-4)。

表3-4 制定服务目的及目标的主要内容

建议格式[①]:
以明确的措词描述:"你觉得什么情况下,_____问题已经得到解决?或到达什么效果你就觉得_____问题得到了解决呢?"

应用案例2:

社会工作者:现在我们已经有一张明确的问题清单,让我们尝试对每个问题设定明确的目标。我们所确认的首要问题是你14岁的儿子每周会逃课2—3天,让我们想象在未来有哪些征兆可以显示出问题已被确实解决,而何种迹象指示你有关你儿子的逃课问题成为过去的事情了?

案主:嗯,我想小强每天准时上学,学业成绩日渐提升后,我就会知道这个问题已经成为过去。

社会工作者:(反映目标,寻求回馈)当小强每天准时上学、学业有所提升,你将觉得这不再是个问题,是吗?

案主:是啊。

社会工作者:(寻求明确性)你认为实现该项目标的时间计划是怎么样的呢?

案主:我也不是很清楚,但我期望他从现在就开始。

社会工作者:(分享观点、寻求回馈)这是项很大的进步,然而这是否是过度的期望,让我们一起看看,现在是这个学年的第一个月,如同我所了解的,小强去年已有逃学的记录,今年开始逃学更加严重,若用大约两个月的时间来实现这项目标,不知道你有何看法呢?

案主:嗯,两个月能达到目标也不错。

社会工作者:(建立目标)好,这是我们建立的第一个目标,从今天起的两个月内,小强将每天准时上学,学习所有的课程,当小强生病需要看医生时,则视为例外状况。给我一些时间记录下我们刚才所讨论的相关事项。现在是有关于学业成绩方面,如同我所了解的,他现在大多数科目都不及格,你认为什么情况下,什么时候这不再是个问题呢?

应用案例3:

社会工作者:现在我们对这个问题已经什么都明确了,而且有了一定的工作方向,让我们一起设定工作目标。我们虽然同意你对酒的依赖是你的主要问题,但我有些怀疑,设定限制你

[①] Barry Cournoyer. 社会工作实务手册[M]. 万育维译. 台北:洪业文化事业有限公司,2006. 270-273.

每天的喝酒量是二两作为我们的目标合理吗?

案主:是的,那种感觉的确像是我期待中的每件事逐渐的消逝,我想当一个人的婚姻失败时,有这种悲伤的感觉是正常的。

社会工作者:(反映感觉与意义)当你梦想中的未来婚姻生活破灭之后,你感受到强烈的失落感与悲伤。

案主:是的,我的婚姻的确深深地刺痛了我的心。

社会工作者:(促进目标的确认)我怀疑的是我们是否能确认出与失落感及悲伤相关的目标。让我们假想在未来当这些感觉远离之后,当这些沮丧已不在成为你的问题时,你的思考、感觉会是什么?你将会做什么?

案主:我真的不知道,但我想当我克服的时候,感觉会很舒服。

社会工作者:(反映内容、促进目标明确化)所以当你开始感觉到舒服时,将是一种积极的信号。有哪些征兆将显示出你的感觉舒服呢?

案主:我想一旦我克服这些失落感和悲伤之后,我能够睡得安稳、饮食正常,以及不再那么思念她,甚至会开始与其他异性约会。

社会工作者:(反映内容、分享社会工作者对目标的看法、寻求回馈)所以当你开始吃得好、睡得好及不再那么思念她时,我们将知道你回复正常状态了。让我们一起使目标更明确化,以便当你实现目标时我们能够及时知道,你认为怎么样?在6个月内完成下列4项目标:一是每周至少有5个睡眠时间超过6个小时以上;二是恢复到以前的体重;三是至少有75%的时间用于思考其他的事情,而非思念你的太太;四是每周至少外出约会一次;对于这四个目标,你有什么看法呢?

案主:非常好,现在我可能用95%的时间思念她。如果能够想其他的事、做其他的事并与他人约会的话,我觉得可以克服现在的这种失落感及伤感。

社会工作者:(设定目标)好的,我记录下这些目标,让我们能够及时检视我们是否朝着目标在努力。

3.1.3 明确理论及介入策略

社会工作的主要理论模式是社会工作者针对案主开展专业服务、设计专业服务程序和方法的重要依据。

3.1.3.1 选择合适的理论

常见的个案工作的理论模式有:心理社会治疗模式、认知行为治疗模式、理性情绪治疗模式、任务中心模式、危机介入模式、人本治疗模式和家庭治疗模式。每个理论模式所强调的重点均不同,在选择的时候应结合个案的具体情况使用一个或一个以上。

心理社会治疗模式强调心理因素和社会因素之间的关联,包括案主个人的心理、外部的环境以及两者之间的相互影响三方面,把服务过程分为研究、诊断和治疗三个紧密关联的实施阶段,注重从人际交往的场景中了解案主。

认知行为治疗模式认为,认知对人的情绪和行为有重要影响,且人的行为能够影响人的思维方式和情绪,强调将认知和行为因素相结合,采用综合的方式开展个案辅导工作。

理性情绪治疗模式以人本主义作为自己的理论基础,认为人天生就有一种不断追求成长发展的趋势,对人的心理失调的原因和机制进行深入分析,ABC理论是其中一个非常重要的理论,A代表引发事件,即案主所遇到的当前发生的事件;B代表案主的信念,即案主对当前所遭遇事件的认识和评价;C是引发事件之后出现的各种认知、情绪和行为。理性情绪治疗模式认为案主的认知、情感和行为的反应受到案主的信念的影响。

任务中心模式关注案主的自主性,认为任务是案主为解决自己的问题而需要做的工作。案主具有处理自己问题的权利和义务以及解决自己问题的潜力,强调运用有系统、有反应的有效沟通行动来促进社会工作者与案主之间的交流,把社会工作者自身的想法传递给案主来推动案主的改变。

危机介入模式涉及减轻危机事件的负面影响以及利用危机事件帮助案主解决目前面临的现实问题并提升案主适应环境的能力,遵循及时处理、限定目标、输入希望、提供支持、恢复自尊、培养自助能力的工作原则。

人本治疗模式注重对人性的基本看法、自我概念以及心理适应不良和失调等概念,认为有效的辅导方式是创造一种有利的辅导环境让案主接近自己的真实需要,从而让案主充分发挥自己的潜能。

家庭治疗模式下的社会工作把家庭视为案主,其中运用较多的是结构式家庭治疗模式。结构式家庭治疗模式以家庭作为治疗单位,认为个人问题与家庭的动力和组织方式密切相关,并通过改变家庭的动力和组织方式来解决个人或家庭的问题,涉及家庭系统、家庭结构、病态家庭结构和家庭生命周期等概念。

3.1.3.2 选择理论需要考虑的因素

个案工作的指导理论在介入的侧重点和分析上是不同的,社会工作者可以根据服务对象的问题和需求选择适合的理论模式指导整个助人过程。

案例案例4:

陈某是41岁的离异家庭主妇,婚前任公司会计,离婚后得到了其丈夫的所有财产。陈某的儿子今年18岁,高三,父母离婚后随母亲到深圳生活。陈某的前夫有类似狂躁症的心理障碍或疾病,离婚后还以各种理由与陈某一起住。陈某试过以各种方式摆脱,但都无效。前夫发病时会殴打辱骂陈某,陈某被打得很严重的一次曾报过警。陈某想把前夫送到精神病院,但前夫家人不同意且并不打算把他接回家。前夫老家在湖北,有一弟弟在深圳当律师。陈某以儿子要高考为理由辞去工作已有一年多,8月份申请最低生活保障,但由于她在深圳居住时间达不到要求而被拒绝了。陈某现在想把离婚时得到的房子卖了,换成一套较小的单元,剩余的钱酌情给前夫一些后,希望前夫能搬离。

介入策略一:任务中心理论指导下的任务中心介入模式

任务中心介入模式首先强调的是发挥案主本身的能动性,其次是有限的目标,它所确立的目标应该是具体的、外在的、有限的,它的目标是案主的问题,而非案主的个人成长。此案例中,案主的问题比较急需解决,且重点在于问题的解决而不是个人的成长,选择这种模式就是希望在有限的服务时间内,达成案主自己选择的、明确的及有限的目标,从而提高个案工作的效果与效率。与其他模式相比,它提供的是一个实施过程的框架,而对于具体介入方法的选择则没有具体的规定,而是博采众长的方法。

介入策略二：生态系统理论指导下的生命模式

生命模式强调对案主的适应性潜能和他们的环境滋养性品质需要给予双重和及时的关注，重视环境的重要性，包含人与环境的调和程度、环境的品质和生活中的问题三个核心概念。此案例中案主的问题不是其本身出现问题，而是案主所处的家庭环境出现了问题，需要从案主的家庭介入，帮助案主处理与前夫的紧张关系，改善当前的生活状态，促进案主与所在家庭系统的相互适应和良性互动。

3.1.3.3　选择合适的介入策略

在个案的介入策略中，可以有多种分类。按照介入的方式，可以分为直接介入、间接介入和综合介入；按照介入的内容，可以分为资源链接、情感支持、协调关系、能力提升、危机介入等。

直接介入是指社会工作者直接采取介入行动促使案主运用现有的资源以达到解决问题和满足需要的目标。

间接介入是指以个人、家庭、小组、组织和社区，以至更大的社会系统为关注对象，由社会工作者代表案主采取行动，通过介入服务对象以外的其他系统间接帮助他们的行动。

综合介入是指综合运用了直接介入和间接介入的介入行动。

资源链接是指社会工作者根据资源的存在方式以及提供过程中的要求采用不同的方法，主要包括资源的提供、发现、培育、需求表达，以及利益的协调和保护六种方法，以帮助案主获得资源、促进发展。

情感支持是指在服务提供过程中，社会工作者应该运用接纳、无条件关怀以及真诚的态度与案主建立专业关系，在情感上鼓励、支持案主朝着积极正向的方向做出努力，尽可能创造条件促使案主自强自立、克服困难。

协调关系包括服务面谈内外的协调、案主改变与周围他人改变的协调、案主改变与社会工作者改变的协调。

能力提升注重案主的长处、主体地位和个人价值。社会工作者应该帮助案主激发他们的潜能，帮助他们提升能力、确立信心。

危机介入是一种特殊的介入，将焦点放在帮助服务对象恢复和发挥功能上，而不是解决整个问题，同时帮助宣泄由危机带来的紧张情绪，给予支持，以防精神崩溃；瞄准服务对象当前的需要，社会工作者告诉服务对象应该做什么，同时也为他们做一些力所能及的事。目的在于去除服务对象的紧张情绪，恢复功能。

3.1.3.4　选择策略的技巧

个案工作的介入策略并不是单独运用的，社会工作者可以根据案主特质以及其所面临的问题和需求，在不同的发展阶段综合运用一种或多种策略，或者根据阶段性目标的完成情况以及突发事件及时调整介入策略，以帮助服务对象实现问题解决、需求满足以及能力提升、社会支持网络稳定的状态。

案例案例 5(接前一案例描述):

案主陈某的需求包括:一是顺利地卖出房子,将前夫移交给其家人;二是强烈的倾诉欲望,希望有人在其无助时能听她诉说;三是孩子顺利转学。根据案主的需求,社会工作者可以采用直接介入策略,通过舒缓案主心理压抑,减轻其心理压力,协助案主理清她目前遇到的问题,共同寻找解决方案,对于案主小孩转学情况定时跟进,必要时寻求有关部门的协助,鼓励案主再就职,必要时提供就职的路径等方式帮助案主摆脱困境,过上正常的生活。

3.1.4 明确社会工作者、案主及相关合作方角色定位

个案工作者角色素养具有多样性,由于案主的问题不同,所需要的帮助不同,社会工作者所呈现的角色也有不同侧重。

案例案例 6:

王先生是一位中学社会工作者,在他的学校里最近有位初三学生被开除出校,因为他违背学校有关规定,在上课时间偷偷喝酒。王先生对这一情况进行了了解,并制定了以下应对策略。

(1) 王先生扮演"倡导者"的角色为这位学生呼吁,倡导学校恢复他们的学籍。王先生十分清楚,这位学生被开除出校,不只会引起他以及他父母的忧虑,同时也有可能对当地居民的生活和公共财物带来损害。

(2) 王先生扮演"服务提供者"和"教育者"的角色,对这位学生开展一对一的个案辅导服务。这位学生发挥着服务接受、参与者、实施者、行动者的角色。

(3) 王先生可以作为一名"经纪人",推荐这位学生参与小组服务,从中了解这位学生的父母是否有接受家庭治疗的意愿。如果有,他可以扮演经纪人的角色,推荐给社区的家庭综合服务中心。家庭综合服务中心可以为其家庭提供家庭治疗服务,协助其解决家庭问题,满足家庭需要。

在个案工作过程中,社会工作者要向案主说明在其服务过程中的角色。在说明案主角色时,必须了解社会工作者对案主的角色期望会因案主寻求和接受社会工作者的服务的目的不同而有所差异。此外,也会因服务机构的性质、案主的系统和案主年龄、能力、动机而有所不同。

3.1.4.1 合作约定

制定个案服务计划时,社会工作者需要识别和确定服务合作方和合作类型。在个案服务中,社会工作者一般采用服务式合作类型。通过对服务合作确认,社会工作者与相关合作方就双方的权利、责任及任务等进行约定。

案例案例 7:

社区中一位长期被家暴的妇女,心理出现了问题,而且身体情况也不好,家人也不在她所在的城市。那么社会工作者就需要链接心理咨询师、医生、律师、居委会、她的朋友等资源帮助她。

具体问题及需求如下:身体健康的问题,需链接医生提供的医疗服务;心理健康问题,需链接心理咨询师为其提供专业心理辅导;遭受家暴问题,需链接律师提供法律方面相关援助;社会支持网络缺乏问题,需协助建立居委会、朋辈等支持网络。

因此在该案例中,社会工作者与资源提供者就相同或相近的目标进行确定,通过不断地互动、多方式的沟通,以确定双方的合作服务约定。在合作约定中,社会工作者与相关合作方侧面强调服务共同的目的性,并以期待和赞赏的姿态向相关合作方,再次表述合作将会产生的有利影响和效应,明确双方在合作中的权力、责任等,如在哪一个时间段内工作将开展到什么程度,所做的努力将达到一个什么样的效果,希望相关合作方如何来做等,用强调事件进度和结果的方式促进合作的达成。并通过这些资源的链接慢慢引导案主发掘自己的潜能,让案主明白怎么样才能帮到自己,这是助人自助的一种体现。

3.1.4.2 合作协议

个案工作中的合作协议主要是社会工作者与服务相关合作方在个案服务目标、目的等方面达成一致所签订的协议,协议分为书面协议和口头协议。如医务社会工作、精神康复社会工作、社区矫正社会工作中,同这些领域的专业人员(医生、护士、心理学家、心理咨询专家、律师、法官等)签订口头或书面协议,以确保工作的顺利进行。

3.1.5 确定服务行动计划

3.1.5.1 制定服务方案

个案服务方案是为案主量身定做的服务计划,有助于为案主提供最适切的服务。制定服务方案需考虑服务机构所能提供的资源和帮助、社会工作者的能力以及社会工作者对资源的了解和掌握的程度等。制定个案服务方案,最经常使用的技巧是:活动策划技巧(见表3-5)。

表3-5 个案服务方案示范

构成要素	内　容	举例说明
W(Whom)	案主的基本情况	性别:女 年龄:42 婚姻状况:离异 既往病史:无 职业:无 ……
W(What)	案主的主要问题和相关问题	1. 生理问题:肢体残疾 2. 心理问题:情绪低落 3. 社会问题:缺乏工作技能、亲子关系冲突 ……
W(Why)	案主要达到的结果和工作者的工作目标	1. 提高案主职业能力,掌握至少2种就业技能 2. 情绪压力指数降低 3. 与子女冲突的次数减少 ……

续表

构成要素	内　容	举例说明
H(How)	基本的工作阶段	1. 认知改变阶段 2. 情绪修正阶段 3. 行为学习阶段 ……
W(When)	达到目标所用的时间及安排	六个月,每月会谈一次……
W(Where)	工作地点	个案工作室等
W(Who)	工作人员及相关合作方	社会工作者、职业介绍所、心理咨询师等
H(How much)	经费预算	收费、资助、各项支出预算等
I(If…then)	预计困难及解决方法	案主的畏难情绪、子女的不配合等
E(Evaluation)	评估内容及方法	服务满意度评估(问卷法)、目标达成程度评估(基线评估法)等

3.1.5.2　时间规划

社会工作者为案主提供的服务并不是没有时间限制,规定一个时间表有助于促进案主珍惜和很好地利用资源,能使案主有信心在一定时间内解决自己的问题。在拟定个案服务目标及内容后,社会工作者需要对个案开展的各个阶段的时间进行规划。在做个案时间规划工作时,社会工作者可从以下五个步骤着手:

第一步,对个案服务进行分解,针对案主不同问题及需求,形成服务清单。

第二步,对个案服务的内容进行排序,优先处理案主重要而紧急的需求和服务,如关系到性命的危机事件。其次协助处理案主认为重要而又急需解决的需要和问题。如无以上情况,社会工作者可采用优先满足和解决案主简单的需要和问题,以提高案主的自信心。

第三步,对个案服务过程中所需资源进行估算。如在案主因经济问题出现了严重的温饱困难,此时社会工作者需要考虑整合内部资源和链接外部资源以满足案主的需要。

第四步,对个案过程各个服务持续时间进行估算。在这个阶段,社会工作者要把个案服务各个阶段所需要的时间都考虑到,如危机介入的时间、整合资源的时间、个案会谈的时间等。

第五步,编制个案服务时间进度表。根据个案中服务清单、服务内容的排序及服务持续时间估算的结果和所需要的资源进行进度规划编制工作。

案例案例 8:

背景:小明,今年 11 岁,父母 4 年前来广州打工,1 年前被接到父母身边,并联系了附近一所公办学校借读,小明被留了一级安排在五年级学习,但在学校因为受到歧视和表现不好,几乎每周老师都要向家长告知,小明为此屡屡挨打,班主任警告他,如果再不交作业、不守纪律、打骂同学,就请他回家了。小明母亲求助附近的社会工作者,社会工作者小燕负责了此案,经过预估,主要存在的问题是:小明的学习和在学校的表现问题,还有就是学校有歧视外来务工子弟的问题。

行动计划:

总目标:经过正向互动,小明在学习上取得较大的进步。

具体目标:

(1) 到11月30日止,小明的行为有进步,将基本做到遵守学习的规章制度。

(2) 到1月20日期末考试结束,小明的学习成绩将有明显的提高,语文、数学、外语三门主课都能及格。

(3) 到1月20日止,小明能与同学友善相处,在班上结交两位朋友。

(4) 到1月20日止,学校方面能改善对外来务工人员子女的态度,在教师和学生中形成尊重他人的良好氛围。

行动方案:

(1) 在10月15日,社会工作者小燕将去小明学校与主管校长、年级组长及相关老师进行座谈,探讨对外来务工人员子女教育方面的问题和解决办法,并讨论如何形成团队来帮助小明学业的进步。

(2) 在10月25日,社会工作者小燕将和小明的父母面谈,讨论如何用正面教育的方法帮助小明改变。

(3) 在10月25日前,小明在家长的监督下将能够完整地背出有关课堂记录方面的四项条款。

(4) 10月至1月期间,社会工作者小燕将每两周与小明见面会谈一次,进行个别辅导。

(5) 在10月至1月期间,社会工作者小燕将每月1次与小明的班主任联系,询问小明的在校表现、作业情况及家长联系手册的情况。

(6) 在10月至1月期间,小明的父母将每天检查小明的作业和家长联系手册,主动和老师沟通。每周末对记录册上的好的表现进行奖励。

3.2 在小组工作中的运用

在制订小组计划时,社会工作者要明确以下几个方面的内容:

3.2.1 明确需要介入的问题及组员

3.2.1.1 明确组员

在小组的准备初期,社会工作者在招募组员的时候,应该通过面谈或者资料考察的形式,对可能的小组组员进行遴选和评估,可从共同或相似的问题、年龄和性别、文化水平以及对某些问题的认识、家庭状况、职业状况、对参加小组的期望和要求等六个方面来评估小组成员,并按照小组的类型、目标、特点及人数要求明确小组成员。

案例案例9：明确小组组员

社会工作者通过对某养老服务机构入住老人、老人护工及服务机构员工的走访，了解养老服务机构内失智老人的大体情况，并听取来自不同视角关于开展失智老人小组活动的意见和建议，经过一个多月的走访调查，社会工作者发现院内确实存在部分失智老人，他们有的每天在楼层游走，有的乱藏房内物品，有的发脾气打人，有的生气拒绝服药等等，给公寓的医护人员及老人的护工和家属造成了或多或少的困扰。因此，社会工作者尝试策划开展了"康智延年"——失智老人小组，以求改善失智老人的状况。

在小组活动前期，社会工作者与养老服务机构内的医护部门负责人及医生进行会谈，通过医护人员推荐，初步拟定参与小组的老人名单，并大致了解了这些老人的基本信息。随后，社会工作者对老人逐一进行探访，一方面进一步了解老人情况，与之建立初步关系；另一方面向老人解释本小组的意义与内容，询问其参加小组的意愿。之后，社会工作者与老人的家属取得联系，征求其同意，并签订了社会工作者小组知情同意书。最终，社会工作者确定了5名老人成为本小组成员。

3.2.1.2 明确需要介入的问题

在明确小组成员后，社会工作者可以在小组开展前期与小组成员进行面谈，以明确小组需要介入的问题，确定小组的类别及主题。

在"康智延年"——失智老人小组计划过程中，社会工作者针对5名小组成员的基本情况做了了解，与他们及照顾者进行沟通，观察组员的表现，最终确定小组为支持治疗性小组。

3.2.2 明确目的及目标

制定小组目标时，社会工作者要综合分析小组内部的优势和劣势、小组所处社会环境的机会和威胁，以及所能获得的资源，制定具备明确性、衡量性、可实现性、相关性、时限性等特性的目标，促进小组的顺利开展以及小组成员的问题解决和需求满足。

案例案例10：制定小组目的和目标

在"康智延年"——失智老人小组过程中，小组服务对象是养老服务机构内患有失智症或脑部出现退化现象的入住老人，社会工作者通过与养老服务机构内的医护部门负责人及医生进行会谈，对老人进行探访，并与老人的家属取得联系，征求其同意，在了解老人的需求的基础上，制定了小组目的和目标。具体如下：

总目标：通过针对性的身体功能、认知、感官、互动、现实导向等训练，协助老人善用自身的能力，延缓其身体机能的衰退，保持或提高思维和认知水平，维持社交能力，进而提升老人的院内生活质量。

具体目标：

（1）小组结束后，80%参加服务的小组成员至少能说出3种预防或减缓失智症、脑部退化的知识和方法。

（2）小组结束后，80%参加服务的小组成员学会2种以上的预防或减缓失智症、脑部退化的技能。

（3）小组结束后6个月内，80%参加服务的小组成员能够保持每周至少练习预防或减缓失智症、脑部退化的行为。

（4）小组结束后6个月内，80%参加服务的小组成员至少每天与其他成员聊天一次。

3.2.3 明确理论及策略

3.2.3.1 明确理论

小组工作有几种理论模式：社会目标模式、治疗模式、互动模式和发展模式。

选择理论时，首先要考虑到理论模式是否与小组目标、小组需要解决的问题和需求相对应。例如，社会目标模式指导下的小组工作，主要侧重于培养并提升小组组员的社会意识、社会责任感及社会参与行动能力，强调通过组员的能力和意识提高去影响和改变社会；治疗模式理论指导下的小组工作关注的是组员的心理和行为问题的矫治，强调为组员提供一个小组的治疗环境从而帮助组员在心理、社会和文化适应方面得到康复、发展和完善，最终达到适合社会生活的最佳状态；互动模式下的小组工作，关注的是个人和环境，强调通过个人、小组和社会系统之间的开放和相互影响，增强个人和社会的功能；发展模式指导下的小组工作鼓励组员积极参与小组活动，积极表达自己并找出小组共同的兴趣和目的，形成积极的小组互助关系，促进小组和组员的共同成长。

在小组工作中，不同类型、不同目标的小组可以采用特定的理论模式，也可以采用某一理论模式为主、其他理论模式为辅开展小组工作。具体选择哪一种，还需要针对组员的需求和问题，以及小组目标来确定指导理论。举例说明如下：

在"康智延年"——失智老人小组案例涉及针对养老服务机构内失智失能老人提供的社会工作小组服务过程。案例采取封闭式的治疗性小组模式，与养老服务机构内的工作人员紧密配合，通过专业方法与老人建立关系，签订知情同意书，针对老人的现实辨识能力、事物辨识能力、动手能力、肢体协调能力、计算能力等策划开展了多样的社会服务活动。整个服务过程的评估与准备工作充分，能准确掌握失智失能老人的需求，开展的各类小组活动针对性强，符合老人年龄特点及心理需求。

3.2.3.2 明确介入策略

在小组工作关系建立的小组前期、中期、成熟期和后期阶段，常用的介入策略主要包括沟通与互动、小组讨论、小组治疗、小组活动设计、决策技巧等。

一是沟通与互动技巧。主要使用于社会工作者在小组过程中需与组员沟通及鼓励组员参与表述的环节上。

二是小组讨论技巧。在设计小组讨论的环节上，社会工作者应确定好合适的小组主题，选择合适的讨论形式，掌握好开场、了解、提问、鼓励、限制、沉默、中立、摘述、引导和结束讨论等技巧，以把握小组的进程。

三是小组治疗技巧。社会工作者可以在小组进程中以治疗者的角色直接影响组员的行为，也可以通过对小组过程的干预，利用小组的影响来间接改变和影响小组组员。

四是小组活动设计技巧。设计小组活动时，应当紧扣小组目标，考虑组员的特征及能力，涵盖小组活动中的基本要素，并预留一定的时间在小组中进行经验分享，以确保整个小组能够达到预期的目标。

五是决策技巧。社会工作者在设置目标以及在突发或意外情况中可以采用决策技巧，运用主观决策、定量决策以及将定性与定量结合的决策技巧，社会工作者也可以采取"头脑风暴法"，根据满意原则确定最适合的服务方案。

在选择小组介入策略时，社会工作者应该根据小组的阶段、小组和小组成员在每个阶段的特点，以及社会工作者在每个小组阶段的工作任务、所扮演的角色和责任来选择。例如：

在"康智延年"——失智老人小组中，社会工作者必须了解并尊重老人，具备同理心，在小组中鼓励组员发挥自己熟悉的技能和现有的长处，多称赞组员的能力，增强其自信，如一位曾经从事会计的失智老人，他就特别擅长与数字相关的活动，在一些团队协作的活动中社会工作者就鼓励其发挥计算的特长参与其中。面对失智老人，社会工作者还需要更多的耐心，辅助一些口头、动作或图片提示，如事先准备好写有游戏步骤的白纸、用老人容易理解的语言进行启发等，让老人能够很好地投入活动。社会工作者还须具有敏锐的观察力，注意到老人在小组互动中的情绪波动，能够及时发现并给予安抚，根据实际情况调整把握小组内容与进程。另外，一般情况下，失智老人的注意力都难以集中，社会工作者就要特别关注他们在小组中的专注力，并通过眼神接触、提问、丰富活动形式等方式，吸引他们的注意，保证他们能尽可能积极地投入。在小组中，我们发现几乎每次小组接近尾声时个别老人都会表现出不耐烦、不配合，社会工作者就要通过播放音乐、提问等方式舒缓和安抚老人的情绪，并给予适当的鼓励，让其回到参与小组的状态中。

3.2.4 明确社会工作者、组员及相关合作方角色定位

社会工作者的角色会对小组工作产生很大影响，社会工作者在小组工作的不同阶段扮演着不同的角色。总的来看体现在如下几个方面：引导者、协调者、观察者、支持者、信息和意见的寻求者和提供者、评估者和记录者。

小组工作的开始阶段，社会工作者需要扮演以下三方面的角色：一是领导者。社会工作者处于小组的核心位置，具有指导小组发展、制订小组活动计划、统筹小组活动具体程序和细节的责任和领导角色。二是鼓励者。社会工作者要鼓励组员主动表达自己对小组和其他组员的各种期望，尽快适应小组环境。三是组织者。社会工作者要组织一些能够有助于组员之间相互了解的活动，促进组员之间尽快建立相对的熟人关系。

在转换阶段，社会工作者在小组的权力与地位逐渐由中心位置向边缘位置转移，所扮演的角色与前面两个阶段有所不同，即不再担任小组的领导者和决策者，而只是小组的协助者和引导者。在处理冲突过程中，社会工作者的角色不仅是充当工作者、辅导者，而且是调解人、支持者。

在小组工作的转折阶段，社会工作者的位置开始向边缘转移，有些小组角色已被组员承担，社会工作者与组员的地位逐渐接近甚至成为一个"同行者"和"旁观者"，社会工作者在此阶段的角色主要包括：一是信息、资源的提供者和链接者。在这一阶段，社会工作者要根据小组活动及组员的需要，做好信息的提供、资源的提供及链接工作，以便组员自己整合和运用好这些信息与资源。二是小组及组员能力的促进者。社会工作者促使组员发挥他们自身的能力，并通过自己在小组的努力满足他们的需要，实现他们所要达到的目标。三是小组的引导和支持者。在组员可以自己选择、运作或解决问题的过程中，社会工作者需要扮演与组员同行的支

持者和引导者的角色。同时,对于个别组员的异常行为和特殊变化,应给予关注和必要的专业辅导。

在小组结束阶段,社会工作者的角色又回到了小组的中心地位。在这一阶段社会工作者的责任和角色主要包括:一是引导者。在小组结束期间,社会工作者要帮助组员处理好离开小组时的各种感受,组织各种活动。面对组员的离别情绪,社会工作者要以适当的接纳与支持,引导他们处理好离别情绪。二是领导者。在结束期,社会工作者要以小组领导人的角色和专业职责,规划小组结束的活动,安排好每一步骤,协助小组组员完成理想的结束过程。[①]

社会工作者在计划阶段明确小组组员的角色是相当重要的,这样可以澄清小组开展初期组员不清楚的状况。例如:在适应性困难青少年小组计划中,社会工作者以如下方式说明小组组员的角色:"我们在生命的某些时候都会出现些问题,这是人生的一部分。我们发现当有问题时和相同处境的人谈谈有助于解决问题。我们小组的目的是提供一个机会去和他人分享你的问题、关心的事,以及你的希望。当然如果你准备对自己进行保留,我们仍然希望组员间可以互相表达、仔细聆听他人的话、提出自己认为好的建议。所有的组员都需要遵守保密原则。这代表任何人说的话在这里以外的地方都不许谈论。""最好的帮助就是,在过程中可以尽可能自由地分享你的想法和感受。当你有不清楚时,可以发问;对于教育的工作成果提出建议和反馈。最后,透过共同努力所决定每一步骤,尽可能地实现完成共同目标。"[②]

3.2.4.1 合作约定

要使小组得以顺利地开展工作,需要识别小组工作过程中所需要的资源,包括资金的提供、小组组员的转介、物质资源和人力的支持。在小组计划阶段,社会工作者需要寻求其他服务机构的支持并做好合作约定,明确各方的权责与义务。在接受赞助之前,社会工作者需要仔细考虑并弄清楚赞助服务机构对小组提供的资源有哪些;合作是否有着相同或相近的目标;与赞助服务机构的沟通合作对小组的影响等。

3.2.4.2 合作协议

小组工作中的合作协议主要是社会工作者与小组工作服务相关合作方就小组服务目标目的、服务内容、资源等方面达成所签订的协议。如在学校社会工作者开展学生的"生涯规划辅导小组"中,社会工作者开展小组工作必须得到学校负责人甚至部门负责人、班主任的认可与合作,达成合作协议,获得实践权,从而使工作顺利开展。

3.2.4.3 服务契约

在小组工作中,社会工作者与小组组员之间订定的服务契约一般是口头性的契约,通常包括以下六点内容:

(1) 小组程序,如持续的时间和活动或集会的频率;

(2) 社会工作者的责任,如基本工具的准备和小组活动期间所需的其他资源;

(3) 小组成员的责任,如出席、守时、参与和做作业;

(4) 小组的目标和目的;

---

① 全国社会工作者职业水平考试教材编写组.《社会工作综合能力(中级)》[M].北京:中国社会文献出版社 2017 版.
② 朱眉华,文军.社会工作实务手册[M].北京:社会科学文献出版社,2006.162.

(5) 社会工作者和小组成员的期望角色；

(6) 小组组员守则和对他们行为的期望。

这个阶段订立的服务契约是社会工作者与小组组员之间订立的契约，与小组开始阶段订立的契约有很多的不同。在这个阶段可以是口头的、非正式的，并且当条件改变时，契约具有修改和重新订立的较大可能性。①

3.2.5 确定服务行动计划

3.2.5.1 制定服务内容（方案）

一份专业的小组工作服务方案是开展小组工作必要条件。社会工作者需根据小组工作的目标及人力、物力、财力等方面的条件，精心制定小组工作服务方案。小组工作服务方案是小组工作的程序设计，社会工作者可以清晰地知道工作的程序安排和每一个工作阶段的活动安排，一份完整的小组服务方案也为小组评估奠定基础。制定一份小组工作服务方案内容，最经常使用的技巧是：活动策划技巧。

一份小组工作服务方案应该包括以下内容②（见表3-6）：

表3-6 小组工作服务方案框架

主要环节	基本内容
理念的阐述（Why）	服务机构的背景；导致设计小组的原因；小组的理论/概念架构
目标（Why）	
小组组员（Whom）	特征、年龄、性别、教育背景；需要处理的范围，例如他们的问题和需要等
小组的特征（When、Where）	性质；短期/长期；持续时间；规模、组合；聚会频率；聚会的时间（上午/下午）
小组明确的目的（Why）	
初拟的程序计划和日程（What、When、Where How）	每次聚会的计划草案（可以按小组组员的需要修改）；程序活动；日期、时间、每次聚会的地点；活动的具体目的；社会工作者的责任；活动的准备；所需器材；每次聚会所需的资金
招募计划（How）	按照服务机构的规则确定小组建立的程序；小组组员的来源；宣传、招募方法；允许的招募时间；招收方法
需要的资源（Who）	器材；地点和设备；人力资源，例如是否需要志愿者等；特别项目；有关人员
预料中的问题和应变计划（If…then）	小组组员的问题；小组社会工作者或服务机构的问题；其他来源的问题
预算（How much）	程序、器材、交通等费用的总和；费用或小组组员会费
评估方法（How）	评估的范围；评估的方法

3.2.5.2 时间规划

在时间规划问题上，可分为事前准备和当日分工两个方面。事前准备可使用顺序和逆序的技巧、甘特图法。当日分工可通过制定当日分工表，以做好时间工作安排。社会工作者可以

---

① 吕新萍. 小组工作（第二版）[M]. 北京：中国人民大学出版社，2013. 147.
② 全国社会工作者职业水平考试教材编写组，《社会工作综合能力（中级）》[M]. 北京：中国社会文献出版社2017版.

采用不同的工具,做出时间和工作规划。

从准备到活动的实际执行,社会工作者可以运用甘特图表进行良好的分工和时间规划,让有关的工作人员对工作任务、负责人员、开始和完成时间等一目了然。表3-7是甘特图表的一个时间规划的例子,显示设计方法和主要元素。

表3-7 运用时间规划及分工表

任务	一月				二月				负责人	协助者
	第一周	第二周	第三周	第四周	第一周	第二周	第三周	第四周		
建立小组	■								主任	
预定场地	■■								华	主任
制定海报			■■						玲	华
宣传招募				■■■■■■					伟	华
新闻稿							■	■	华	强
场地安排			■■						伟	主任
义工培训					■■■■				伟	华
购买物资							■■		伟	玲
当日安排								■	玲	伟

在订立执行的工作和时间时,社会工作者要思考:如果要完成这件事,事前要做什么? 然后要做什么? 如此类推。例如举办一场讲座,社会工作者倒数要做的工作包括:安排当地场地(最后一项),购买物资(倒数第二项)、确定义工安排(倒数第三项)等。

3.2.5.3 分工安排

在制订小组工作服务计划时,如果小组人数较多,则需要更多的工作人员以团队的形式加入,因此整个团队的合作更为重要。当需要与不同人合作时,社会工作者应在计划阶段确认每个活动程序的人员分工安排。除了小组主持人之外,以下几项程序的工作需有人员安排,令活动更加顺畅,以减少冷场。

(1)协助示范,收发物资,承担裁判及组长;

(2)协助布置场地,准备物资等

(3)协助场地之间的秩序维持;

(4)活动现场拍摄及小组观察员等。[1]

3.2.5.4 风险管理

在制订小组服务计划时,需考虑小组服务开展过程可能会对小组进程产生影响的相关因素。通常来说,小组工作的风险类型及应变计划有以下几种情况:

(1)天气风险:举行户外活动时,必须考虑"天气"因素,如户外活动在室内难以进行,则要考虑另一些可以在室内进行的活动以做准备;即使同样的游戏,改在室内进行,也可能需要调

---

[1] 黄干知.梁玉麒.《社会工作小组丛书(三)—玩再玩》[M].香港:策马文创有限公司.2012.8.

整活动规则来配合活动场地。

(2) 小组时间过多,出现冷场:预备一些"备选活动",以便小组进程中因时间掌控不当,导致小组活动过早结束时避免冷场。

(3) 小组时间缺乏,不能按时完成小组:预备一、两个可以取消又不太影响目标的活动,以便超时可以取消以保证小组时间。

(4) 活动物资不足:预备一些可以被多个游戏使用的物资,以便启用备选活动时,保证物资在手①。

案例案例 11:

社会工作者小萍正在负责一个家庭暴力施暴者的小组,帮助他们认识实施家庭暴力的后果,并重新学习如何控制愤怒和解决家庭矛盾的新方法。工作者在和小组成员商讨后,订立了以下行动方案:

(1) 7月12日,社会工作者小萍负责放映《案件聚焦》中有关家庭暴力的纪实片,并组织小组成员分享观后的感受和自我反省。

(2) 7月19日,社会工作者小萍组织小组成员讨论家庭暴力的原因、性质和后果,并学习相关的法律知识。

(3) 7月26日,社会工作者小萍邀请专家为小组成员介绍如何控制愤怒的方法和技巧,并进行半个小时的讨论。

(4) 8月3日,社会工作者小萍召集小组成员学习和讨论解决家庭矛盾的新方法。

(5) 8月10日,邀请部分小组成员参加假日小组总结会,分享感受和体会。

3.3 在社区工作中的运用

社区工作是专业社会工作三大方法中的一种基本方法,以社区和社区居民为服务对象,通过发动和组织社区居民参与集体行动,确定社区的问题与需求,动员社区资源,争取外力协助,有计划、有步骤地解决或预防社会问题,调整或改善社会关系,减少社会冲突,培养自助、互助及自决的精神,加强社区的凝聚力,培养社区居民的民主参与意识和能力,发掘并培养社区的领导人才,以提高社区的社会福利水平,促进社区的进步。② 在社区工作的计划过程中,社会工作者需要明确以下几个方面事项:

3.3.1 明确需要介入的问题及对象

在社区工作中,服务对象是社区及社区居民,社会工作者在明确需要介入的问题及对象时,应该运用更为宏观的结构视角,不仅要考虑要服务对象自身的问题,也要重点考察问题的产生与社区周围的环境、社会制度及整个社会的紧密关系。

---

① 黄干知.梁玉麒《社会工作小组丛书(三)—玩再玩》[M].香港:策马文创有限公司.2012.10.
② 王思斌《社会工作概论》第三版[M].北京:商学教育出版社,2014.136.

3.3.1.1 明确问题的原则

在明确问题的过程中,社会工作者应该把握好以下几个原则:

一是从服务对象的发展阶段、特色出发。服务对象无论是社区还是社区居民,都有自身的"生命周期",以及相对应的发展阶段及其特征。不同的社区,所处地域环境不同的社区居民,也会有不同的社会环境、发展特点和问题。

二是从组织目的考虑。在明确服务对象的问题时,社会工作者应该具备整体大局意识,从服务机构的角度出发,评估为服务对象提供的服务是否符合服务机构的宗旨和目标,服务机构所能提供的资源是否能够满足服务对象的需求。

三是从问题的解决出发。在明确问题过程中,社会工作者需要明确服务对象的问题与需要,包括问题是什么,如何发生,问题的范围、强度、持续时间以及产生原因等,明确这些内容后才能更好制定解决问题的策略。

四是从社会公义、意识提升角度考虑。社会公义是人们从道义和愿望上追求利益合理分配的价值理念,从社会公义、意识提升角度出发来明确问题,能够激发服务对象改变的决心和动力,以促进社区乃至社会的公平正义,以及平等互助意识的提升。

3.3.1.2 决策技巧及需要考虑的因素

社区工作在明确问题的过程中,需要考虑到三个方面的因素:一是社区基本情况,包括社区的地理环境、人口状况、社区拥有的资源、权力结构以及文化特色等方面;二是需要对社区问题进行描述和界定,确定问题的范围、发生原因和推动因素;三是社区需要,即深入了解和分析社区居民的规范性需要、感觉性需要、表达性需要、比较性需要等,并在此基础上对社区以及社区居民的问题和需要进行评估和确定。

例如,社区里有许多外来务工子女沉迷于网络,他们往往结伴"泡"网吧,针对这些外来务工子女的行为,社区社会工作者通过对问题进行评估分析,可以得出沉迷网络的外来务工子女会面临学业、家庭关系、个人升学、身心健康等一系列问题。

3.3.2 制定目的及目标

在制定社区工作的目标时,社会工作者应该灵活运用 SMART 原则,就社区及社区居民所具备的机会和优势,所面临的威胁和劣势进行理性思考和分析。

对于外来务工子女沉迷于网络,社会工作者应根据外来务工者子女的需求制定服务目标,即丰富外来务工者子女的课余生活,使其拥有更好的生活和学习环境,同时还包括具体目标,即增加孩子与父母的交流,提高家庭系统的支持作用;定期组织外出活动,让孩子们了解城市的变化;联系社区志愿者队伍,定期为孩子们提供学习辅导;利用社区其他资源为孩子们提供服务,如安排晚托班、提供膳食等(见表 3-8)。

案例案例 12:

案例背景:广州市某大型社区的独居长者比较多,超过 500 人,近年来因房屋老旧、居家环境不好或长期没人探望而导致老人受伤或者死亡的案件屡有发生,社会工作者小霞了解到情况后,对社区设定了一系列的服务目标。

表 3-8　制定目的及目标示范

序号	目标类别	目标
1	长远目标	在活动完成后 12 个月内,某社区因居家意外受伤或者死亡的独居老人人数下降 20%
2	短期目标	在 6 个月内,在某社区内,为 60 名独居老人建立互助网络
3	工作目标	在 6 个月内,发动社区内 100 名义工,为社区的独居老人每月提供一次服务
		在 3 个月内,完成一项关于某社区内独居老人情况的调查,并提供给街道及媒体

3.3.3 明确工作模式及策略

3.3.3.1 明确社区工作模式

在具体的实践过程中,社区工作形成了不同的工作模式,较符合我国国情和社区工作现状的主要有三种模式:地区发展模式、社会策划模式以及社区照顾模式。

地区发展模式下的社区工作具有创新改革、习俗改变、行为改变和工作过程的实施取向,较多地关注社区共同性问题,特别重视居民的参与,更强调过程目标的重要性,通过建立社区自主能力来实现社区的重新整合,主要运用促进居民之间的交流、团结邻里进行社区教育,提供服务和发展资源、社区参与等实施策略;社会策划模式下的社区工作注重任务目标的实现、自上而下的改变、强调运用理性原则处理问题,指导社区未来变化,主要运用明确组织使命和目标,分析环境和形势,客观地认识自身能力,界定和分析问题,明确需要等实施策略,以保证服务的质量和效率;社区照顾模式下的社区工作具有强调社区责任和非正规照顾的作用,提倡建立相互关怀的社区,协助服务对象正常地融入社区,运用在社区照顾、由社区照顾、对社区照顾以及建立社会支持网络的整合式社区照顾的实施策略,以达到给予服务对象人性化的关怀、动员社区普通居民参与社区照顾、倡导社会层面服务的综合化的目标。

不同的社区工作模式介入的侧重点不一,社会工作者在其中扮演的角色也有差异。在选择社区工作模式的过程中,社会工作者应该对社区问题和需求做进一步的明确和评估。同时,应该注重遵循以下工作准则:一是注重以人为中心的发展目标;二是因应社区的现有情况制订工作计划;三是尊重社区自决;四是强调居民的自动参与;五是广泛及包容性的社区参与;六是民主及理性的社区行动形式。

当明确了社区工作模式后,社会工作者还需要明确社区工作的整体目标以及每一个阶段的具体目标,并遵循社区参与和社区自决的原则,与社区居民充分沟通,了解他们的愿望和期望,共同商讨工作目标。在目标决策的过程中,可以采取"头脑风暴"的方法提出各种目标,运用符合性、可接受性、可行性的指标评估目标,最后运用 SWOT 原则分析每个目标的可能性,最后从中挑选出最合适的目标。

例如,某个社区有为数不少的待业青年,社区的社会工作者针对这些待业青年的需求进行分析。一般情况下,青年待业的主要原因是就业观念、职业技能和就业渠道等方面存在问题,本案例应该根据具体调查进行分析设计,运用地区发展模式来解决该社区待业青年的就业问题。基于需求分析的基础上,社区社会工作者可以确定任务目标为:通过地区发展发展,帮助该社区待业青年顺利就业,建立一套转变待业青年就业观念、培训他们的技能和促进他们顺利上岗就业的体系。过程目标为:进一步改善该社区待业青年的就业观念,提高他们的专业技能和就业能力,在社区居民的广泛参与和社区工作者有目的的组织及教育下,促使每一个人作为个体发挥他们的潜能并学会利用资源的方法。此外,使他们明白参与的重要性,增强社区居民的独立自主、自食其力的信心和能力。

3.3.3.2 明确介入策略

在社区介入过程中,不同的社区有不同的介入手法,社会工作者可以在不同阶段对同一个社区采用不同的介入手法,一般来说可以从社区问题、服务提供、社区教育、互助合作、社会行动、联合各社会团体、策划倡导、社区调查、社区突发事件、社区宣传、各类社区发展计划与规划等方面入手介入。社区工作常见的六种介入策略有:

(1) 从社区问题入手。针对社区及社区居民所存在的共同性问题入手,针对具体问题,可以通过会议的形式,连接社区居民、社区内的服务机构和社区通力合作来介入社区的共同性问题。

(2) 从服务提供入手。通过为社区以及社区居民提供直接、间接或综合的服务,以改善社区的环境,增强社区居民的社会支持网络,增强社区功能。

(3) 从社区教育入手。通过社区教育与宣传的方式,借助大众媒体宣传,使社区居民了解社会工作,促进居民的社区参与,调动他们的积极性,并争取外界的资源支持。

(4) 从互助合作入手。通过整合社区资源、并为社区争取其他正式和非正式的资源,帮助社区及社区居民解决社区共同性问题。

(5) 从社会行动入手。通过发动、组织社区居民,以整体行动来整合社区内部资源、争取外部资源和支持来解决社区问题,促进社区发展。

(6) 从联合各社会团体入手。通过将社区内的居民组织和社区内的居委、各类社会组织等连接起来,可以共同解决社区问题,促进社区居民的社区参与,并向政府或当地有关部门提出建议和需求资源支持,以促进社区协调发展。

在选择社区工作的介入策略中,社会工作者应该深入了解社区的地理和社会环境、历史文化、社区资源等方面的具体情况,了解社区居民的表达性、感觉性、比较性需求,以及期望获得的资源和服务,针对具体的社区共同性问题或者社区居民的具体问题,选择一种或几种具有针对性、较为适用的介入策略,坚持整体大局意识,以达到解决社区问题、满足社区需求,整合社区资源,以促进社区发展。

案例案例 13：

针对上述社区待业青年案例中，明确问题和目标之后，社区社会工作者可以根据介入理论选择适当的社区工作介入策略，包括：一是了解现状和需求。即通过海报宣传、报名、调查问卷、个人申请以及个案访谈等方式统计待业青年人数，充分了解他们的就业观念、职业技能水平以及就业需求等信息，建立待业青年信息本，以社区居委会、社会工作者、待业青年代表以及社区志愿者等人组成"待青就业"居民小组，召开小组会议，分析社区青年待业的原因，讨论解决的措施，形成大概的策略框架。二是树立正确的就业观念。针对"待青就业"居民小组会议的结论，联合居委会社区精英的力量，发动社区居民广泛参与，开展"转变就业观念""当前就业形式"等内容的讲座或者座谈会，另外采取个案访谈和家庭动员等方式，鼓励和支持待业青年转变就业观念，刺激他们的就业欲望，进而树立正确的就业观念。三是提供职业技能培训。通过上网搜索、社区相关服务机构劳务需要以及政府有关部门提供的就业信息和就业建议等信息，收集劳动力市场需求。"待青就业"居民小组走访社区精英和相关服务机构，调动社区资源，利用社区拥有的专业人员和设备，开展各类相应的职业培训，并鼓励待业青年获得相关的技能培训证书或为待业青年开具技能证明。同时，向社区内外招收志愿者，协助培训。此外，还可以向政府等相关部门请求支持。四是设置就业信息公布栏。把上网搜索，把社区相关需要劳务的服务机构以及政府有关部门提供的就业信息公布出来，居委会写推荐信，积极鼓励待业青年前去面试应聘；委托社区精英人群支持和帮助待业青年就业，动员居民介绍岗位；在社会事业相关部门登记失业；对符合低保或者失业的青年要积极申请；寻找厂家建立长期人力供给关系。五是监督改进执行进度。"待青就业"居民小组组织人员开展单位走访、调查问卷、个案访谈等和其它方式及时收集已就业青年的满意度和单位意见，对不合适或者不符合工作的人员要及时调配和"回笼"培训，对一些仍未就业的青年也要继续开展个案工作。另外，检查促进待业青年劳动合同的订立和社会保险的购买等。

3.3.4 明确社会工作者、居民及相关合作方角色定位

在实际服务中，社区工作主要是透过居委会，街道办以及服务覆盖该社区的一些 NGO（如广州的家庭综合服务中心，深圳的社区服务中心等）进行的。在计划阶段，社会工作者需要明确自身、社区居民、居委会等相关合作方角色定位。

在社区工作中，社会工作者的角色主要有使能者、协调者、教育者等。社会工作者的使能者角色主要是根据服务机构的服务范围、服务机构的指标以及社区居民的需要，以个案、小组或者大型活动的手法设计一些服务方案，进而面向社区居民开展。如针对社区里某一精神压力大的居民进行个案辅导，针对社区青少年开展发展性的职业规划小组，针对社区长者开展的重阳节爬山活动等。但当面对多重问题的家庭，需要有不同的服务机构或部门提供服务，社会工作者就是扮演协调者的工作。例如面对社区里一个有智障孩子的家庭，社会工作者需要协同家长到残联去办残疾证，到民政去领取补助金，到计生办去办理二胎（在未全面开放二孩政策前，具有残疾证的家庭可以准许生第二胎）。社会工作者从中协调，为居民在居委会、街道、民政等部门争取某一些权益。另外，在社区工作中，社会工作者的另外一个重要角色是教育者。比如某一社区中心会在社区举行妇女健康知识讲座，某一青少年中

心会在社区开展性教育课堂,某一戒毒中心会在社区举行"毒品危害"等活动周等,这些活动以及服务中,社会工作者都在起一定的教育作用。

社区居民在社区工作中角色主要为服务的承接者与实施者,需求的表达者、社区自治管理者等。

在社区里,居委会、个体商户等都是可以用到的资源。社区居委会在社区服务中的主要角色包括资源的提供者、服务开展的支持者。例如社区志愿者的招募方面,社区居委会可提供推荐名单;服务对象的招募方面,居委会也掌握着具体的信息,可迅速定位到具体的服务对象。社会工作者在社区内开展各项服务时,社区居委会等相关合作方能够动员居民广泛参与,支持服务的开展。尤其是社会工作服务机构开展大型社区活动时,相关合作方可以帮助社会工作者一起挖掘服务资源,支持服务的顺利开展。

开展社区工作,对于社区的资源需要有一定的了解,比如说,所在社区有多少家理发店、多少家饭店、多少家诊所、多少家大型超市等,这些是基本的;如果想更好地服务社区居民,那么社区周边的情况也要了解一下,因为本社区没有的资源,周边的社区可能会有。这里强调一点,与相邻社区社会工作者联络是非常重要的。当社会工作者意识到这一点后,基本可以保证所需资源的链接,因为多社区资源整合就会形成资源生态。例如:社会工作者要开展义剪活动,社会工作者自己不会剪发,那就需要链接社区里面的理发店资源;社区工作站要求开一场大型文艺演出,指定的节目必须要有,而指定的节目本社区没有相关演员,这时候就可以联系临近社区的社会工作者帮忙链接资源;城中村社区,无障碍通道建设不够完善,影响到部分居民出行,那么这个时候就需要联系居委会(正式资源)等相关部门进行各方面的资源链接,来解决部分居民的出行问题。社区工作的开展是为了解决社会问题,而资源链接是解决社会问题的重要方法。社区工作将社区资源与社区需求匹配,能使社区资源得到充分利用,使社区居民享受有效的服务。

3.3.4.1 合作约定

在社区工作中,通常需要社会工作者从居民的实际需求出发,寻找社会资源合作即相关合作方。在社区服务计划阶段,社会工作者明确资源所有方即潜在合作方,有针对性地开展项目式、宣传式等合作服务。在这个阶段,社会工作者了解知晓潜在合作方主营业务、负责人、电话等信息,善于分析、了解这个潜在合作方业务方面的短板是什么,然后让合作方知道,社会工作者能提供给潜在合作方什么,让他们愿意和社会工作者合作。[1]

一般合作方的需求有以下三种情况:

(1) 对方的指标量要求,需要对外合作,常见于社会组织等和社会工作者的合作;

(2) 对方想扩大自己的品牌影响力,常见于中大型企业和社会工作者合作;

(3) 对方想通过合作方实现商品或服务等售卖,常见于个体商户、微小企业和社会工作者合作。值得注意的是,社会工作者和合作方的合作开展相关活动的时候,是绝对不允许有售卖商品、服务等间接引导消费的行为。

通过与合作方资源的链接,相同或相近的目标的确定,多次地磋商谈判,建立合作关系,达成合作约定。一份完整的合作约定,包括甲乙双方的名称、双方合作的机制、甲方的权利与义务、乙方的权利与义务、经费资助及财务管理、约定期限、附件等。

---

[1] https://mp.weixin.qq.com/s/MOQcW-GxaF7vnYfuZjD_yg

3.3.4.2 合作协议

社区工作中的合作协议主要是社会工作者与社区相关合作方在社区项目内容及项目资源等方面签订的协议。在社区工作中,与基层社区工作者的合作是经常性。如在城乡社区开展工作,除了须"进入"社区之外,在开展具体的项目服务中也需要与社区中的"社区领袖"合作,就合作的内容及形式以协议的形式得以确认,以得到他们的理解,调动他们的资源,得到他们的支持。再如,在农村社区项目服务中,社会工作者实际上是以综合团队的一员参与项目服务,在项目服务的开展中,社会工作者需要与农业技术推广专家、经济学家等分工合作,达成合作协议,在发展经济、新技术使用、建立新型社区关系、建立社区与外部的支持关系等方面开展一些工作。①

3.3.5 确定服务行动计划

3.3.5.1 制定服务内容(方案)

当大体的社区服务项目的目标、形式等被确立后,社会工作者制定社区服务项目方案,以达到项目目标。

(1) 理念(Why):为何要开展这个社区服务项目?社区存在哪些问题或需要?问题和需要有多广泛和严重?

(2) 目的和目标(Why):开展社区服务项目的目的是什么?希望透过这个社区服务项目达到哪些长期和短期的具体改变(长期和短期的成果目标)?

(3) 对象(Whom):社区服务项目的参加者是什么人?有哪些特征?如年龄、性别、职业、学历等。

(4) 服务内容(What):社区项目服务的内容是什么?以何种形式开展?

(5) 时间(When):社区项目持续的日期、时间等。

(6) 地点(Where):社区项目服务在哪里举行?需要哪些场地?

(7) 程序(How):社区项目服务如何进行(宣传、招募等)。

(8) 资源(How much):包括人力(如义工、人力分工等)、物力(活动物资等)、财力(财政预算,包括收费、资助、各项支出的预算)。

(9) 应变计划(If...then):预计可能出现的困难(如项目合作方的不配合、场地、财政等),及解决方案。

(10) 评估:评估如何进行(评估的内容指标、资料收集的方法、时间安排等)②。

3.3.5.2 时间规划

社区服务项目是一项有目的、有计划、有步骤的组织社区居民及组织参与的社区服务。在制订社区项目服务计划时,社会工作者要从项目的筹备到项目执行等阶段进行详细的分工与时间规划,做时间规划时要考虑项目进行的方方面面。表3-9是社区服务项目甘特图表的一个时间规划的例子,让有关工作人员对工作任务、任务的开始和完成时间等主要内容一目了然。

---

① 王思斌. 社会工作工作者要善于合作[J]. 中国社会工作,2013(16).
② 张北球,苏国安,陈锦汉. 活动程序——计划,执行和评鉴[M]. 香港城市大学出版社,2008.28-29.

表 3-9 运用时间规划及分工表

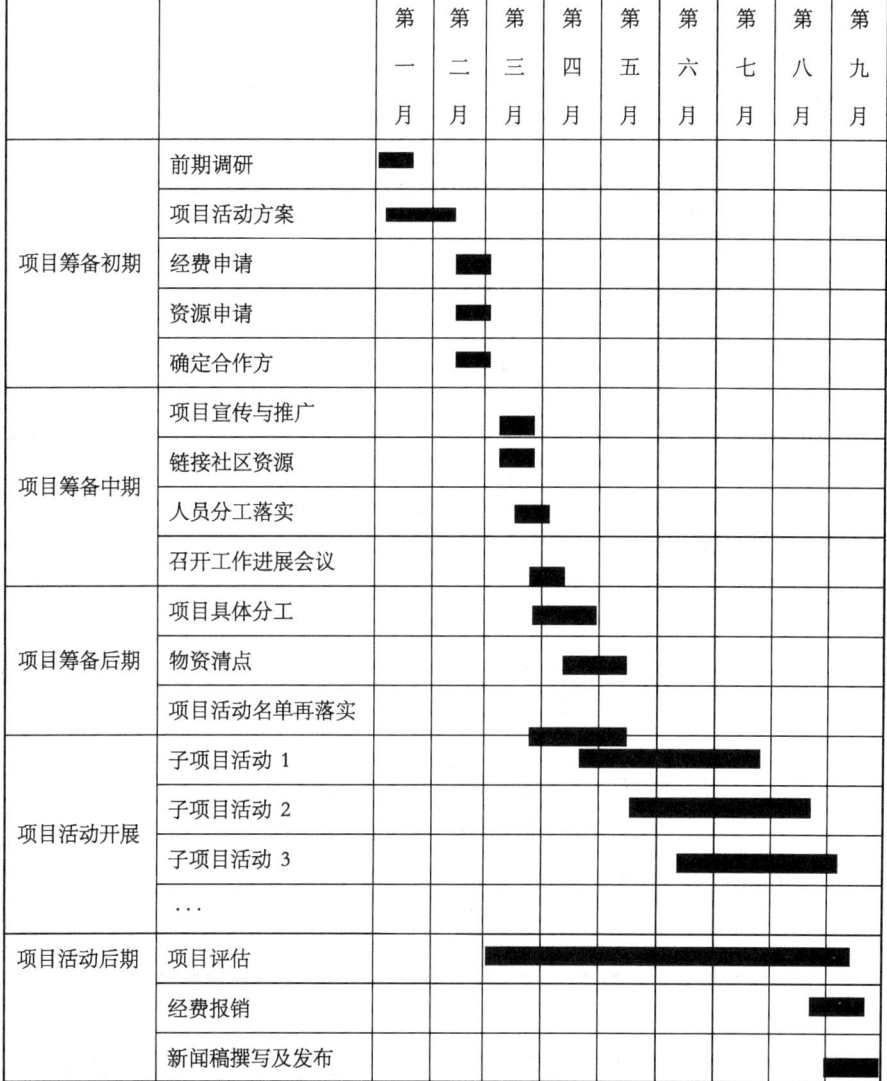

3.3.5.3 当日分工技巧

关于社区活动的当日分工安排,一份详尽的分工表是十分重要的。首先列出当日要执行的各项工作,预估每项工作所需要的人手,并清楚地列出工作的时间;然后再按各人的能力,专长和身份,分配各项工作。一般来说,重要的工作需要安排负责人或有经验的工作员承担,一般性服务的工作,可由义工负责,由选定的组长负责统筹工作。社会工作者可参考表 3-10 制定当日分工表(不完全),让工作人员对自己当日的工作,有清楚地了解。[1]

---

[1] 张北球,苏国安,陈锦汉.活动程序——计划,执行和评鉴这[M].2008.30-32.

表 3-10 当日分工表

时 间	事 项	内 容	负责人	协助者
9：00—9：30	场地布置	携带预定场地证明到办事处联络李先生，取场地	华	
9：30—11：00	布置场地	安排义工、分配道具和用品，布置场地	伟	杰
11：00—12：30	物资准备	相关物资准备、硬件检查	玲	杰
13：00—13：45	义工岗前培训	义工人员于12：50到达，跟进义工岗前培训	主任	玲
13：50—14：00	参加者签到及暖场音乐播放	根据预估出席的参加者人数，安排签到处的位置。在活动正式开始前，播放与中秋相关的暖场音乐	华	伟
14：00—16：00	活动程序执行	活动正式开始，协调义工安排	玲	杰
16：00—16：15	活动结束，收集意见表及大合照	提前准备好满意度调查KT板，如用贴纸表示对本次活动的评价，满意请在规定位置贴纸	华	玲
16：15—16：45	场地清理	安排相关人员清理场地，贵重物品先妥善保管	伟	杰

3.3.5.4 风险管理

在制订社区工作服务计划时，社会工作者需再全面地评估在设计过程中有没有忽略的某些因素，以及社区服务在推行过程中可能遇到各项困难和克服该问题的可行方法。此外，还需要留意一些可能会带来影响的因素，重新修订或者调整某些项目。如开展一项针对独居长者所面临的居家健康问题而开发的"健康速递——关爱独居空巢老人健康"项目，其中一项目标是"上门送药箱"，在"风险"一栏列出每项任务可能遇到的风险，编制风险识别、分析及应对的矩阵图。[1]（见表 3-11）

---

[1] 项目臭皮匠，《项目百子柜》，一本社工写给同行者的工具书[M].北京：中国社会出版社，2017.218.

表 3-11 "健康速递"项目风险识别、分析及应对

目标	任务	风险	可能性/影响力	措施	在项目方案的处理	负责人
上门送药箱	准备药箱	1. 药店的药品不足	中/中	提前与药店联系	在内容明细表中增加"与药店沟通"	张
		2. 药品不适合特定长者使用	中/高	向医生征求长者常用药品种类、只限于提供外用药品	在内容明细表中增加"向医护顾问咨询外用药名单"	李
		3. 出现过期药品、假药情况	中/高	严选合作药店,留下购买发票,以作证明;分装,定期回访,了解使用情况;制定项目应急机制,及时跟进	在风险评估注明预计风险及应对措施	王
		4. 分装时出现标错药品	中/高	每种药品有其药品标号,完成后检查一遍	在内容明细表中增加"包装药箱,两层检查把关"	张
	上门送药箱	5. 长者看不懂说明书,用错药	高/高	制作适合长者的放大字体说明书,避免用错药;制定大字体说明书,介绍药箱药品使用方法	在内容明细表中增加"制作大字体药品使用说明书"	赵
		6. 长者用完药品但没有通知团队成员	中/中	向长者提供联系电话;向潜在有此需要的长者进行定期回访	在内容明细表中增加"续访和电访"	赵

最后,社会工作者必须要留意的是社区工作是强调居民的共同参与。因此,在制订社区工作服务计划时,需要尽量吸纳居民的意见,并尽可能与居民共同设计及商量各项细节,保证活动更加符合居民的期望。

项目四 介 入

介入是社会工作者运用专业的知识、方法与技巧协助服务对象系统达到计划服务目标的过程,是社会工作计划的具体实施。介入阶段,有时也被称为干预(或处遇)阶段、实施阶段、执行阶段、行动阶段、核心阶段、履行阶段、改变阶段等。介入是计划制订的后续步骤,需要社会工作者运用专业的知识、方法和技巧,按照工作契约推进工作计划,并根据进展状况适时修正工作方向,从而与服务对象一起达成工作目标的过程,是社会工作者为恢复和加强服务对象整体社会功能的有计划、有目的的行动。

1 工作任务

由于服务对象的不同,社会工作介入行动存在差异。但从通用性看,无论服务对象是个人、群体还是社区,介入内容也存在共性的地方,主要分为:

1.1 链接资源

主要是针对服务对象系统进行资源分析,帮助服务对象发现其自身拥有的资源,引导服务对象发现并运用自己的内在资源,有效解决问题,实现目标;同时,帮助服务对象了解外在资源并学会运用外部资源解决自身问题。

1.2 疏导情绪

针对服务对象个人或群体存在的情绪进行有效疏导,运用会谈技术与服务对象共建专业关系,教授服务对象情绪管理的办法和技巧,引导服务对象理性看待周围的人和事。

1.3 调解关系

关系调解是社会工作者介入服务的重要行动。通过帮助服务对象加强与环境系统的接触,增进环境系统对服务对象的系统了解,协助利益冲突方寻找共同点,达致双赢。

1.4 提升能力

针对服务对象存在的问题,帮忙链接资源,进行技术培训、方法指导、知识传授,加强服务对象自身能力的建设,引导服务对象最终独立解决问题。提升服务对象自身能力是社会工作者助人自助理念的具体实践。

1.5 化解危机

帮助处在危机中的服务对象更有效地处理或调适紧急危机情况下的压力的密集性干预实践。目的在于缓解服务对象因危机所带来的紧张情绪,提供针对服务对象的心理支持,帮助解决危机并恢复其社会功能。

2 通用技巧

2.1 资源链接技巧

资源链接是社会工作者需要具备的重要服务技巧之一。社会工作者拥有的资源越多,就能为服务对象提供更好的服务。在个案工作中,资源链接主要关注服务对象自身资源的动员、家庭资源的整合以及社区或社会资源的链接;在小组工作中,主要是发现小组组员内部的资源以及充分调动小组外部的资源;在社区工作中,资源链接包括接触居民、动员居民、与在地组织建立关系;资金募集以及运用媒体资源等。

2.2 情绪疏导技巧

社会工作者职业需要接触形形色色的人,尤其是困境人群。帮助疏导服务对象的情绪是社会工作者经常要面对的,因而,社会工作者应该成为情绪疏导的行家里手。在个案工作中,社会工作者要学会如何辨识、分析服务对象的情绪,并利用会谈的支持性、引领性、影响性技巧觉察服务对象的内在世界。在小组工作中,情绪疏导主要表现为社会工作者需要去关注小组组员在小组不同发展阶段中体现的情绪特征,并能依据所体现的情绪特征设计运用相应的服务技巧如破冰技巧、解组技巧等进行应对。在社区工作中,情绪疏导主要体现在情绪的支持方面,表现为社会工作者需要通过对社区网络进行分析,并通过建立服务对象的自助团体、发展志愿者等,在社区中建立居民的支持网络。

2.3 调解技巧

调解技巧主要是用于协调人与人之间的关系。社会工作者的服务中,有相当一部分工作是协调各类关系。在个案工作方面,主要表现为调解服务对象与自己、与家人以及与周围环境的关系。通过动机式晤谈服务技巧的学习,社会工作者可以引导案主明确自己的短期和长期目标,协助案主领悟自己追求的价值信念与现有问题行为之间的矛盾,并在冲突体验中做出改变决策。在小组工作中,调解主要是调适社会工作者与组员、组员与组员之间的关系。社会工作者需要了解在小组不同发展阶段中自身以及组员的角色,分析不同阶段小组存在的问题,并能做出适当的调整。在社区工作中,社会工作者需要掌握的调解技巧主要是学习如何召开居民大会,学习召开会议前准备、会中、会后促进和行动四个步骤中需要重点关注的事项。

2.4 能力提升技巧

社区工作最重要的不是指如何运用专业能力改善社区,而是如何推动社区居民的参与,建立居民组织,培育居民骨干和挖掘人力资源。因此,推动居民参与、提升居民骨干的能力就显得尤其重要。在个案工作中,能力提升主要表现为帮助案主提升解决问题的能力、自我管理能力和与环境相处的能力,社会工作者在能力培养的过程中需要学习"一种专注于处理问题并发展机会的助人模式",真正做到助人自助。在小组工作中,能力提升在不同小组模式中各有不同,社会工作者要根据小组的目标明确不同小组模式下组员能力提升的方向,并知晓运用什么技术可以达致小组目标。在社区工作中,能力提升主要表现为社会工作者要学会孵化社区自组织、培养社区居民骨干和志愿者,发动更多居民参与社区建设。

2.5 危机介入技巧

危机是指个人、群体或者组织由于突发事件的出现而受到破坏,严重地威胁到正常的生存与发展的状态。在个案工作中,危机包括服务对象的成长危机和情境危机。社会工作者需要迅速识别服务对象的问题,快速稳定服务对象情绪。小组危机主要指影响小组发展的突发事件,包括影响小组进程的事件、危及组员安全的事件、导致小组解体的事件等。针对这些突发事件,小组常用的技巧有小组冲突处理的技巧、谈判技巧等。在社区工作当中,危机主要是指突然发生对公众正常的生活工作,乃至生命财产构成威胁状态的公共危机。公共危机具有突发性、威胁性、不确定性、紧迫性、破坏性、无序性和隐蔽性等特点,经历潜伏期、爆发期、持续期、解决期、善后期等五个发展阶段。公共危机管理是应对社区公共危机的一种形式。公共危机管理的主体是政府,同时也有包括行使公共管理的其他公共服务机构,如非政府组织、第三部门等。

3 在三大手法中的运用

3.1 在个案工作中的运用

个案工作的介入是社会工作者针对个人或家庭的需求,按照前期的工作计划,进行朝向问题解决、能力提升等目标实现的具体操作环节。在个案介入阶段,各种已经形成体系的理论方法和会谈中的微技术十分丰富。在本书的编写中,以介入的五大任务:资源链接、疏导情绪、调解关系、提升能力、化解危机为主线,进行服务技巧的梳理,并在通用技巧的选择和呈现中,以支持每一个任务实现为前提,兼顾成熟理论体系和微技术的不同维度,从技巧运用的角度进行陈述。

3.1.1 资源链接

技巧在个案工作手法中的运用依循系统理论的指引,主要从案主自身资源动员、家庭资源的整合、社区/社会的资源展开。

3.1.1.1 案主自身资源动员

针对案主自身资源动员的部分,在个案介入中可具体拆分为以下三个步骤(如图4-1所示):

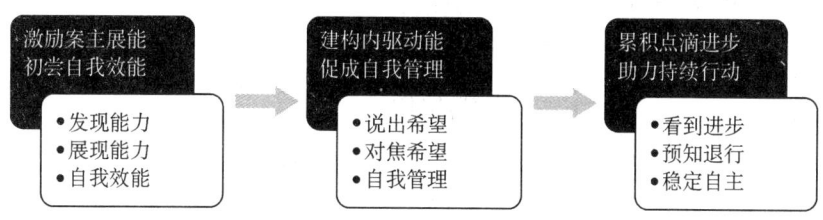

图4-1 案主自身资源的整合

一是激励案主展能,初尝自我效能。

发现能力:以优势视角为指引,对案主已经表现出来的优势及潜在的能力进行充分发掘。

展现能力:以案主能力的最大发挥为导向,通过具体化等技术,支持案主在具体的事务应对中进行可行的探索行动。

自我效能:在展现能力的过程中,社会工作者需要充分考虑案主的能力和承受,以具体的小目标为宜,并在探索行动中安全护航,实现案主的正向体验与自我效能的初体验。

二是建构内驱动能,促成自我管理

说出希望:在案主于小目标的成功体验下,与案主探讨其希望实现的理想状况,建立中长期目标。

对焦希望:以案主希望实现的状态为焦点,与案主探讨各种实现目标的可能路径,充分激活案主自助的内驱力,促成案主的行动与改变。

自我管理:在激励案主自助的过程中,社会工作者需要朝向目标的实现,与案主进行行动计划的必要探讨,并有针对性地探讨自主行动与求助情境,在保留必要的环境支持的前提下,促成自我管理习惯地建构。

三是积累点滴进步,助力持续行动

看到进步:在案主自身资源的调动上,随着案主的展能和自我管理的激活,案主的点滴进步将不断呈现,社会工作者在个案工作中需进行及时地正向反馈,支持案主将已有经验,从没有意识到的偶然行为向有明确知晓的能力转化,发展案主的能力与自我认同。

预知退行:事件的发展从来都不是只有正向的,在个案的跟进过程中,案主出现阶段性退行是常有的。一方面,社会工作者在个案工作中要有相应的介入准备;另一方面,对一些案主、家人和相关参与者在退行发生前,进行必要的退行讨论,可通过直线与退行曲线图进行工作:

① 发生退行是可能的。帮助案主认识到每个人的生命运行中都会经历或大或小的退行事件和时段,在很多个案中社会工作者都曾见证已经发生正向转变的案主发生阶段性退行并陪伴其走出困境。

② 识别退行,并止住退行。当发生退行时,案主从正向经验回到负向体验,需要迅速识别,并止住可能出现的"此前努力都没有用"的认知及自我否定;帮助案主看到退行时自己拥有的:过往的成功经验(有些现已转换为能力),虽然退行但相较于个案开启时已经改善的些许的局面。在更好的自己与环境条件下,社会工作者也可以提供参与到很多退行发生后找到更优

路径的案例。

③ 退行的意义——挫折商:退行的发生常常是遇到某些挫折的情景,在发生退行时虽会出现些许阵痛,但从成长的角度,退行曲线相较于直线上升多了挫折的心理承受以及应对挫折的经历,可做抗逆力的转化。

稳定自主:通过"进步"做案主正向能力的建构,通过"退行"做案主抗逆力的培育,在正向与负向之间搭建案主的稳定自我,保障案主自助的信心与行动力,实现有效的内在资源动员。

3.1.1.2 案主家庭资源整合

针对案主家庭资源整合的部分,在个案介入中可具体拆分为以下三个步骤(如图4-2所示):

图4-2 案主家庭资源的整合

一是对已有资源的发现与调用:关注家庭的资源水平,依据家庭物质、人力、情感、能力等资源的评估,围绕个案需求,在最大效益视角下,与家庭进行必要的资源分配与发展探索。

二是推动家庭的共同参与:关注家庭成员参与"案主问题解决"的意愿,推动家庭共同目标的确立,并在共同目标基础上进行实现目标的方法与路径探讨,建构有行动力的家庭同盟。

三是促成资源的有效运行:关注家庭成员参与"案主问题解决"的方法,协助家庭成员觉察自己参与的方法,助力爱地有效表达。

[案例说明]

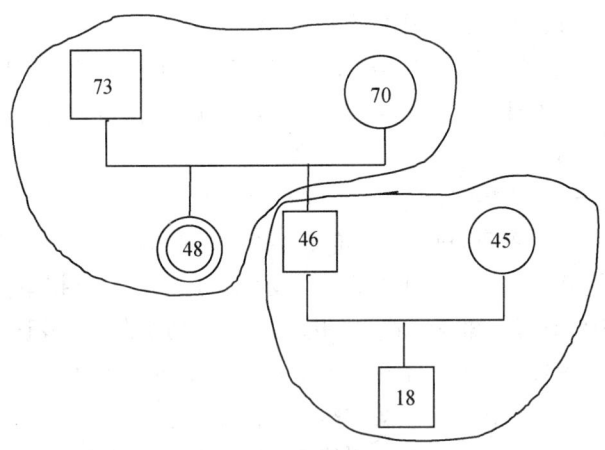

图4-3 案主家系图

家系图如图4-3所示,案主无业,自述希望找工作。社会工作者家访知晓案主20岁毕业后曾工作约1年,后诊断精神疾病,住院治疗,此后多年来一直没有再参加工作。求助前发生家庭争吵,父亲表示案主不能自立,不知以后如何生活。

从家庭结构、经济、生活能力等方面进行家庭资源分析:

家庭结构:案主与父母同住,案主弟弟家庭独立运行。

家庭经济:自有住房,家庭经济来源为案主父母退休金。案主已经购买社保,到年龄后可以领取养老金。

家庭成员的生活能力：

母亲长期负责案主及父母3人日常生活的家务，自述腿脚不像以往方便，外出买菜不敢走太远。

父亲长期运动，行动便捷，喜外出活动，在外出中发生过一次迷路，后经他人协助回家。

案主有长期的幻觉意象，但身体健康，认知沟通能力良好，偶尔做家务。

推动家庭同盟关系的建立：

家人对案主的未来生活担忧，有发生家庭冲突的直接表达，以此为个案介入的起点，围绕案主未来生活规划进行工作，在与案主进行主体增能的同时，邀请家人一起参与具体方法、路径的探索，助力案主能力的提升。例如：

案主的生活能力提升，从协助妈妈做家务、买菜、做饭开始，邀请妈妈与案主分享经验，并对案主的正向行为给以及时的肯定反馈，鼓励可能的创新尝试。

案主的外出与健身，可与爸爸同行，邀请爸爸与案主分享运动及外出活动的场所，同时考虑案主父亲发生过迷路的情况，虽只有一次，未去医院做进一步诊治，家人均表示担忧，并愿意案主在父亲外出时多做同行陪伴。

发展爱的有效表达：

案主有意愿参与家庭事务，但信心不足；家人对案主较为关心，但多为否定言语。在同盟关系之下，明确家庭的共同目标：发展案主的能力，实现自我照顾及家庭照顾的可能参与。围绕目标，家人改变过往的否定习惯，转向对案主信心建构的支持，给予案主必要的指引支持和具体的肯定反馈。

案主弟弟也看到家庭照顾的需求，此前正是在案主弟弟的提议下，案主父母出资为案主购买了社保，未来可领养老金。随着父母的年龄和身体变化，日常生活的照顾需求将进一步加强，在对案主的能力发展中，案主弟弟愿意并更积极地参与到案主的增能和信心建构中来。推动姐弟间的正向互动建构。

3.1.1.3 社区/社会资源的链接

当案主的问题（需求）具有某一类群特质时，会存在一些正式及非正式的社区及社会资源。另外，一些个案在案主及其家庭系统中依然不能够解决案主的问题与需求，而需要社会系统的资源支持。这些都提醒社会工作者需要有意识地建构一个好用的社会资源库，并在服务中不断地发展和完善它。资源库包括与服务群体相关的法律法规、救助政策、帮扶项目、服务机构等，以及实现这些社会支持的操作指引，如某种救助的申请办法。

社会资源的链接还包括在一些个案中，案主的问题及需求的回应，超出了该社会工作者及其服务机构所能服务的范畴，此时需要：

多部门合作：如与居委会、学校、妇联、派出所、志愿者等一个或多个正式和非正式组织，围绕案主问题解决而开展的沟通及合作行动。多部门合作中，因个案及合作的情况，社会工作者需要选择匹配的角色及参与策略，进行有效的个案管理，以及合适的社会工作者个人、服务机构及行业的形象管理。

转介：通常包括社会工作者为更好地服务于案主需求而进行的：内部转介（服务机构内部同事间的转介）、属地转介（案主居住地有同类服务，更方便服务实现）、服务专项转介（为案主提供更有针对性服务）。在转介服务中社会工作者需要为服务的有效转接提供尽可能的支持，并对案主或转接方进行必要的回访以确保转介服务的实现。

3.1.2 情绪疏导技巧在个案工作手法中的运用

基于情绪对人的认知、身心以及行为的影响,在个案工作中对案主情绪的关注成为必然,以案主情绪疏导为起点,案主问题解决为目标,在个案会谈中对案主进行情绪辅导工作,主要包括:案主的情绪识别、案主的情绪分析,以及案主的情绪转化。

3.1.2.1 案主的情绪识别

案主的情绪疏导需从对案主的情绪识别开始,情绪识别的信息来源包括:

(1) 言语:倾听案主的言语信息,在会谈的言语中识别和评估案主的情绪。一方面,言语的情绪识别需要社会工作者对案主言谈中的事件、认知和情感进行区分,有意识地评估事件背后的认知和情绪状态;另一方面,在会谈中社会工作者亦可以通过情绪卡牌、刻度问句等问询方式对案主的情绪状态进行确认。

(2) 非言语:观察案主的身体语言信息,通过非言语的信息识别进行情绪的评估。著名的身体语言专家帕蒂·伍德指出:一个人要向外界传达完整的信息,单纯的语言只占7%,剩下的93%分别由声调(38%)和肢体(55%)等信息来传达。案主的身体语言会提供丰富的情绪识别依据,从案主一些已经成为习惯的非言语呈现可以评估其情绪的基本状态和其非言语的瞬间变化。

3.1.2.2 案主情绪的分析

情绪识别后的信息处理通常指向两个方向,即情绪前的成因,案主是基于怎样的因素才会有这样的情绪反应;以及情绪后的发展,即情绪发生后,对接下来要发展走向的分析。

(1) 认知分析:合理情绪疗法的 ABC 理论模式中,A 指诱发性事件(Activating events);B 指个体在遇到诱发事件之后相应而生的信念(Beliefs),即他对这一事件的看法、解释和评价;C 指在特定情景下,个体的情绪及行为的结果(Consequences)。该理论认为,人们对诱发性事件(A)所持的信念、看法、理解(B)是引起人的情绪及行为反应(C)的原因。即人们对事件的信念直接作用于情绪和行为结果。在对案主外显的情绪识别中关注其内在的信念,梳理其认知图式,是从根本上理解案主的情绪反应,并做出情绪介入的重要基础(见图4-4)。

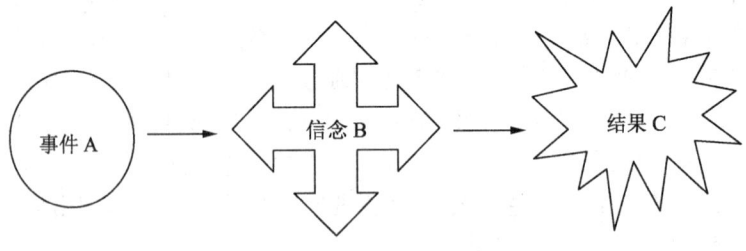

图 4-4 ABC 理论

(2) 发展分析:情绪调节理论认为情绪不是认知或行为改变过程中的副产品,而是个案工作中重要转变因子。一方面情绪连接案主的内在世界,反映其内在的心理需求与认知,另一方面情绪也连接着其与外部环境的互动选择,影响其对事件的应对与行动力(如图4-5所示)。因此,情绪是案主内在发展和外在发展都会涉及的介入点。以发展的视角对情绪信息进行处理,至少包括舒缓情绪、发展认知,优化行动三个方面的介入思考。

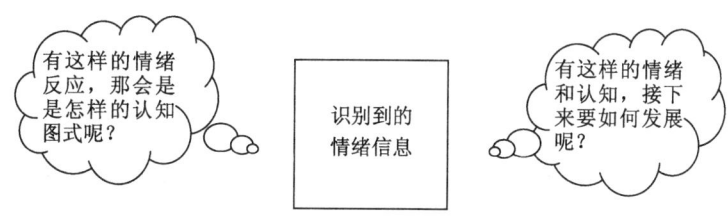

图 4-5 情绪信息处理

3.1.2.3 个案情绪介入的目标管理

(1) 案主情绪介入的目标至少包括：

对案主内在需求的回应；

发展案主的认知与非理性信念的转化；

支持案主走出情绪的限制，进入到良性的自我运行即社会互动。

(2) 个案情绪辅导中的目标管理

案主的情绪辅导需要社会工作者对案主情绪有良好的感知力，在充分的共情体验与同理连接中对社会工作者的情绪及工作管理提出一定的挑战。在深入案主情感世界的辅导中，社会工作者可通过清晰的目标管理，实现服务的有效推进。在"跟随——匹配——引转"的辅导路线中，通过增进案主情绪的连接，提供匹配的案主认知发展路径，逐步实现案主最终的转化。

3.1.2.4 个案情绪辅导的方法

一是情绪回应首先要善用基本会谈技巧。个案的基本会谈技巧是社会工作者在会谈中需要掌握的，也是在各种会谈中运用最为广泛的技巧。在案主的情绪回应中社会工作者需要首先掌握这一基本会谈技巧，具体包括：支持性技巧、引领性技巧、影响性技巧。

个案会谈的支持性技巧：社会工作者通过身体及口头语言的表达，令案主感到被尊重、被理解、被接纳，从而建立信心的一系列技术。支持性技巧主要有专注、倾听、同理心、鼓励等。

表达专注：在个案工作中积极关注案主的情绪起伏及诉求，让案主感受到社会工作者对他/她(们)以及其所描述问题事件的投入。在社会工作者表达专注中，案主感受到"他与我同在""他在专心地帮助我"，给案主带去心理上的支持，增强其面对困难的勇气和信心。另一方面，在对案主及其问题事件的关注中，尽可能对案主情绪的感知以及问题事件的判断更加精准。因此，社会工作者在会谈中需保持专注，并有意识地培育自己的专注习惯，提升敏感度。

主动倾听：指社会工作者积极地去接受案主表达的内容信息。如果说专注是社会工作者的外化表达，倾听则指向对案主内容的加工。倾听的目标在于深度解读案主——包括他的生活、行动及与其问题相关的内容。社会工作者在用眼睛观察了案主的身体语言，耳朵倾听了他的话语信息，还必须在此基础上动用自己的大脑，对这些信息迅速地进行思考判断，实现对案主及其困扰事件的深度理解。

同理心：同理心作为一种会谈技巧，由三个层面的要素组成：一是觉知的能力，包括被感动的能力和理解能力。要想同理案主，就得先了解案主、感受案主、理解案主。正确觉知的基础，一是培养自己对事物的敏感性，提高感受能力。二是语言表达能力，包括说话能力和身体语言能力。一般来说，陈述句和征询式、不确定式的语气效果比较好。三是传达的及时性，同理心的传达必须是及时的，迟到的表达可能完全失去意义，提前、急的表达会影响同理的准确性、正确性和全面性。什么是传达的最好时机，这要依具体情境而定，需要社会工作者不断提升。

鼓励支持。鼓励是指社会工作者通过恰当的话语和身体语言,去鼓励案主继续表达他们的感受和看法的技巧。鼓励的技巧可以起到让案主表达、支持案主去面对和超越心理上的挣扎、增强案主自信及创造彼此信任的专业关系的目的。鼓励应该在社会工作者觉察了案主的退缩行为之后运用。社会工作者通过专注与倾听,发现案主沉默、逃避目光接触、避免直接对话、吞吞吐吐等情形时,应当给予及时的鼓励。鼓励案主继续表达可以用话语如"谢谢你告诉我这些,然后呢?""你说得很好",也可以用身体语言的支持,如身体前倾、微笑地注视、点头、用手示意、眼神鼓励等。

会谈时的引领性技巧:

引领性技巧是指社会工作者引导案主具体、深入地探索自己的经验、处境、问题、观念等的技巧。运用引领性技巧的目的是促进案主在相关主题上做出较为具体、深入、有组织性的表达和探讨,增进社会工作者对案主的认识和了解。引领性技巧主要有澄清、对焦、摘要等。

澄清。社会工作者引领案主对模糊不清的陈述做更详细、清楚的解说,使之成为清楚、具体的信息。澄清也包括社会工作者解说自己所表达的不甚清楚的信息。沟通是一个信息交互传递的过程,每个人发出和接受信息的过程中不可避免的有自身经验的主观性,社会工作者与案主之间的沟通需要深入互动,社会工作者需要对案主有较全面、准确的理解和信息表达,才能真正按照其需要提供帮助。

对焦。对焦是指将游离的话题、过大的谈论范围,或同时出现的多个话题收窄,找出重心,并顺其讨论。对焦可以使会谈减少跑题、多头绪的干扰,使会谈能够集中在相关主题上进行深入、具体的讨论。但社会工作者在运用对焦时应注意与鼓励技巧的冲突,鼓励技巧的理念主张让案主多说话、尽量表达自己,这就免不了会出现谈话漫无边际的情况,因此,在对焦与鼓励间需做平衡。这里可以参考焦点解决短期治疗(Solution-Focused Brief Therapy)通常会主张的一种做法,聚焦于案主所困扰问题的解决,并围绕此焦点,鼓励案主进行尽可能多的相关表达。

摘要。社会工作者把案主过长的谈话或不同部分所表达的内容进行整理、概括和归纳,并做简要重点的摘述。摘要技巧的运用,可以帮助案主理清自己混乱的思路,突出案主在想法、感受、行为、经验上的特点或模式,促进案主对自己有较清晰地认知。另外,社会工作者做完摘要后,还应向案主查证摘要是否准确,容许案主否定、接纳或更正社会工作者的摘要表达。

个案会谈的影响性技巧:

影响性技巧是指社会工作者通过影响案主,使其从新的角度或层面理解问题或采取方法解决问题的技巧。影响性技巧主要有提供信息、自我披露、建议、忠告和对质。

提供信息。社会工作者基于专业特长和经验,向案主提供所需要的知识、观念、技术等方面的信息。提供信息包括案主不知晓的新信息和帮助案主改正已有的错误信息。社会工作者在提供信息的时候首先要了解案主的知识背景,分析其对信息的敏感能力和接纳能力,选择适当的方式提供信息。

自我披露。选择性地向案主披露自己的亲身经验、处事方法和态度等,从而使案主能够借鉴他人的经验作为处理自己问题的参考。自我披露可以引导案主从其他的角度去思考问题,或参考别人的方法解决自己的问题;自我披露还可以为案主树立坦诚沟通的榜样,社会工作者的坦诚开放、与人分享自身的经历和感受的做法,会感染案主使其愿意表露自己的内心世界;自我披露对促进工作关系也十分有利,工作者的自我披露可以拉近与案主的心理距离,发展融洽的专业关系。

建议。对案主的情况、问题有所了解和评估后,提出客观、中肯和有助于解决问题的意见。作为专业的助人活动,在个案会谈中,社会工作者通过对案主问题及相关信息的了解,总会发展出具体的解决案主问题的思路,社会工作者应该向案主提出这些建议参考。但是,社会工作者首先需要考虑清楚意见或方法的可行性、背后的理念及理论的正确性。而有时如何向案主提出这些建议比方法本身的意义还要重大,如果社会工作者生硬地要求案主按照自己的意见行为,忽视案主自决,反倒会造成不进反退的后果。因此,以平等的对话向案主提出建议,支持案主进行可行性的探讨非常重要。

忠告。社会工作者向案主指出案主行为的危害性或案主必须采取的行动,例如:"如果你还是每天翻查你丈夫的包,他会觉得自己不被尊重,会严重影响你们夫妻之间的感情。"忠告通常是针对一些比较严重的事件或行为,但是,是否严重是一种价值的、道德的判断,是很主观化的。因此,社会工作者一定要反复斟酌自己的判断,而忠告之后,社会工作者应该耐心地讲清道理,提供案主不知晓的知识和视角,使案主有所领悟。

对质。对质是指社会工作者发觉案主的行为、经验、情感等有不一致的情况时,直接发问或提出疑义的技术。通过对质,社会工作者可以协助案主觉察到自己的感受、态度、信念和行为不一致或矛盾的地方。

二是情绪聚焦疗法在情绪疏导中的应用。情绪聚焦疗法(Emotionally Focused Therapy,简称 EFT),是由 Dr. Sue Johnson 和 Dr. Greenberg 两位博士共同发展辅导技术。旨在帮助人们接受、表达、调节、理解并转换情绪。

情绪焦点治疗的 4"P"观:

Present:着眼此时此刻;

PrimaryEmotion:集中处理及肯定原始情绪;

Process:重视过程;

Patternsof Interaction:依附角色及互动模式。

情绪焦点治疗中社会工作者的角色与主要任务:

合作者——创建一个安全的同盟空间;

过程的咨询者——界定问题、表达情绪与需求、建立新的情感回应方式;

编舞者——建立正向的社会参与模式,并创造实践新模式的事件、情境。

不同情绪状态下的改变指引:

在情绪高涨激动时:

找到新的建设性的方式来调节情绪;

重复在咨商过程中互动循环的改变;

在情绪较平静时:

认知改变;

内在运作模式的改变;

行为改变:减少负向互动循环,建立新的互动模式。

情绪焦点治疗的具体技术:

肯定(Validation);

同理反映(Empathic Reflection);

重新界定(Reframing);

同理的猜测(Empathic Conjuncture);

唤起反映(Evocation responding);

故事和比喻(Disquisition);

反映互动循环(Tracking & Reflecting Cycle);

加强(Heightening);

现场演练(Enactment);

RISSSC(Repeat、Images、Slow pace、Simple words、Soft voice、Client's words)。

本节推荐书目:《情绪聚焦疗法》[加] 莱斯利·S. 格林伯格(Leslie S. Greenberg) 著;郭本周 编;孙俊才,郭本禹 译

3.1.3 关系协调技巧在个案工作手法中的运用

个案介入中关系协调是一个重点亦是难点,下面将从协调关系的类别、协调关系的方法步骤、协调关系的难点及应对进行阐述。

3.1.3.1 协调关系的类别

基于系统理论的指引,人总是生活在不同的环境系统中,而社会工作正是服务于人和环境相处的课题,致力于人和环境的良性互动。在个案服务中协调关系既包括关系调解类的个案辅导,如婚姻辅导;也包括其他个案类别中涉及关系协调议题的辅导介入。在系统思维下,依循"个人——家庭——社会"视角,本节所探讨的协调关系的类别包括以下3个方面:

一是协调案主与自己的关系:协调案主与自己身体及心理的关系,如青少年自我伤害行为个案中的生命教育。

二是协调案主与家庭的关系:这里包括以案主问题解决为中心的关系协调,以及家庭矛盾冲突下的家庭调解。

三是协调案主与环境的关系:包括协调案主与环境的冲突;协助案主获得所需的生活资料;建构利于案主改变提升的环境空间等。关系的协调以实现案主与环境的良性互动与彼此滋养为最终目标。

3.1.3.2 协调关系的方法步骤

一是支持案主的自我调整。关系的协调以自体的准备为前提,无论是协调案主与自己的关系,还是协调案主与家庭、环境的关系,自我的调整会是关系调解的第一步。具体步骤:

A. 支持案主的自我觉察与自我管理经验的建构;

B. 启发其对自己的认知与行为进行必要的反思与发展;

C. 在自体心理学的指引下,助力案主的自我建构。

二是家庭系统的疏通与发展。在 Bowen 的家庭系统理论中,强调核心家庭是一个情绪单位,而非个人是一个情绪单位,这指引我们看到家庭与个人存在正向与负向的交互影响。具体步骤:

A. 在家庭系统的视角下关注家庭成员的共生空间;

B. 冲突的背后是期许,在家庭的矛盾冲突中探寻家庭发展的共同目标;

C. 在明确的目标共识中整合每一个家庭成员的力量;

D. 发展有效的家庭合作模型,实现家庭关系的协调与家庭功能的良性发展。

三是环境关系的协调与发展。每个人的生存活动都不可避免地需要与环境发生各种互动,在案主的环境关系协调中,重点关注环境协调与案主增能,具体包括:

A. 根据具体的情境与对案主能力的评估,直接或间接地参与到案主与环境关系的协调。

B. 辨识案主在过往的经验中已经发展出的环境相处图式——疏离、冲突、过度依附或适度亲密等人际习惯,并帮助案主自我觉察。

C. 在符号互动论与"镜中我"的理论支持下,发展案主在环境互动中的人际觉察与自我呈现管理。

3.1.3.3 协调关系中的难点及应对

一是协调关系的难点是促成改变。关系的协调,常常面临着不够理想的旧有运行,在发展优化的理想走向中,也必然意味着改变以及可能存在的改变阻力。因此如何应对改变的阻力,实现案主与自己、家庭以及外部环境的良性互动成为个案工作中需要完成的挑战。

二是促成改变的面谈策略——动机式晤谈法。动机式晤谈法(Motivational Interviewing,简称 MI)是由 MILLER 和 ROLLNICK 在 20 世纪 90 年代初发展出来的,最早用于成瘾辅导的方法,主张对案主外在呈现的内在动机进行介入,从根本上解决有关改变的矛盾心态,解除改变的阻力因素,帮助案主做出改变,实现其想要的理想转化。

动机式晤谈的两个主要工作点:

A. 指向改变的意愿准备。主要是帮助案主增强行为改变的内在动机,由于案主的矛盾情感和阻抗常常是个案第一阶段面临的主要问题,基于罗杰斯人本主义理论和费斯廷格的认知失调理论(cognitive dissonance theory),MI 强调运用"冲入"和"扩大认知不一致"来激发案主行为改变的内在动机。

B. 指向改变的行动落地。重点在于巩固案主对行为改变的承诺以及制订并履行行为改变计划。当案主开始进入行为改变的准备期,能否开启有效的改变尝试是 MI 的关键。为了巩固案主对行为改变的承诺以及订立并实践行为改变计划,MI 强调提高案主对行为改变的效能是个案辅导的重点。此阶段,依据班杜拉的自我效能理论,MI 着重通过各种效能增强策略来增强案主的效能信念。

动机式晤谈的四个核心策略:

A. 表达神入(Express Empathy)。基于人本主义理论,在 MI 中,神入被定义为社会工作者"准确反馈案主意图的能力",具体而言,社会工作者在会谈中的基本态度应当是通过有技巧地倾听、接受和认可案主的矛盾冲突心理,并巧妙表达出案主对目前状态的不满、挫折等内在情绪,在关怀案主的基础上推动其做出行为改变。

B. 发展差异。基于认知失调理论,在 MI 中所强调的发展差异的策略是指——探索和扩大案主目前习惯了的行为反应方式与其所追求的价值信念之间存在认知上不一致,从而进一步引导案主行为改变的反思。在这一过程中,MI 很重要的一点是帮助案主明确自己的短期和长期目标,通过对目标的达成演练,协助案主深刻地领悟了自己追求的价值信念与现有问题行为之间的差异,便有可能从矛盾冲突体验中摆脱出来,进而做出正确的改变决策。

C. 接受阻抗。与传统的理解不同,MI 中出现阻抗并不意味着案主反对改变;相反,阻抗是一个案主对行为改变持有不同看法的信号。倘若发生阻抗,社会工作者要避免和案主对行为改变进行争论。合适的会谈策略是邀请案主一同探讨新的可能和解决问题的办法,从而使案主能够自己发现答案,找到解决问题的方法,而不是由社会工作者将问题解决办法强加给案主。

D. 维持自我效能（Support Self-Efficacy）。班杜拉的自我效能理论认为，个体对自我效能的感知水平是行为能够成功改变的一个重要因素。为此，维持案主的自我效能是一个很重要的辅导策略，在 MI 的实施过程中会始终强调由案主本人而不是由社会工作者来选择和履行改变行为的计划。例如，在会谈中，社会工作者不会对案主提出诸如"你应当这样做"的要求，而是"如果你想实现它，我可以支持你一起去探索"。因此，在个案中，当案主经历成功体验时，社会工作者作为陪伴者对案主的努力和收获进行正向反馈，见证案主的成长并鼓励其进一步的努力，建构案主的自主决策和自我认同，有效维护案主的自我效能。

如前所述，动机式晤谈法是一个基于人本主义、认知失调理论、行为分阶段转变理论（The transtheoretical model and stages of change，TTM）、自我效能感理论等多个理论的整合型辅导方法，主张有策略地进行会谈，通过导进、聚焦、唤出和计划步骤的渐进，促成"改变"的实行，是一种广泛用于个案辅导中促成案主改变的技术。

在关系的协调中，尤其是在僵持与冲突的关系辅导时，因涉及个人及双方的改变与阻力，动机式晤谈是一种极好用的辅导方法。此外，上一节所介绍的"情绪聚焦疗法"既是一种聚焦于情绪辅导的治疗技术，也是被广泛用于伴侣关系、亲子关系等深度情感关系调节的技术。

本节推荐书目：《动机式访谈法：帮助人们改变》[美] William R. Miller，[英] Stephen Rollnick 著；徐永祥 编；郭道寰，王韶宇，江嘉伟 译

3.1.4 能力提升技巧在个案工作手法中的运用

"助人自助"是社会工作的最基本原则。在个案工作中，社会工作者通过各种方法、技术对案主进行帮助，实现其困境的应对与解除；于此同时，在助人自助的理念下，社会工作者会致力于案主自主能力的增加，规避助长其依赖的退行式服务。因此，个案辅导中，社会工作者会对服务的退出进行充分的考虑和策略化的准备，使案主能够在日后遇到类似的生活挫折和困难时，可以有能力应对。

3.1.4.1 协助案主能力提升的内容

在个案工作中，社会工作者对案主的能力培育以案主的问题解决为主轴，并在此过程中发展案主自我以及与环境互动的运行。因此，对案主能力的培育至少包括以下三方面：

一是案主解决问题的能力。包括：问题的识别能力（洞察力）、问题的分析能力（思考力）、问题的应对能力（行动力）、其他问题解决中的具体技能（如亲子教育能力等）。

二是自我的管理能力。包括：自我的觉察能力、情绪的管理能力、自我鞭策与自我激励。

三是与环境资源相处的能力。包括：资源的识别与人际沟通能力、资源的维护与人际经营能力、资源的运用能力。

3.1.4.2 协助案主能力提升的方法——一种专注于处理问题并发展机会的助人模式

协助案主能力的提升是个案工作中一项重要的目标。那么在介入中，社会工作者如何高效地实现这一目标，如何有效地进行案主能力的培育？前辈们不断进行探索，并形成了一定的经验，其中最为熟知的当属增能理论，当然还包括认知、学习等关注案主发展提升的理论。这里向大家重点介绍一种基于系统思维，整合了多种治疗理论的工作方法，吉拉德·伊根在《高明的心理助人者：处理问题并发展机会的助人途径》一书中提出的"专注于处理问题并发展机会的助人模式"。

一是助人的阶段与方向。吉拉德·伊根特别强调在处理案主的问题需求中发展当事人的机会与能力，将助人过程划分三个阶段和一个贯穿始终的行动方向以实现这目标，具体如

图4-6所示：

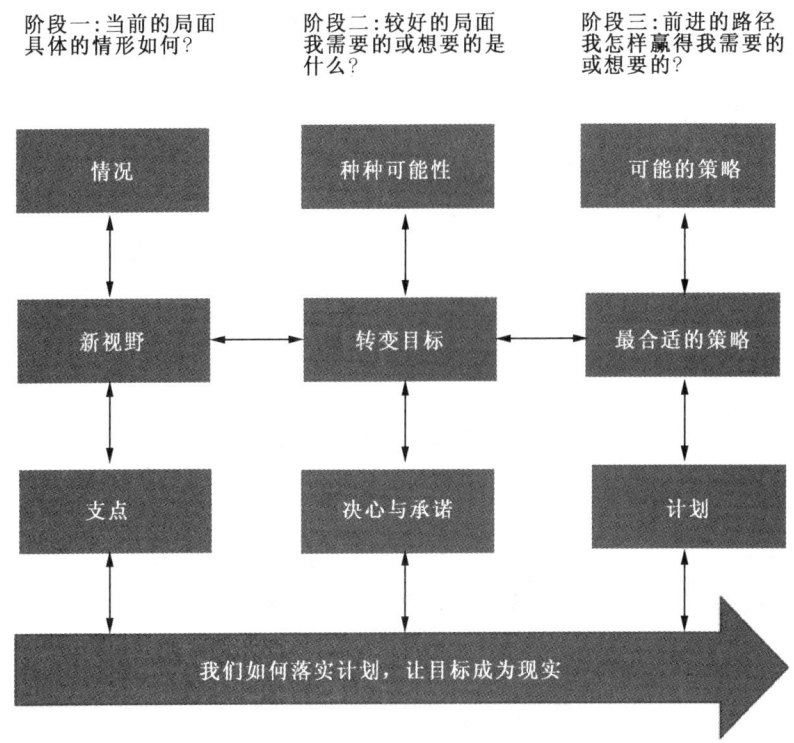

图4-6　吉拉德·伊根助人三阶段与方向模式

二是助人阶段的具体任务。

阶段一：当前的局面——"具体的情形如何"？协助当事人澄清需要转变的关键问题。该阶段需要实现三个目标任务：协助当事人讲出他们的情况；协助当事人发展新视野，使他们能够重新建构自己的情况；协助当事人致力于能够产生影响的事情，以便形成支点。

阶段二：较好的局面——"我想要的是什么"？协助当事人寻找、选择和形成处理问题的目标。该阶段要完成的三个任务：协助当事人运用想象力去展现较好未来的种种可能性；帮助当事人选择既现实又具挑战性的目标，这些目标对于阶段一确认的关键问题和未利用的机会而言是实实在在的解决方案；协助当事人找到各种能促使其痛下决心投身于建设较好未来的激励因素。

阶段三：前进的途径——"我怎样赢得我需要的或想要的"？协助当事人形成实现目标的策略与计划。该阶段的三个任务是：协助当事人展现实现目标的各种可能策略；协助当事人选择最适合其资源的策略；协助当事人将策略组织起来，形成切实可行的计划。

行动箭头——"我如何落实计划，让目标成为现实"，协助当事人贯彻计划。

三是助人活动的落脚点。在个案中，社会工作者基于案主的需要，推进两个核心目标的实现：帮助案主更有效处理当前遇到的问题；今后遇到类似问题时，有处理问题与寻找发展机会的能力。

本节推荐书目：《高明的心理助人者：处理问题并发展机会的助人途径》作者：Egan. G（吉拉德·伊根），译者：郑维廉

3.1.5 危机介入在个案工作手法中的运用

针对个案的危机情况进行紧急介入,既包括各种危机介入模式下开展的个案,也包含其他非危机介入个案中出现紧急情况的介入。

3.1.5.1 危机介入模式下的个案工作

危机调适是指对危机状态下的个人、家庭或团体提供一种短期治疗或调适的过程。危机除了创伤后压力失序外,其他负向的演变包括:忧郁、反社会人格失序、性官能障碍、恐慌症、妄想被迫行为、人际问题、社会失功能、犯罪行为及自杀。

(1) 危机介入的内容。主要分为两类:一是成长危机;二是情境危机。其中成长危机以埃里克森人生八阶段理论为年龄组划分(如表4-1所示)。

表4-1 常见的成长危机

成长阶段	常见危机
婴幼期(0—2岁)	缺乏适当照顾,被扶养者拒绝,疾病,便溺训练。
小童期(2—6岁)	入学,学习问题,与父母、老师、小朋友等有冲突,疾病,搬迁。
儿童期(6—12岁)	学习问题,与父母、老师、小朋友等有冲突,转校。
青少年期(12—18岁)	青春期,自我寻找,学业前途,朋友关系。
成年期(18—34岁)	择偶,结婚,怀孕,父母亲角色,子女教育,学业,工作。
中年期(34—50岁)	经济,事业,子女问题,疾病,生理衰退,失业,夫妇问题。
成熟期(50—65岁)	与子女冲突,更年期,退休,疾病,丧偶。
老年期(65岁至死亡)	经济,疾病,朋友死亡,孤独感,人际关系减弱。

常见的情境危机有:① 自然环境危机(地震、火灾、水灾等);② 社会环境危机(亲人意外死亡、车祸、受到生命威胁与攻击等);③ 个人危机(疾病、自杀等)。

(2) 危机介入的目标。危机介入的目标可分为两个层次,即初级目标和终级目标。

初级目标又称基本目标,是为了避免危难的发生。具体可分为四个方面的内容:① 减轻案主生理和心理的不适感,如紧张、恐慌、焦虑、忧郁等;② 帮助案主恢复到危机前的状态,甚至比危机前更好;③ 协助案主自己了解危机的原因;④ 协助家庭及社区支持案主。

终级目标指危机调适所达到的理想目标,主要体现在两个方面:① 协助案主进一步了解现在危机状态和曾经经历过的危机、冲突之间的联系;② 案主能够全新地思考及处理危机。

(3) 危机介入的方法与步骤。一是了解主要问题。向服务对象提出开放式问题,集中了解案主最近的生活状况:人际关系、家庭运行、工作及学业、背景资料、认知功能、冲动控制力等。

二是迅速做出危险性判断。根据案主的陈述、非语言姿态、过往的同类因素等对危险性进行快速的判断,结合相关测评量表的使用。

三是稳定案主情绪,获得案主信任。在服务工作开展的过程中,案主可能多次尝试解决危难,因失败而气馁,会认为社会工作者也帮不了他。① 社会工作者要对案主的情绪、自我价值等特别敏感和注意,并且以同感、聆听等技术去处理案主情绪。② 明了案主的期望,尤其是对社会工作者的性别、年龄、外型、知识等方面的要求。③ 向案主保证会尝试跟他一同解决问题。④ 社会工作者应就案主的需要及本身的专业知识说出有意义的话。

四是协助案主解决当前的问题。以案主积极参与的原则开展工作:① 详细列出所有的解决方案。② 分析每种方案实施的优缺点,进行方案删选。③ 确定一种或几种方案及实施的先后顺序。④ 简述将来的工作计划,增强案主的希望和自信心。⑤ 推进目标达成的行动,安全护航。

3.1.5.2 其他个案中的危急情况应对

生命至上原则:在个案工作中出现所有危及到案主及他人生命情况时,以生命至上原则为第一序位,进行及时介入。

移情与反移情:当案主对社会工作者出现正向或负向的移情,超越了社会工作者的工作能力,社会工作者需要向服务机构管理者报备,并寻求督导支持;当社会工作者对案主出现正向或负向的移情,将超越专业关系或影响专业服务时,社会工作者需要及时寻求督导支持,并进行必要的服务转介。

3.2 在小组工作中的运用

小组工作作为社会工作的三大方法之一,与个案工作、社区工作一起,以不同的路径,致力于社会工作服务目标的实现。在不同时期以及不同的划分方法下,小组工作会有不同的界定与分类。本节将以链接资源、疏导情绪、调解关系、提升能力和化解危机五个任务模块为主线,梳理小组工作的服务技巧,为社会工作的服务目标实现寻找小组工作的介入路径。

3.2.1 资源整合技巧在小组工作手法中的运用

资源整合技巧在小组工作中的运用一方面是服务于组员的需求,另一方面亦是在小组中建立合作的第一步,具有重要的小组合作同盟的启动功能。接下来将从小组资源整合的策略、小组资源整合的内容、小组资源整合的技术三个方面进行介绍。

3.2.1.1 小组资源整合的策略

具体来说,小组资源整合包括以下三个方面的策略:

一是理清目标,精准高效地整合环境资源。美国马里兰大学早期研究发现,明确的目标要比只要求人们尽力去做有更高的效益,高水平的表现和明确的目标确立有直接关系。小组内外各种资源的整合,最终都是为了服务于小组各种目标的实现。

小组工作涉及多种外部资源的支持,包括场地等物质条件、目标服务人群的推广渠道、专业技术人士或组织等。通过目标管理策略,有针对性地进行外部资源的整合,有助于社会工作者对环境资源进行精准匹配。与此同时,通过目标管理策略,在资源的链接中也能更好地向资源方陈述服务的方向,组建有共同服务意向的工作同盟。

二是建立共同心愿,充分动员小组内部资源。从个人目标到小组共同目标的确立,通过游戏等导入环节,带领每个组员思考及分享参与小组的个人目标,对组员分享进行总结、归纳和必要的讨论、确认,从而确定目标共识。从个人目标走向共同目标,在具体的小组带领中其核心技术在于:① 个人目标的充分表达与倾听;② 对同类表达的合并;③ 对不同类别目标在更高层面的整合;④ 形成共同目标,所有组员在聚焦于这一目标的实现中形成同盟。

例如:在某面向自闭症儿童的家长学习互助小组中,于小组开启时邀请每一个组员表达对小组的目标期许,对每个组员表达的目标进行同类连结,最后形成以下三个主要方向:

- ◇ 学习孩子的家庭照护、教育、康复训练;
- ◇ 掌握相关福利政策,学校、医疗服务机构资源;
- ◇ 各种压力、情绪、家庭沟通方面的应对等。

在与组员确定以上3个方向后,社会工作者进一步整合小组目标为——为了孩子更好的未来,进行面向孩子的各种教育支持、社会资源的多元探索,以及家庭持续后盾下的组员自我照顾等相关探索,并与组员确认,达成小组的目标共识。

为保障小组目标的实现,以及在小组整体目标实现的方向下,每一个组员个人目标的达成,须共同订立小组开展期间的行为约定。小组规范的约定需要注意的事项包括:① 明确所有规范的订立均致力于保障小组目标的实现;② 以组员自发的提议为主,社会工作者进行有效的同类合并与缺位的补充提醒;③ 约定因素至少包括:保障自己的参与(出席及请假的约定);尊重他人(开放的态度、不批判、正向的反馈);充分的表达和贡献自己(自己的能力、经验、思考甚至是困扰);鼓励与赞美他人参与和贡献;保密与安全。

组员已形成"为了孩子更好的未来"的目标共识,为了保证能够有效推进这一目标的实现,鼓励组员提议相应的保障性措施并畅所欲言,最后整理合并,订立小组契约:

◇ 全情参与:尽可能全程参加,不能参加的提前请假;在参与的过程中能够全然地投入。
◇ 尊重每一个人的言说:积极倾听他人的言语,不批判;对组员的个人隐私不向组外人员传播。
◇ 坦诚沟通:对自己的困惑,遇到的苦难能够坦诚地表达。
◇ 积极贡献:积极分享已经了解到的资源、过往好的应对经验等。
◇ 鼓励同行:鼓励和赞美他人的努力和贡献,携手同行,向目标迈进。

三是用小组规范活跃小组内部资源。基于目标实现的小组规范,能够在小组内部进行动力启动,活跃组员参与自助及互助的内驱力。要实现小组内部的资源整合,须着力于以下几个方面:① 提升所有组员自主参与的积极性;② 在互助共享的小组共识下,鼓励所有组员的积极贡献;③ 基于建设性建议的反馈约定,提升组员间给予支持建议的能力;④ 分歧下的头脑风暴与同盟归一,用正向思维转化分歧下可能的人际冲突,变"不同"为"丰富",发展小组内多元思维及不同的解决路径;⑤ 在小组发展的不同阶段,对焦目标,肯定已有实现和组员努力,鼓励持续动能。

3.2.1.2 小组资源整合的内容

小组资源的整合涉及内外两个部分,具体如下:

一是小组外部资源的整合。小组外部的资源整合包括很多方面,我们这里主要以社会工作者与组员两个主体进行外部资源整合的讨论。

与个案工作一样,小组工作中的外部资源整合是对社会工作者的直接要求,在日常工作中社会工作者需有意识地去做资源库的积累与建构,能针对小组需要进行相关资源的链接,为小组的目标实现助力。此外,针对组员个人或整体,对外部资源的发掘与运用而展开的小组工作:A. 如社区资源小组,通常包括:直接针对资源工作的资源小组;B. 各种任务中心小组中的资源整合部分,如"困难家庭帮扶—骨干培育小组"中对相关帮扶政策、资源的收集;C. 互助小组、人际发展小组中对资源的应用增能,如照顾者小组中对环境资源的应用探讨。

二是小组内部资源的发掘。小组内部资源的发掘主要关注小组整体和个体两个部分。前者可以帮助组员形成合力,应对小组组员所需要解决的共同问题或发展需求,而后者则有助于发展组员的自我认同与新的人际经验,帮助组员在生活中有更好的自助、合作及寻求环境支持的能力。

3.2.1.3 小组资源整合的技巧

在小组中需要关注每一个成员对"自我""他人"以及"资源"的认知,这既是小组开启中特别重要的元素,也是贯穿于整个小组运行的关键疗效因子。需要引导组员认识到每个组员都是小组中的重要资源,帮助组员认识自己,认识他人,从而更好地提升资源整合的能力(如图4-7所示)。具体而言,包括以下三个方面:

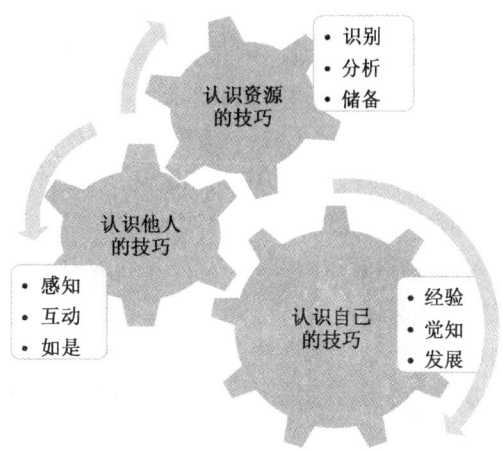

图4-7 小组资源整合技术模型

一是认知自我的技巧。认识自我的技巧有很多种,这里主要介绍"经验—觉知—发展"三步法。

经验。一个人的经验直接累积了其生命的运行,因此,对自己过往各种经验的检视是最直观的一种认识自我的方式。这里的经验可以是工作、生活、学习等各种途径,也可以是看、听或自身体验等各种方式。聚焦小组资源整合的议题,可做相关经验的回忆搜索或新经验的建构。相应的小组活动设计及带领可以借用叙事、绘画、音乐等多种手法,如长者的缅怀小组中,播放红歌引发分享。

觉知。如果说经验是对过往的累积,那么觉知则可以对经验进行思考,形成智慧。在自我认知的第二步,便是觉知的部分,可以对成功经验进行总结,也可以对负向经验进行反思。觉知的关键在于,从无意识的经验行为中转化出可重复发生期许行为的能力。在小组资源整合中,促进组员从经验中反思,并形成能力,可运用解说和增能技巧(详见提升组员能力的章节)。

发展。在小组中也会面临着新的情境和挑战,过往的经验、觉知都不足以应对。因此,认识自我的第三步是发展,以解决小组资源整合的各种需求。发展的路径包括对旧有经验、觉知的发展转化,也包括新的学习提升。在小组带领的技巧上主要体现在带领组员进行各种自我发展的探索,如鼓励思考、各种从未有过的尝试、组后作业等。

二是认知他人的技巧。认识自我是一个向内探索的过程,认知他人则是一个向外联结的过程。在认知他人的过程中有各种路径,通常是一个渐进的过程,这里给大家介绍的是"感知—互动—如是"认知他人的三步法。

感知。感知他人,是认知他人的起点。通过感官对他人各种外在呈现的信息进行识别,并对这些信息进行认知理解。最常用的感知提升技巧有:观察训练、模拟体验、角色扮演等。

在资源整合中,观察训练主要帮助了解他人的外在表达,此外还需要了解其可能的内在想法,可以通过一些训练来实现。如模拟常见的肢体语言、表情等,体验其可能的内在感受,增加对他人的感知力;也可以代入对方的角色,从对方的视角进行感受和思考。

互动。运用感知技巧,有助于对他人的认知。但感知是对信息的内在加工过程,存在一定的主观推测性。因此,在资源整合中还需要通过与他人的互动,实现人际流动以及信息确认的补充。与他人互动的技巧主要有:短期的言语和非言语的人际沟通技巧,以及长期的人际及情感关系维护等。在资源整合中,与他人的互动技巧还包括必要的谈判技巧。

如是。认知他人的第三步"如是",是指在与他人的互动中,能够做到如其所是。尊重他人本来的样子,减少个人的喜好评判甚至干涉,一方面可以减少因不同可能出现的分歧甚至冲突;另一方面,也可以更好地倾听对方,收获其还未表达的信息,以及发掘潜能。

三是认知资源的技巧。前面认识自我和认识他人的部分,需要考虑人的因素,我们会关注人的内在心理以及人际关系,使得其背后的资源得以发现和运用。除此以外,在资源整合技巧中,还要直接聚焦于资源的技巧,具体为"识别—分析—储备"三步。

识别。对资源的识别是资源整合的第一步。首先,要通过各种渠道,获得资源的相关消息,然后,再对资源的情况进行了解。因此,需要有获得资源的渠道,以及后续的信息收集、关系建立等技术。信息收集和关系建立等技术相关章节介绍,这里就不再赘述。

分析。分析资源,是对资源的进一步识别。在分析资源的过程中,对资源自身的特性、可用性以及掌握资源的主体等方面进行综合分析,以实现对资源的理解以及为未来的运用做准备。相关的分析技巧可参考资料分析相关章节。

储备。认知资源的技巧,其落脚点通常在于资源整合后的运用。在对资源的识别与分析后,建立资源的储备行动,一方面是考虑在未来需要用到该资源时更加便捷;另一方面,储备也包含了对资源的孕育和维护。在小组资源的整合中,通过识别和分析资源,实现对优质资源和潜在资源的发掘,再根据资源的不同情况,进行积累、维护、孕育等分类储备管理。

3.2.2 情感支持技术在小组工作手法中的运用

情感支持技术在小组工作中的运用主要包括两个方向:整体"情感线"的发展支持和负向情感的疏导。这里讨论的"情感线"是指在小组过程中,依循小组进程而不断发展的小组情感运行脉络。在小组工作中,依循小组的发展,对情感线进行发展建构,可在系统思维下整体推进小组的高效能管理。

3.2.2.1 小组中情感线的发展与建构技术

在小组中情感支持工作因为团体的存在至少包括两个方面的意义:组员借助团体的动能,在小组中获得直接的情感支持;组员在小组中获得向他人表达情感支持的经验并转化成未来人际互动中的能力。

这些情感支持的实现,一方面会用到与个案工作相似的技巧,比如针对个人情感支持的一些方法技巧,这里就不再赘述;另一方面则要关注团体工作中所特有的情感线,以及因此而发展出来的情感支持技巧的运用,接下来我们重点围绕小组工作中的情感脉络,依循小组的发展进程,对相应的情感支持技巧进行介绍(见表4-2)。

表 4-2 小组工作情感发展与技巧应用对应表

小组阶段	小组情感发展脉络	技巧应用
小组初期	(1) 人际关系的初建立 (2) 从个体运行向团体运行的转化	(1) 破冰:打破陌生、增加情感的带领设计,如游戏等 (2) 结盟:从个人对小组的期许到共同目标的同盟关系建立
小组发展期(转折期)	(3) 竞争、权力争夺 (4) 探索中,信任及信心的不足	(3) 转化:变分歧为丰富,变冲突为合力 (4) 共建:以共同目标为导引,动员全体的参与,寻找目标实现的方法及行动推进
小组成熟期	(5) 凝聚力、归属感的稳定维系 (6) 目标推进过程中,出现的各种引起情绪起伏情境	(5) 维护:动态监测小组个体及整体的情绪情感运行,并加以必要的维护介入 (6) 支持:直接或间接地推动小组内外部资源的运用,支持小组目标的实现
小组结束期	(7) 离别情绪 a. 对过去的解离 b. 对未来的信心	(7) 解离:处理小组结束期组员可能的负向情绪,支持组员在小组结束后的正向发展

一是破冰技巧。小组初期,面对陌生的组员和薄弱的情感基础,需要打开组员之间的人际互动和情感增进,引领小组合作共同体的建构。常用于小组初期的破冰技术有:① 游戏:热身游戏是最常用的破冰技术,随着安舒区的打开,亦可做进一步的历奇辅导小组带领。② 听觉:组员在同一场域空间条件下,通过音乐,建立听觉上的共同体验。在此条件下,社会工作者亦可通过音乐实现所有组员在听觉上的聚焦,并在此媒介下进行信息传递。如社会工作者让所有组员通过寻找音乐节奏进行肢体运动,再逐步推展到组员间的互动。③ 视觉:通过视觉进行信息传递的技术则有更多种,常见的有各种卡牌、照片、缅怀/回顾小组中的物品等,都可以在小组初期起到很好的破冰效果。④ 表达:除了将信息从外传递给组员,还可以运用组员向外表达的一些技术,如绘画、手工创作、戏剧等,实现组员在小组中自我表达为起点的人际互动。

二是结盟技巧。小组初建中,需要完成从个人到组织的建构,若能形成小组的合作共识,后期的小组推进将更为顺利和有效。结盟技巧的运用可分为三步:① 表达各自的期许:结盟技巧的关键在于组员之间达成目标共识。通过第一步的各自表达,社会工作者可以同步收集组员的个性、期许等资料。一方面,进一步补充对组员个人评估,为接下来的逐个沟通做准备;另一方面,在倾听组员表达的过程中,要对不同表达进行同质性的归类,并通过必要的逐个沟通实现最后的目标归一。② 形成共同的目标:形成共同目标是在组员表达各自期许的过程中逐步实现的,并且最终的小组目标是包含了所有人的期许或者能够支持到其期许实现的,是所有人希望并愿意为此付出努力的。③ 做出保障的约定:在达成目标共识后,为了保障目标的实现,大家共同做出约定,即展开小组契约的订立。小组契约的订立是为了保障小组目标的实现,小组目标的实现是为了支持所有人的期许能够实现,在这样的逻辑中完成小组的结盟。

三是转化技巧。不同组员之间存在不一样的经验、认知,在小组的发展中出现分歧是常见的现象,并且在组员参与度越高的小组,出现磨合甚至冲突的可能性越高。在组员达成目标共识的基础上,需要鼓励所有人的积极贡献,各尽所能,但是在小组发展的初期,组员之间并没有建立合作的习惯,而是按照各自旧有的行为方式运作。在此阶段,社会工作者就如同一个安全护航者,识别小组中所有参与贡献的力量,并对其努力给以肯定性反馈,在分歧、竞争,甚至冲突发生时,将力量重新对焦到小组的共同目标,肯定各方的贡献与付出的努力,回溯结盟时的合力。

四是共建技巧。转化技巧的运作重点在于停止组员内耗,将组员因为不同而出现的分歧,转化为不同之下百花齐放的丰富形态。于此同时,在组员各尽所能的过程中建构起新的小组分工合作模式。经过前面的人际熟悉和磨合转化,组员在小组中的表现逐步明晰,小组中的文化也逐渐形成,社会工作者根据组员及小组的情况进行相应的组员角色支持,建构起小组内的有序组织,开启合作探索。

五是维护技巧。随着小组发展到成熟期,小组运行进入相对稳定的状态,社会工作者在小组中的角色也逐渐地退出,这个阶段的主要任务是对小组良性运行的正常维护,为组员探索和小组发展提供足够的空间。

六是支持技巧。支持技巧是在小组成熟期,针对小组中出现问题或困难点,社会工作者参与其间或引入资源等间接支持。支持的出现以小组需求为导向,关注组员个人及小组整体发展的方向,提供必要的和及时的支持。

七是解离技巧。处理小组结束期组员可能的负向情绪,支持组员在小组结束后的正向发展,常见的小组解离工作步骤有:① 回顾小组历程:通过回顾,强化小组中的各种收获与经验。② 能力转化,增强信心:将经验总结,转化为可以重复行为的能力,形成胜任感。③ 感恩与祝福:对彼此曾经同行的感恩,对彼此未来的祝福。

3.2.2.2 小组中针对负向情感的疏导技术

小组中出现负向情绪的情况主要包括两类:组员旧有情绪在小组中爆发、组员互动中产生的负向情绪。下面针对这两种情况给出一个介入的基本方向,其中运用的会谈技巧,涉及个案辅导的相关技术,参见个案介入部分。

一是针对旧有情绪爆发的介入。介入的情境是小组情感互动良好,组员的情绪可以在自感安全的环境中得到宣泄。所产生的危机包括单个组员情绪爆发向小组整体蔓延中,可能出现的集体负向情绪,以及组员过度情绪爆发后可能出现人际压力。

带领建议:① 积极建构小组情感连接,为负向情绪的表达提供小组氛围。② 善用情绪传递,在情绪疏通的目标下,化危机为成长/治愈契机。③ 小组内保密约定、包容、接纳、鼓励等治疗要素的强化,为情绪表达安全护航。

二是针对新产生负向情绪的介入。介入的情境是人际互动中,组员的认知及人际反应模式在负向情绪中得以呈现。所产生的危机通常包括:负向情绪中可能出现的冲突,以及破坏性行为,负向情绪下可能引起个体或整体的退行。

带领建议:① 识别小组中产生的各种负向情绪。在小组工作中社会工作者需要对小组的情绪情感运行保持敏锐度,对负向情绪的产生及时捕捉,并对是否介入进行选择。另一方面在小组中进行"观察者"组员的设置,亦是一项不错的策略。在每节小组中轮流设定 1 名组员为"观察者"(社会工作者用方法私下指定,其他组员不知情的情况下对该节小组进行观察),在小组后期社会工作者邀请观察者对小组观察进行基于事实的建设性反馈。② 化情绪、冲突为人际提升的契机。小组作为个人社会参与的过度空间,在小组中提升人际能力,为社会参与储备和发展能力,是许多小组模式下都会有的目标。将小组中的情绪、冲突作为小组工作的重要素材,对小组的情绪、冲突进行资源的转化运用。帮助当事人及其他组员提升觉察及应对能力③ 小组中建立积极正向的分享气氛。鼓励建设性表达,具体而不空泛、建议而不批判。

3.2.3 关系协调技巧在小组工作手法中的运用

小组"关系线",以小组中各成员之间的互动关系为主体,各种不同强度的关系相互作用,共同构成小组的动力运行。因动力的内隐性和人员关系的可视性,小组工作中通过对看得到的外在"关系线"进行工作,同步实现小组内在动力的管理。

在小组"关系线"的工作中,以小组动力的重要影响因子为主要工作方向。具体包括:小组领导;小组沟通和互动;小组规范与角色;小组的凝聚力与目标;次小组、冲突与替罪羔羊等。接下来我们主要围绕这几个方面,展开小组关系线管理中的工作内容与服务技巧的探讨(如图4-8所示)。

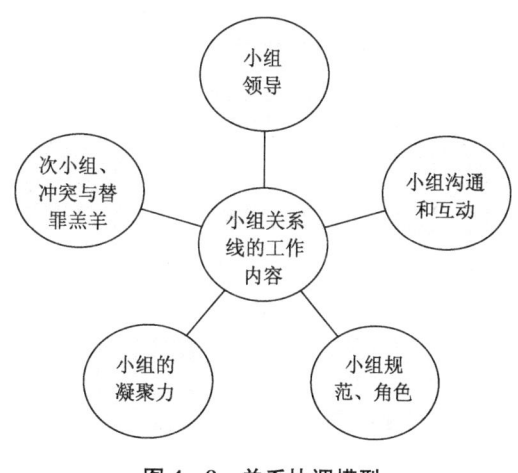

图 4-8 关系协调模型

3.2.3.1 小组领导的内容与技巧

在各种小组关系的协调中,我们首先要关注的是小组领导者与小组整体及组员个人之间的关系。在小组中,领导者通过领导过程帮助小组完成小组任务,实现小组目标,并在过程中维持小组的有效推进以及环境适应。

小组的领导者通常是负责该小组工作的社会工作者、协同服务的社会工作者或其他辅助的义工、小组中有领导功能的组员。作为小组的主要领导者,社会工作者需要协调好自己与小组、组员以及其他领导者之间的关系。

一是觉察自己在小组中的领导角色与运行。领导理论告诉我们,不同的领导者因其自身的特质、行为的方式不同,通常会呈现出不同的领导运行。在小组的带领中,社会工作者首先要对自己在领导角色下的运行情况进行觉察。这一方面有助于社会工作者在小组带领中能够明确自己在小组中的领导角色以及相应的权力与责任意识;另一方面,情境领导理论提醒我们,在不同小组阶段、不同的组员、不同的具体事件下,领导者需要适时地调整,选择匹配的领导运行方式,方能实现理想的领导成效和小组目标推进。

二是发展自己在小组中有效领导的能力。当进入领导角色以后,为了更好地发挥领导功能,领导者需要关注自己在小组中如何有效领导的能力。这部分的具体内容,主要包括:

对服务信念的坚守:明确带领的小组有何意义,面向组员的直接又或者是更广群体的间接受益的思考。

真诚与勇气:愿意接受自己在小组中所有的呈现,并坦然面对在小组中可能遇到的各种情境,没有恐惧。

看到每一个存在:保持敏锐的洞察,对小组中出现的各种情境、情绪进行捕捉,并能及时地回应。

温暖、关怀与尊重他人的能力:保持温度,并尊重组员的能力。为组员潜能的发挥提供自主空间与环境滋养。

相信小组过程与功能:小组工作作为社会工作的三大方法之一,有着其特殊的功能,也有着其功能发挥的前提条件,即小组过程的运行,在小组带领中保持对小组过程与功能的信任。

让组员喜欢参加:组员的参与是实现小组服务目标的前提,通过各种有趣的带领细节,或者是组员感兴趣的嵌入式小组设计,吸引组员参与及持续参与的动力。

三是建构领导中的良性互动。在小组中,负责该小组工作的社会工作者是最明确的主要领导者,同时还包括协同服务的社会工作者或其他辅助的义工、小组中有领导功能的组员等多个实际领导者。在小组中是否能够建构领导者之间的良性互动,将直接影响小组的成效。这里主要向大家介绍基于"全面优质管理理论"下的领导技巧,即建立朝向小组问题解决或小组目标实现的工作同盟策略,推动共同目标下的群策群力,以及与之匹配的领导合作模式(如图4-9所示)。

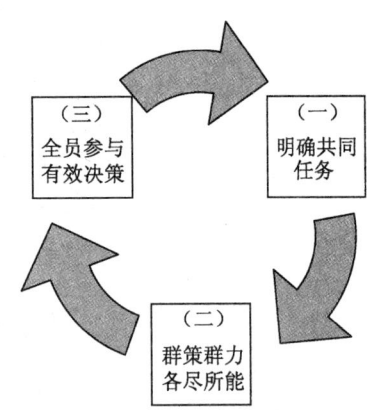

图4-9 小组工作合作模型

明确共同任务。首先,需要在提升小组质量层面,确立一个所有成员都认同的共同任务。这个任务可以是整体层面的,如小组目标;也可以是细节的,如目标实现的步骤。

群策群力,各尽所能。在共同任务下,鼓励所有成员的参与和贡献,在工作同盟中的各抒己见,化解不同观点下权力争夺,化分歧为丰富。

全员参与,有效决策。小组运行过程中通常需要形成一些决定,并展开后续的组员行动。小组领导需要带领全员参与决定,并做出有效决策,从而动员全体成员的参与热情,并朝着有效的方向前进。

3.2.3.2 小组规范、角色中的关系调节技巧

一是规范对小组的意义及运用。

稳定小组:好的规范可以在小组内建立行为指引,形成组员的一致行动。同时,对组员出现的挑战小组规范的行为,也会在团体压力下回归和趋于稳定。

促进变化:通过设定合理的小组规范,可以对小组中希望发生的改变进行导引或强化,从而起到促进组员个人及小组整体变化的功能。

鼓励行为:在小组规范下,一些符合小组规范的行为会得到鼓励,这就要求小组带领中对规范可能存在的风险做出评估和适时的调整。调整规范的方法有:① 改变小组期望;② 奖励理想的行为;③ 调整奖励和惩罚机制。

二是角色在小组关系协调中的运用。

识别小组中不同的角色：关系的两端是角色的呈现，在小组关系的协调中，了解不同个体在小组中的角色及其功能，对协调是必要的。如 Benne(1948)以解决小组问题为导向，将小组中的角色分为：小组任务角色、小组建构与维系角色、个别角色三类。依据对不同角色的识别，运用匹配的关系协调策略。

运用不同的小组角色：小组中一些角色是基于组员的特质在小组运行中自然进入的，还有一些角色是有意识地选择或赋予的，如社会工作者在一些小组中设计的观察员、守护者等角色，这些角色一方面可以支持到小组的整体运行，另一方面也可以很好地推动个体的参与，以及一些特殊行为的发生和相应能力的增长。

3.2.3.3　小组沟通与互动中的关系协调技巧

沟通是小组互动的基础，也是小组中组员以及所有参与小组的人员进行信息交流的途径。组员带着各自的期许来到小组，通过各种形式的沟通展开互动，并达成各自的所需。所以在小组关系线的把握中，如果说前面讨论的"领导"是一个提纲挈领的元素，那么"沟通与互动"则是一个个无处不在的基本点。社会工作者需要关注组员间以及组员与社会工作者间的沟通与互动，并善用其间各种可能带给组员行为及态度改变的力量。

对小组中各种关系协调，以知晓小组的沟通、互动情况为前提，同步尽可能引领建构积极正向的沟通与互动运行。

一是有效沟通。有效的沟通，关注信息传递的两端，即发出信息和接收信息。

发出信息需要关注：信息的精准表达、吸引接受方愿意听、让接收方有回应。

接受信息需要注意：正确理解信息、与发出者讨论对信息的理解、有效回应。

二是运用沟通信息进行关系协调。在小组的各种沟通信息中，同时也包含着各种人际关系的信号，如 A 经常会紧随在 B 后面发言，通常可以作为 A 和 B 之前是同盟或有冲突的信号，再看 A 与 B 在内容上认同与否，若认同则为同盟，若否定则需要关注两者是否有冲突。

三是互动模式的运用。小组中的互动模式主要包括"领导者中心模式"和"小组中心模式"，其中"领导者中心模式"又包括三种不同的常见模式，如图 4-10 至图 4-13 所示：

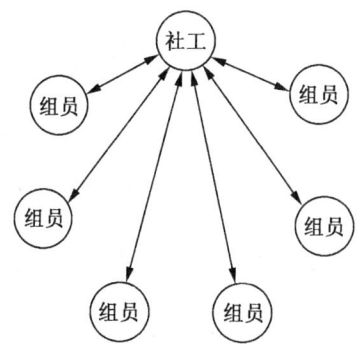

图 4-10　领导者中心模式 1
同一时间内社会工作者与一个组员沟通

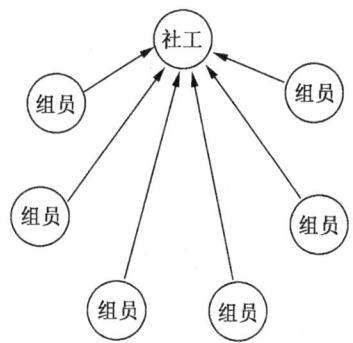

图 4-11　领导者中心模式 2
小组中每个组员依次发言

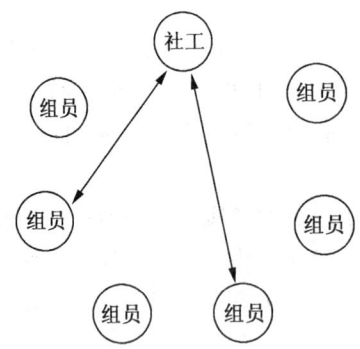

图4-12 领导者中心模式3
社会工作者与个别组员反复讨论,其他旁观

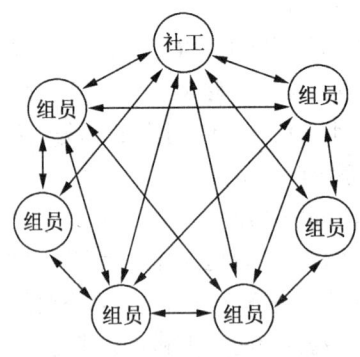

图4-13 小组中心模式
小组中组员依需要彼此沟通

在小组工作中,可以根据小组进展需要,结合不同模式的特点,选用不同的互动模式。

四是改变小组中的沟通。沟通直接影响着小组的沟通,在关系协调中亦可通过改变沟通的方法进行有效介入,具体的运用包括:

鼓励或停止表达:社会工作者用言语或非言语的表达鼓励组员对正在进行的内容说得更多或少一些,如弱能者的鼓励,冲突中的停止。

刺激或减少组员的互动:通过活动游戏或者个人任务的布置可以起到很好的互动引领和冷静效果。

改变小组规模和环境:在小组进行拆分,如两人讨论、三人模拟等,以及环境布置,座位布局、背景音乐等都能起到良好的关系协调效果。

3.2.3.4 小组的凝聚力中的关系调节技巧

凝聚力决定着小组成员愿意留在小组的程度。它由所有组员在小组参与中的各种关系共同构成,也对小组的各种关系运行产生影响。在小组关系线中,凝聚力更是人体的大动脉,将养分输送到各个部分。在小组关系调节中对凝聚力工作,主要从增加小组凝聚力,发挥小组凝聚力的正向功能,关注小组凝聚力的负向影响三个方向。

一是增加小组凝聚力的方法策略。其技术手段包括:安全、自尊、认可等需求的满足;发展小组本身的吸引力;增加组员对小组的有益或有害结果的趋避期待;对参与该小组和其他小组(或没有小组经验)进行正向比较。

二是发挥小组凝聚力的正向功能。发挥小组凝聚力的正向功能,能够协调组员间关系的有效拓展和维持,具体表现为:

组员顺从小组的规范:越有凝聚力的小组,其小组越能影响别人或受别人影响,越有凝聚力的小组,其小组成员越能接受小组的目标、工作任务和角色。小组控制成员的力量,直接与他对小组的依赖性有关。

参与的忠诚度提供:凝聚力愈增加,成员间的沟通愈频繁;小组活动的参与程度愈大,缺席率愈低。

个人的安全感增强:小组凝聚力越大产生愈大的力量,使小组趋向一致的小组规范,并接受小组的目标、工作任务及角色。最后,高度凝聚力的小组提供成员安全感的来源,减少忧虑并提高自尊心。

三是关注小组凝聚力的负面影响。小组凝聚可能造成小组过度的服从一致。小组中的成员非常强烈地投入在高度凝聚力的小组中时,这些人对所从事的思考活动经常重视争取全体一致的同意,而忽视对各种可能执行任务及后果的评估思考。造成组员对小组的依赖性,牺牲成员的个别差异性。这些都是小组关系线中需要关注并进行必要的疏离介入。

3.2.3.5 次小组、冲突与替罪羔羊的识别与关系协调

一是次小组的识别与关系协调技巧。

识别次小组的形成:次小组是小组中一部分成员组成的。在小组工作中,社会工作者需要注意次小组的影响,对其保持敏感度,对次小组的识别可从以下几个维度:① 成员的相似性:例如外貌、价值观、人格特质、兴趣爱好等。② 小组的规模大小:当小组规模过大时容易产生。③ 小组的情境使然:例如小组开始阶段的自我揭露,导致惺惺相惜。④ 成员的安全需要:成员对于小组或某些他人有恐惧感或不安,促使成员倾向于寻求次小组的保护。⑤ 小组意见不一致:当小组发生不高兴的事情或意见分歧,次小组最容易形成。⑥ 协同领导者造成的分裂:由于两位社会工作者有不同的吸引力、经验与人格特质,成员在追求自己的利益与偏好下,可能倾向于支持某一位社会工作者。

次小组的介入策略:

① 合理利用次小组:在小组发展初期及较大的小组中,需要增加小组对于组员的吸引力。次小组中因为共同的兴趣爱好或较好的情感连接,增加了对组员的吸引。合理利用次小组,例如:合理利用次小组的领袖,增加次小组对小组整体的助力。

② 打破次小组:当次小组的吸引力大于整体小组的吸引力;次小组的目标与整体小组发生偏离时,次小组会产生较多的负向影响对其介入方法主要有:

＊调整座位,如运用游戏打破座次。

＊要求某些成员更频繁地与其他成员互动。

＊运用活动/任务,划分新的工作小团队,将次小组成员打散。

二是冲突的识别与协调。详细的小组冲突的工作技巧,我们将在后面的危机部分进行,这里我们主要介绍小组带领中对冲突的识别和基于关系调解方向的技巧。

冲突的辨识:识别小组冲突是展开小组调解的前提。对小组冲突的辨识,主要从以下几个方面进行:

① 识别冲突双方,即找出冲突者;

② 辨识冲突双方的对抗方式,即攻击对方的方式即风险程度;

③ 识别冲突双方是否存在利益和目标的不一致;

④ 辨识冲突者之间是否存在竞争,或观念的差异。

协调冲突的方法:应对小组冲突的工作方法有很多种,如较为强制的清除法、压制法等。在未构成小组危机的情况下,我们通常以关系的协调为方向。这里给大家介绍的是"冲突三步协调法":

① 停止攻击:协调冲突的第一步是停止冲突,特别是攻击性的言语和行为。此阶段,社会工作者可以将"停止攻击"定为目标,再根据现场的情况选择刚柔并济的介入。在刚柔并济的介入中,核心点在于"力度"与"温度",有停下来的力量,也有关心的温暖。

② 各抒己见:冲突的背后是各自的坚持,在停止攻击后,让双方就冲突的事件表达自己的想法,可以是先后表达,也可以是交叉表达。各抒己见的关键在于整个表达过程当中只表达自己的想法,不对他人做评判,对此带领的社会工作者需要做好场控。

③ 达成一致:在第二步的过程中,一方面是让相关组员表达自己,让内在的想法、诉求、情感等都得到了倾诉;另一方面,社会工作者在倾听的过程中也可以收集到丰富的素材。根据冲突方的表达,寻找双方的一致性:

● 如都有怎样的心愿——由此延展至小组目标及目标管理下的契约复盘。

- 如都希望将事情推进到一个更好的发展——肯定过往的努力与积极贡献,将"分歧中的不同意见"转变为"丰富的不同智慧",鼓励整合意见,收获更优的共同创作。

三是替罪羔羊的识别与关系协调。

替罪羔羊的识别:替罪羔羊是小组工作中可能出现的一种人际现象。替罪羊的发生对小组的运行会产生影响,另一方面对当事人的人际互动更是一种折射。因此,对小组中发生替罪羔羊时从事件情境和当事人两个角度进行关注。

识别替罪羔羊的发生情境、事件,并以此进行介入和预防,常见的发生情境有:
- 小组出现各种紧张或冲突,通过寻找替罪羊来平衡冲突或小组紧张;
- 组员与社会工作者的冲突:组员不敢对社会工作者表达不满与愤怒,转向寻找替罪羊;
- 小组的目标压力,如小组不能达成小组目标,可能会寻找替罪羊,认定其伤害小组规范的行为,以及对不能实现目标的责任;
- 小组与外部环境的冲突:如小组在外部互动中出现困难,不能在小组之外寻找替罪羊,转而在小组内部寻找以维持小组的均衡。

辨识"替罪羔羊"当事人的个人特质、人际互动模式:小组中发生替罪羔羊现象,如同团体中的无意识"欺凌"行为。在小组中经常成为替罪羊的成员,在其他的人际关系团体中也可能出现相似的情况。对当事人的辨识,有助于增能支持。

替罪羔羊的关系协调:替罪羊的出现,在一定情况下可以帮助维持小组的平衡。同时对于构成个别组员以及小组整体伤害的替罪羊现象,社会工作者需要加以协调。

① 个体支持:通过各种必要的介入,对当事人进行直接支持。并考虑替罪羔羊的人格特质,发展其人际能力,如对内的自我认同、对外的沟通表达,助其走出替罪羊的人际关系图式。

② 整体支持:这里主要运用的是小组工作中的人际效用。小组中存在一个小规模的人际群体和各种关系互动,组员在其间的人际互动为其在社会参与中的能力提供了实践探索的空间。通过协调组员,共同建构友善平等的小组互动,支持到替罪羊当事人,同时,发展其他组员的建立正向人际互动和社会参与能力。

3.2.4 能力提升技巧在小组工作手法中的运用

在小组工作手法中,提升组员能力的技巧,主要从提升组员能力的内容和提升组员能力两个部分进行介绍。

3.2.4.1 提升组员能力的内容

在小组工作中,推动小组目标及组员个人目标的实现,都需要关注组员的能力提升。在不同的小组治疗模式,对组员的能力亦有不同侧重。下面将结合常见的小组治疗模式进行介绍:

一是社会目标模式下的组员能力提升。社会目标模式主要运用于社会视角下的小组工作,强调培养公民的社会责任、社会参与和社会行动的能力。

二是互惠模式下的组员能力提升。互动模式亦称交互模式或互惠模式,是基于人与环境和人际之间的关系而建立的一种小组模式,旨在通过组员之间、组员与小组及社会环境之间、小组与社会环境的互动关系,促进组员在小组这个共同体的相互依存中得到成长,增强组员的社会功能,提升其人际沟通、社会互动的能力。

三是治疗模式下的组员能力提升。治疗模式是一种社会治疗或社会康复模式,旨在治疗和解决个人的社会问题,改变个人的社会行为。治疗模式是精神医学、心理学和社会学的结合于运用,具有独特的理论与技术,主要针对一些行为失范或有特定问题的人群,如医药的病人、吸毒人员、社区矫正对象等。因此,在该类小组中对组员自我认知及管理能力,对具体事件应对或问题解决的能力更为关注。

四是发展模式下的组员能力提升。发展模式亦称过程模式或发展性小组模式,旨在解决和预防服务对象社会功能的衰减问题、恢复和发展服务对象的社会功能。这一模式以发展组员多个具体能力,或多元的综合能力为方向,关注的能力也更为丰富多样。

3.2.4.2 提升组员能力的技巧

在小组工作中,围绕不同的能力提升,会有多种不同的技巧运用,在个体成长上我们沿用个案工作中"协助案主能力提升的方法——一种专注于处理问题并发展机会的助人模式",这里我们不再赘述。此处重点介绍小组工作常常用到的能力提升技巧——基于经验学习模式下的小组带领技巧。

大卫·库伯(David Kolb)在总结了约翰·杜威、勒温和皮亚杰经验学习模式的基础上,提出了经验学习圈理论,认为经验学习循环由四个连续阶段组成,包括:具体经验、观察反思、归纳引申、转化应用。具体步骤:

① 具体经验(Concrete Experience):学习循环的第一阶段,是组员在小组中的具体经验。在一系列有计划的小组活动中,围绕小组主题,为组员的学习提供经验基础,如一张粮票引起的对那个年代的记忆与情感,一个游戏中的组员互动与情绪起伏。

② 观察反思(Reflective Observation):反思主要是带领组员退后一步,重新观察及检示经验。这一阶段着重于事实陈述及主观表达,常见行动包括回忆、观察及注视,以探视对活动的感觉、所看、所闻、所听,并寻求与过去相关经验的连结。

③ 归纳概括(Abstract Conceptualization):参加者将反思所得进行归纳,形成概念以作为类似情境的应用。归纳及概念化(Conceptualize)的内容可以是经验总结下的学习方法、解决心得、有效小组参与行为及对个人认知、情感及行为模式上的发现等。

④ 转化应用(Active Experimentation):这个阶段着重将所归纳经验应用于类似情境或日常生活当中。这里的应用可以是转变行动、学习计划、改善承诺或行动计划等。

在经验学习理论的指引下,发展组员能力的技巧,强调先通过各类小组的环节设计,增加组员情感体验,并通过提升组员情绪体验的广度和速度,为组员思考及能力转化提供素材和情境;再以经验为基础,运用各种小组带领及解说技巧,帮助组员对经验进行觉察、思考与总结,实现经验向能力的转化。下面将具体介绍经验学习模式下的小组带领技巧。

一是增加组员充分体验的技巧。主要包括三个方面:

① 运用较为成熟的理论和实务指引的技巧,如游戏—历奇辅导;故事—戏剧演绎;音乐、绘画、沙盘、园艺等接受式或表达式技巧。运用这些技巧可以对整个小组进行完整设计,亦可以根据小组的需要选用某一部分用于小组带领。

② 运用与组员生活息息相关的议题。如以美食、瑜伽、养生、育儿等围绕组员关心的日常生活为起点,延展出家庭沟通、自我照顾、家庭照顾下的沟通、合作、分歧等多个问题应对或发展增能的议题,在这些贴近组员的素材背后嵌入各种能力提升,可称之为嵌入式小组的运用。

③ 实操训练和模拟训练,也是比较好用的方法。如针对人际能力提升中的角色扮演设计;社区目标小组中的社区实战环节等,都是可以增加当事人体验的方法。

二是提升组员能力的解说带领技巧。主要包括三阶段引导模式、"4F"经验反思法、漏斗法,下面分别加以解释。

三阶段引导模式

Terry Borton 的三阶段提问是最被广范应用的解说模式,参照经验学习循环,由三组问题构成:发生了什么?(What?)、所以怎么样?(So What?)及现在又怎么样?(Now What?)(见表4-3)。

表 4-3　三阶段引导模式示范

分析性提问	直观性提问
What? 发生了甚么？谁最先发现？	可否说出实时在脑海中呈现的活动片段？ 选取一种物品，以代表你此刻的心情。
So what? 我们学到些甚么？ 生活中可有类似情况？	（先预备大量具丰富画面的名信片）各人选取一张名信片，表达本次游戏的收获与发现。
Now What? 未来我们将如何改变？	试想像，当你们成功完成任务时，最先见到什么？听到什么？

"4F"经验反思法①

由 Roger Greenaway 提出的"4F"经验反思法，所触及的发问层面全面及有趣。"4F"代表反思的四个过程：Facts——事实，Feelings——感受，Findings——发现，Future——未来。

事实：代表经验初次呈现的情况，事实及印象，我最先是如何发现、认知、假定那些经验？当我们从另一角度去看它，它又会是怎样的呢？其它人又是如何看它呢？相关的提问例子如下：

——刚才我们见到什么？听到什么？
——我们首先是如何发现？
——最难忘/ 最不同/ 最有趣的是什么？

感受：用以探讨游戏过程中的情绪、感受与直觉。在经验当中你有什么情绪及直觉呢？它们是怎样的呢？可有勾起你其它经验的链接？如果有，它们有什么相同或不同？常见的提问句例子如下：

——游戏中最深刻印象是什么？
——你在什么时候感到投入最多/最少？
——你觉得谁和你的情绪最相近/最不同？

发现：关注深层挖掘，典型的问题会包括寻求原因、解释、判断及总结。发问例子如下：

——我们学到什么？我们找到了什么？
——什么让你有这感觉？甚么让你觉得这样？
——这个经验有什么与工作相似/不相似的地方？

将来：意味着朝向未来的学习转化与转变成长的行动。可包括行动计划、学习计划、抉择、演练、想象甚至梦想等。最基本的问题是我们如何好好地将我们所学到的带入将来？相关发问例子如下：

——你见到有什么选择或可能性？
——有什么是你会停止/开始/继续做的？
——你想从这次经验中带走什么？打算怎样开始？什么时候开始？

4F 解说技巧中，最特别的是小丑牌（Joker）的活用。小丑牌（Joker）是一张你可任意赋予意思的空白牌，它提醒我们不可误将这"反思过程"僵化为 4F 的顺序：须依次由"事实—感

---

① 4F 经验反思法是在总结中提升参与者的能力，故在本书第六章亦会提及。本书希望两个部分都予以呈现，从而拓宽读者的视角。

觉—发现—将来"而进行。我们需按实际情况和组员的现场表达,选择适合的先后,甚至重复的次序进行。我们需要一般流程上的引领反思总结并引申学习经验,也需要在"小丑牌"的启发下进行各种自由及例外的实验与尝试。

漏斗法

依次运用不同系列的"漏斗",引导参加者由最初的经验回顾阶段,逐步转化为应用于实际生活上的行动。当中的六个"漏斗"依次为回顾(review)、回忆与记忆(recall & remember)、感受与影响(affect & effect)、综合(summation)、应用(application)与承诺(commitment)。(见图4-14)

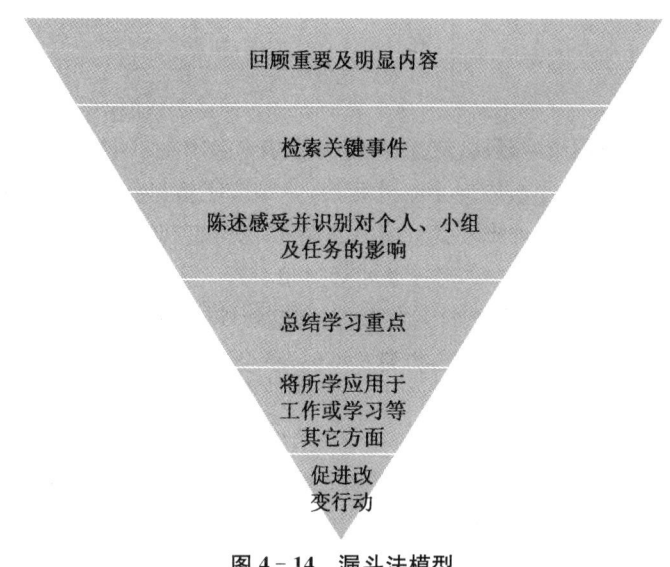

图4-14　漏斗法模型

漏斗法的特点在于以参加者为中心,按经验学习法的顺序,引导组员聚焦学习经验,并逐步建立实践承诺,因此引导者需按小组及组员需求计划引导内容与方向,并需于逐层推进前先获取组员的接纳与同意。引导者亦可于活动前期教导或训练组员学习掌握此种方法。让参加者按小组及个别需求而自行进行的解说活动,将更能切合需求及强化参加者的能力(见表4-4)。

表4-4　解说带领技巧示范

「漏斗」层次	引导重点	提问例子
回顾	回顾重要及明显内容	活动中我们小组的沟通表现如何? 以1—5分做沟通的成效评分,我们值多少分?
回忆与记忆	检索关键事件	记得小组沟通表现较佳(或较多障碍)的时刻(或例子) 当时你们见到什么?听到什么?
感受与影响	陈述感受并识别对个人、小组及任务的影响	你们的感觉如何?意见多次没被听到时的感受如何? 沟通结果如何影响我们的小组运作? 如何影响你们的情绪?

续表

「漏斗」层次	引导重点	提问例子
综合	总结学习重点	就小组的沟通与聆听方面,可总结出那些学习要点? 又有那些是你们自己认为相关及重要的学习点?
应用	将所学应用于工作或学习等其它方面	在工作上可有类似情况? 如果类似情况发生在工作,最有可能发生在那些处境,你又会如何回应? 如何将所学转用于工作上?
承诺	促进改变行动	在日常工作沟通上,你将会做些什么不同的行为? 计划最先做些甚么转变?

三是小组能力培育的组后延展。对组员能力的孕育除了在小组过程中推进,还会通过小组作业的布置,增加组员从小组内向小组外延展,并结合小组目标推进与管理激发组员的内驱力与自我实现,从不同的维度推动组员能力的提升,助力组后的自助行动。

3.2.5 危机介入技巧在小组工作手法中的运用

小组危机主要指影响小组发展的突发事件,包括影响小组进程的事件、危及组员安全的事件、导致小组解体的事件等。针对这些突发事件,小组常用的技巧有:小组冲突处理的技巧、谈判技巧。

3.2.5.1 小组冲突处理的技巧

一般性的小组冲突,即未构成小组危机的冲突处理方法参见"关系协调技巧在小组工作手法中的运用"部分,这里主要讨论对小组构成危机情况下的冲突处理方法,即控制冲突的手法。在发生严重冲突,或经过一般性的关系协调,仍不能解除冲突危机时,需要采取强制手法控制冲突。根据危机出现时机及强度,可以运用以下不同的手法:压制法、隔离法、清除法。

压制法:压制法用于危机发生的早前期或在社会工作者评估危机可控的情况下。通过压制法,停止冲突的继续发展和危机的泛化,并寻找转化冲突、缓解危机的可能后续跟进。

隔离法:当压制法不能够停止冲突时,采用隔离法,让冲突方不能继续冲突。再进行情绪疏导,或进行必要的个体辅导后,进行和解,化解冲突和危机。

清除法:当以上方法都不能有效地控制冲突,或反复出现具有严重危机的冲突行为时,可以启用该方法。对清除法的运用,一方面可以参考法律法规,对所有违法违规行为进行清除约定,另一方面也可以在小组契约的定义中进行必要的清除约定,如"小组要建立友好的氛围,尊重他人,对出现辱骂行为的提出组内警告,3次以上辱骂的清出小组"等。

3.2.5.2 谈判技巧在小组危机中的运用

谈判技巧在冲突处理中的运用主要有两个方面:① 在使用强制控制手法,特别是压制法和隔离法之后,如还有协调的工作要做,就需要运用谈判的技巧。② 当冲突发生在小组与小组以外的人或组织时,强制控制手法难以对外界的人发生作用,这时候则需要运用谈判技巧来应对冲突和化解小组危机。

谈判技巧在小组危机中的运用,流程主要包括:① 做好谈判准备。首先,要做好谈判的自我准备,心情、状态等。其次,要掌握冲突发生的相关信息,并做必要的分析思考。② 组建谈判队伍。对小组内部冲突的谈判是一个多边谈判或者协调谈判的过程。如在小组的带领中有不止一个工作人员,可做协助分工;如果小组只有一个工作人员则需要从组员中发掘适合参与辅助谈判的人员,并进行协作。如果是小组与外部的冲突,社会工作者可以选择合适的组员协助处理,综合考虑能力、性格、性别等因素。③ 了解谈判的技巧(见表4-5)。

表4-5 谈判技巧示范

内部冲突谈判	与外部冲突的谈判
● 表达关心,舒缓情绪; ● 明确地征询对方对事件的看法和期许; ● 对合理的诉求做出回应承诺; ● 对不合理的部分通过客观反馈,指出行为与期许的背离; ● 再次确认期许,巩固改变的动力,完成合作协调。	● 明确的自我介绍,并问对方现状和期望; ● 必要的寒暄,缓解紧张关系;运用眼神、微笑、点头等肢体语言减低对方疑虑; ● 围绕对方的期许,寻找可能提供的资源和利益,建立共同体联结; ● 拜别,完成谈判的礼节。

3.3 在社区工作中的运用

社区工作是社会工作者运用专业方法解决社区问题、促进社区发展的方法和活动。与个案工作、小组工作相比,社区工作分析问题的视角更体现结构取向,介入问题的层面更宏观、具有一定的政治性、富有批判和反思精神。在介入实践中,社区工作注重以人为中心的发展目标、尊重社区自决、强调社区参与、坚持社区行动过程的理性原则,旨在挖掘社区资源,满足社区要求;推进社区居民参与;提高社区居民的社会意识;培养相互关怀和社区照顾的美德。

社区工作的介入手法是多种多样的,因具体情况而定,不同的地区有不同的介入手法。同一社会工作者在不同时期对同一社区也会采用不同的介入手法。一般来说,可以从以下一些方面入手介入社区:

(1) 从社区问题入手介入社区。例如针对缺乏社会服务的问题,采取提供服务的介入方法;针对邻里关系恶劣问题,可以以团结邻里为工作重点;针对环境及设施问题,可采取解决困难的办法等等。

(2) 从服务提供入手介入社区。例如举办康乐性的社区活动,组织补习班等。

(3) 从社区教育入手介入社区。例如举办展览、讲座、训练班、问题研讨会、个别教育等。

(4) 从互助合作入手介入社区。主要是利用社区资源共同解决社区问题,如环境卫生的整理、合作修桥修路、组织义务值班巡逻等。

(5) 从社会行动入手介入社区。主要是发动、组织社区居民以整体行动来争取外在资源,以解决本社区的问题。

(6) 从联合各社会团体入手介入社区。主要是把社区内现存的各种居民组织、社会团体联合起来,形成联盟,共同向政府当局提出建议或要求。

(7) 从策划倡导入手介入社区。主要是将调查的资料及专家的意见制订成建议或方案,联系有关政府当局、社会团体来共议社区当前的主要问题的解决办法。

(8) 从社区调查入手介入社区。从社区调查入手,可以使社会工作者尽快熟悉社区环境,了解社区问题,摸清社区资源,建立社区关系,明确工作方向,是社区介入手法中比较常用的一种。

(9) 从社区突发事件入手介入社区。以火灾事件为例,社会工作者通过参与救灾工作,以此来介入社区。

(10) 从社区宣传入手介入社区。在当代的社区生活中,大众传播媒介的作用与地位十分重要,它是组织社区居民、团结各界人士、挖掘社区资源、组织动员民众、扩大社会影响、争取外界支援的重要工具。

(11) 从各式各样的社区发展计划与规划入手介入社区。鼓励居民关注、参与,进而采取集体行动,以求达到社区工作的预定目标。

无论是采用以上哪些入手点,社会工作者在社区工作中,需要掌握一些通用的技巧。如资源整合、情绪支持、协调关系、提升能力、危机介入等技巧。

3.3.1 资源整合技巧在社区工作手法中的运用

社区工作手法中,需要调动居民力量,发挥居民潜能,汇集民间资本,盘活社区资源,解决社区公共问题,因此,挖掘、整合、活化社区的人财物等资源成为社会工作者服务过程中的首要能力。包括接触与动员居民、与在地组织建立关系、筹募经费、运用传播媒介等能力。

1. 接触居民

社区居民是社区工作重要的人力资源,是社会工作者开展社区工作的依靠对象,也是实现社区工作目标的受益群体,是社区工作的归结点。接触社区居民可以是正式的,也可以是非正式的;可以是一对一的,也可以是集体的;可以通过讲话、访问、电话交流、电子媒介等不同形式进行。

第一,接触的种类。根据接触居民目的的不同,可将居民接触的种类分为探索性接触和招揽性接触两类。

探索性接触:了解社区是进入社区的重要一步。而了解社区居民的所思、所想、对事物的感受与看法、互动方式、状态和网络,更是不可或缺。除透过文献、与社区领袖交谈,最直接的方法莫过于社会工作者亲自与社区居民接触。这样的接触可以使社会工作者印证在文献中或过去工作伙伴中所得到、所累积的知识,更可亲自"感受"服务对象的感受,这对社会工作者去界定社区问题和认识他们眼中的社区事件是非常重要的。另一方面,也让社区居民认识和了解社会工作者,知晓社会工作者的岗位职责,从而提高社区居民对社会工作者的接纳、认同度,为之后建立一个信任合作的工作关系打下基础。

招揽性接触:社区居民是力量的源泉。特别是基层工作,如何招揽推动基层居民参与自己的组织或社区事件是作为组织者的社会工作者最为重要的工作。简单来说,招揽就是使被接触对象的参与有所提升,使他们置身其中,由冷淡、无奈、无动于衷转变为关切、希望和行动,以达到增权的目的。

第二,接触的原则。社会工作中与居民接触必须坚持两条原则:一是态度要热诚、认真、开放和有力量;二是引导居民去思索、讨论及分析集体解决问题的可行性。

第三,接触的过程。分接触前、接触中、接触后三个阶段开展工作。接触前,社会工作者需要做好准备的事项包括:

① 清楚接触居民的目标;

② 根据接触居民的目标选择合适的接触对象,安排好接触的优先次序;

③ 接触时间要认真选择；

④ 对要接触的问题有所了解；

⑤ 注意文化背景，穿着合体；

⑥ 预估居民反应，给予热诚的笑容和冷静的态度应对具体情境，对于居民的拒绝不气馁；

⑦ 对前往访问的场所环境有所了解。

接触过程中，社会工作者要设法与接触对象建立信任关系和引起谈话兴趣。所采取的主要步骤包括：

① 介绍自己：要准备一两段开场白，根据不同的情况和对象，采取不同的自我介绍方式，可说明自己是由与他熟识的一个朋友介绍而来的；可用自己和对象都熟悉或有好感的活动作为谈话线索介绍自己，如上周的足球比赛、前天的社区会演是自己策划的等等。对不信任的人可适时出示证件，打消其顾虑。赠送一些物品或宣传单张让其收存，加强对工作者的信任和好感。态度热情、诚恳，面带笑容，并清晰地介绍访问的目的，表达对被访者的关心和一定的关注。

② 展开话题：提一些简单的、容易回答的问题，让居民放松，避免提一些敏感的问题。也可以用周围环境和正在发生的事情展开话题。

③ 维持对话：聆听、同理心、体谅、分享感受、澄清、寻找和提供资料等。

④ 结束对话：感谢居民对社会工作者的信任，感谢居民能够付出时间，提供经验和资料；总结彼此的谈话，并给予一些积极的反馈；离开前要告诉将进一步同居民联系，也要留下服务机构联系方式；鼓励居民主动联络。

接触后，社会工作者需及时做好以下相关工作：

① 记录主要资料。离开被访者后及时记录有关资料，包括有用的地方及数字、被访者的背景、谈话留下的印象、受访者的反应、热心程度、是否容易被调动、人际网络情况等。

② 总结。目标达到情况，自己对对象的感受、评估对象以前和现在有什么不同、自己有什么做得不妥和遗漏、是否有补救的余地等。

总之，与居民接触是做好社区工作的第一步，社会工作者要以高度的热情，投入到自己的工作中，真正用心地去了解居民的需要和心声，熟悉他们的喜怒哀乐和心理特征，将爱与关怀传递给被访者，这是比技巧和方法更重要的。

2. 动员居民

动员居民是社区工作的重要组成部分，社区工作非常需要组织居民群策群力，去合力解决问题，动员居民参与是任何组织工作的重要任务，没有居民的参与或居民参与者的态度冷漠，都会影响活动和行动的气氛以及成效。社会工作者需要掌握动员的方法、选择动员方法的影响因素、动员居民的步骤，以及说服居民参与的技巧。

第一，动员居民的方法。分为直接动员和间接动员。直接动员是指通过直接接触居民的方式进行动员的方法。知道姓名和联系方式的，用信件、家访和电话联络；不知道姓名和联系方式的，通过设立街头宣传站、逐户拜访、户外喊话、召开居民大会以及动员现有的社区团体和组织的成员参与。

① 信函。印制信件和宣传单张，寄给已知姓名的居民。如果居民居住地相对集中，也可找义工根据名单派发给居民。这方法的好处是能预约居民，也能对动员居民参与的事件做详细的文字交代。当然，如果居民不认字，这方法的作用便大打折扣。

② 家访。这是动员居民常用极有效的方法,家访能深化居民与社会工作者的关系,通过一对一的接触,大家可进一步交流对事件的看法,能够增进双方的感情,通过这种方式能够估计居民是否真的履行参与的诺言,对于那些采取观望态度的居民,到家中探访,往往有意想不到的效果。这个方法最大的困难是要花费相当人手才可建立深度的关系。

③ 电访。这个方法相比于家访比较节省人手,如果短时间内要做庞大的动员,电访比较适合。由于不是面对面的倾谈,无法深入讨论某些话题,电访主要是交代一些具体而简单的信息,比如开会的日期,时间地点等。在举行活动前通知居民届时参与,电话是常用的有效方法。

④ 街头咨询宣传站。通常会在人流最多的地方设立广播宣传站,也可找名人在街头做演讲,在进行宣传的时候,有时会摆放展板,由义工来进行讲解,若人手充裕,可以请义工向行人派发宣传单张,解释参与的重要,并鼓励他们留下联络方法,日后保持联系。这方法的好处是成本小,效益高,但是如果人手以及器材不足的话,社会工作者很多时候会选择在居民经常出没的地方设置宣传摊位,如街市、学校门口、电梯大堂等。有时可配合简单的问卷调查,然后向每位经过的对象,进行讲解以及游说,如果对方态度积极,可以留下联络的方法,以便跟进。

⑤ 上门洗楼。洗楼是到每一户居民家敲门,然后传递信心鼓励以及邀请对方参与。通常洗楼时会带一些宣传单页协助讲解,每走完一户以后,工作人员便记下该户对参与的反应,若反应较好的,便登记对方的姓名及联络方法,方便日后家访以及电话联络跟进。洗楼是发掘有潜质参加者的初步筛选方法,它的作用和街头宣传站相似。如居民集中住在某座大厦,上门洗楼的作用比宣传单更有效,但要有大量人手协助。除了有助完成任务以外,一大群人在同一层楼向每户人一起拍门,其产生的团结感以及强大的宣传效果既有助鼓动动员者的情绪,也可推动更多的居民参与。

⑥ 户外喊话。户外喊话指的是手持扩音器在社区的每一栋楼下进行宣传,提醒居民社区活动的举办时间、集合地点等有关信息。户外喊话适合在活动举行的前一天或当天进行,一方面提醒已经有参与意愿的居民,另一方面也可能会吸引一些临时决定参与的居民。户外喊话的好处是节省人力和资金,也适合文化程度较低的居民。户外喊话只能接触到在家的居民,需要用其他方法来补足。

⑦ 召开居民大会。居民大会是动员居民参加行动的有效方法。在大会中,居民呼喊口号,士气高昂,团结一致,有助于集会者一起行动。在情绪高涨的气氛以及激励压力下,很多居民都会表示参与行动,这是运用与会者的互动而产生推动的结果,通常会在行动前一天举行。

⑧ 联动现有团体,动员其会员参与。如果社区事件一直有很多团体关心,可以召集各团体开会,团结一切可以团结的力量,发动团体用本身的方法去动员自己的会员参与。若各团队本身的联结力强大,动员现有团体的网络不失为有效快捷地善用资源的方法。

间接动员是指通过大众传媒、展架、广告、宣传册、海报、横幅等途径将信息传递给居民,不需要人与人之间直接接触的动员方法。对人力的要求比较少,如果传递的信息简单明了,宣传范围较广的话,间接接触方法不失为低成本高效率的有效途径。但对动机不强的居民不适用。

第二,选择不同动员方法的影响因素。运用不同动员方法应考虑人力、事务、动员覆盖面、对象的参与动机等因素。

① 参加动员工作的人力。人力越多,越有条件开展面对面的直接接触,也可以同时采用多种动员方法。

② 动员居民参与的事务是否已经引起居民的广泛关注。如果社区居民对参与的事务已

经有所关注,那么简单的宣传和动员就可以引起强烈的反应,否则,社会工作者必须先与居民建立深厚的关系,然后去推动居民参与。

③ 动员对象的覆盖范围。如果动员的对象覆盖范围很广,展板、广告、大众媒体等间接动员的方法比较实用,而家访等直接动员的方法不太可能有效地达到动员最广泛居民的目的。

④ 动员对象的参与动机。当动员对象的参与动机已经很强烈,简单的动员方法就可以达到效果,如果动员对象的参与意愿不是很强,社会工作者需要与他们进行面对面的接触,逐步加强他们对社区事务的投入感,无论居民的参与动机如何,当人力许可时,面对面的直接动员居民参与是较优选择。

第三,动员居民的过程步骤。主要包括:

① 动员准备阶段。社会工作者要决定动员哪些居民?在哪里以及何时接触居民,动员居民去做些什么事,用什么方法去打动居民的心,若对方抗拒,可如何应变?

② 接触居民阶段。介绍自己,给对方信任,了解对方想法,建立关系,细心聆听,对方觉得受到重视,与对方初步讨论社区问题,探听虚实。

③ 发动居民参与阶段。令居民意识到社区问题有不公平以及不合理之处,觉得有必要起来合力解决问题;与居民一起探讨集体行动的得与失,鼓励他们对自己参与能力抱持信心。

④ 邀请居民参与阶段。若时机成熟,可直接邀请对方参与;若对方答应,需及时留下对方的联络方法,并向对方交待下一步会怎样?期望对方做些什么?有没有安排咨询会?有疑问时可找谁咨询?何时或是否会有人提醒他?若对方不能当时答应,可询问他何时才能回复是否参与?并预告届时会再来找他。

⑤ 提醒居民参与阶段。若居民答应参与的日子与实际参与的日子相差很远,需要提醒他们;若对方一直未能确定是否参与,临行前应该提醒他,往往十分有用;通常在举行前一天或数天可透过家访以及电话联络的方法,再次提醒居民。

⑥ 居民参与阶段。居民来参与时,要欢迎并支持他们,不要冷落他们;组织参与者互相认识,尤其是第一次来参与活动的人,让他们感觉是其中的一分子。

第四,说服居民参与的技巧。以能力不够为由的,采用熟人参与、互相帮助和成功先例策略;以没时间为由的,通过减少参与的弊端说服;以参与人数少、无信心为由的,运用赞赏对方、体谅他人、尽力改变现状、动之以情等策略。注意不要言过其实,推动居民参与不宜用力不足、也不宜用力过猛。要注意区分动员对象的真实想法;不要与持相反意见的居民争辩。

3. 与在地组织建立和维系关系

与一般组织相同,任何团体都无法拥有所有资源,社会工作者需要在工作中与辖区内政府部门、企事业单位、非政府组织以及居民团体等各种组织打交道,获取它们在政策、资金、场地、人力和舆论等方面的支持和援助,解决社区的问题,满足社区的需求。因此,与在地组织建立良好关系,充分发挥在地组织的资源,是社会工作者在介入过程中必须具有的能力。

第一,与在地组织交往的一般性准则。社会工作者服务机构在与在地组织交往的时候,一般要遵循以下原则:

① 尽早交往。通常已经建立了友好关系的组织之间,比较易于开展合作友好的关系,有利于组织决策层建立对对方的观感和信任,因此社区里的新组织应该尽快与已有的组织建立关系,为日后的合作奠定基础。

② 互利共享。交往时,要协助各方了解各自可获得的利益,坚持利益共享。当一方被认

为从交往中互利太多而出现利益冲突时,合作的困难会很大,所以在交往过程中,要积极与其他组织沟通,协助他们了解各自可能从合作中获得的利益,减少不必要的误会。

③ 规范流程。由于组织之间是彼此独立的,缺乏沟通与配合的情况时有发生,严重时可能会使得交往中断。所以,在必要时,合作各方可以签订合作协议或备忘录,清晰地界定共同的目标以及各方的责任,表达合作期望、目标和守则,强化和规范合作关系,尽量避免不必要的拖延、误会和冲突。

④ 主动维系。和人与人之间的交往类似,组织之间的关系也需要悉心维护。各组织参与交往和合作的人员之间的关系对于维系组织之间的关系至关重要,因此可以通过一起参加轻松的活动等方法,有意识地加强各方人员之间的联系,建立共同的兴趣,培养共同的价值取向。如有必要,可以建立一个共同接受的中间组织来专职负责组织之间的交往。

第二,与在地组织交往应遵循的特殊准则。

① 具有交换关系的组织之间的交往准则。交换关系的组织之间,由于存在许多共识,关系和谐,易于合作。因此,社会工作服务机构在与有交换关系的组织交往的时候,注意澄清彼此的期望,在合作目标、工作、责任分担以及利益均分等方面达成共识,避免给服务机构带来损失,或造成对方对合作的负面评价。

② 具有权力依赖关系的组织之间的交往准则。权力依赖关系的组织之间的交往主要是由在交往中获利的一方通过施压来促使对方交往和合作,交往关系不稳定。当获利方的利诱不足或压力不大的时候,合作就有可能中断,而获利较少的组织也会在交往过程中随时寻找机会反戈一击。所以,与有依赖关系的组织交往时,需要采取必要的策略,维持利诱和压力的水平。

③ 具有授权式关系的组织之间的交往准则。授权式关系的组织之间的合作是依靠政策和法律来建立和维持的,无论参与的组织是否愿意,都必须进行交往和合作,因此参与双方并不了解对方的合作动机、可获得利益大小、合作的意愿等,导致组织间经常互相猜测,彼此容易产生矛盾。所以,在与有授权关系的组织交往时,要尝试寻找在合作时各自可能获得的利益,以加大交往的能力,同时,还要注意澄清组织之间交往的规范、责任和权利,减少互相试探的行为,避免不必要的权力争夺,使交往更加顺利。

总之,在目前社会竞争加剧、社会资源相对短缺的背景下,如何为自身组织吸引更多的资源,的确是每个组织领导都要思考和努力解决的问题。扩大对外交往,保持与政府、企事业单位和各兄弟组织及服务机构的友好合作,增加社会资源,是组织维持活力和发展的重要条件。

4. 募捐资金

充足的资金是推进社会工作顺利开展的前提和基础,社会工作者需要掌握资金募捐策略和原则。

第一,募捐策略。

① 特别事件。特别事件是指组织透过特殊事件的安排,以引起社会大众对其组织或议题产生关注。包括两大类,一类是突发事件;另一类是组织自己确定议题。主要通过召开记者会、研讨会、旅游、展览、竞赛、周年庆、义卖会及演唱会等活动进行募捐。特别事件活动面向社会大众,但合作对象基本上是企业法人,而非个体。

② 年度劝募活动。年度劝募活动是组织在一年内常态性、持续性、例行性的劝募方案。每年,组织领导者与其成员都必须根据更新的活动主题来重新增减义工、组织培训,以及重新

确定发展方案,评估潜在的捐赠人。私人恳请、俱乐部、会员制、电话认捐节目及直接邮件都是年度劝募活动的典型方式。这些方式主要借助组织内部的年度庆典、传统佳节等日子组织年度性活动,与特别事件有一定区别。它主要以"年"为时间单位,连续性地组织具有类似主题的活动。或者在特别事件中选择有良好影响的活动,成为组织传统保留项目。

③ 俱乐部与会员制度。俱乐部与会员制度是组织根据个人归属感的心理需求,提供给捐赠人成为组织外部成员的机会,并依据一定捐赠数量组成的团体。它是一种给予团体成员信息反馈与表扬的设计,鼓励捐赠人增加其捐赠数量以成为俱乐部成员,鼓励俱乐部成员继续捐赠以保留成员资格。对于俱乐部成员而言,成为会员就意味着拥有特殊或精英的地位。除了心理满足之外,捐赠数量决定捐赠人有机会成为组织权力层的成员,即在名和权上给予吸引,达到劝募的目的。这为组织提供了稳定的物资来源,同时也为捐赠人提供关于组织合法性与接受度的证明基础。

④ 企业捐赠。企业捐款的合作对象和受众对象都是企业法人。近年来,企业对非政府组织的资助逐年增加,从盈余中拨出的比例也越来越高。非政府组织与企业联盟形式有如下几种:A. 与交易关联的公益推广活动。企业将销售收入的一定比例拨出作为公益活动的赞助基金。B. 共同主题营销。公司与一个或多个非政府组织达成协议,通过分发产品或宣传资料以及做广告等方式,共同解决某个社会问题。C. 核发许可证方式营销。非政府组织在收取一定费用或提取部分收入的条件下批准营利性公司使用其名称和商标。

⑤ 电话劝募。指组织阶段性地招募志愿者在紧凑的时间(通常 2—4 周)内,根据联络信息,如会议的参会名单、以往组织的热心群众名单等,密集地进行电话拜访。通过这种方式,传达组织宗旨或者近期活动讯息。这种方法相较而言成本较低,尤其是运用志愿者的成本更低更有效,因为潜在捐款人对于和志愿者交谈通常感到较为舒适,并认为他们也是为慈善事业付出时间参与劝募,而不是为了赚钱而打电话。

⑥ 沿街劝募。是直接将机构的服务个案呈现给大众请求捐赠的一种劝募方式,这种方法多为那些新成立、小型或较不为人知的服务机构采用。

第二,募捐原则。

① 要有明确的力量和使命,不能为了募捐放弃或背离服务机构的理念,相反要把募捐作为推广服务机构理念使命的根本途径。

② 透明性。

③ 志愿者参与。

④ 资金的有效性和关注人的原则。

⑤ 与捐助人建立合作伙伴关系。

⑥ 实事求是。

⑦ 明确说明要求。

⑧ 重视宣传。

⑨ 不要用交易的方式去募捐。

⑩ 尽量不要用自身投资经营活动的方式开展募捐。

5. 传播媒介运用

信息化时代,运用包括网络在内的传播媒介推动社区工作,是一项重要策略。通过传媒可以更好地了解世界,寻找更多的资源,社区也可借助传媒的优势,让公众更多地了解、支持和响应社会服务机构的号召,促成社区的改变与发展,树立社会服务组织的形象和地位。良好的社区媒体形象,又会启迪和鼓舞社区居民热爱社区,建设社区,集聚社区的智慧和力量,推动社区工作的发展。

第一,制定媒介策略,发展媒介关系。社区媒介策略是指社区工作中运用传媒扩大社区影响的一整套方针和部署。由于每个社区状况不同,工作策略和重点不同、存在问题不同、与传媒的关系不同,不同的服务机构会有不同的媒体运作策略。但要发展与媒体关系,需做好以下基础工作:

① 搜集传媒工作者的资料。留意不同媒介对组织关注的事件的编辑、记者,通过熟人介绍媒体工作者,主动接触。

② 整理通讯清单。内容包含不同传媒服务机构可运用的版面和节目,这些版面和节目的主编、编辑、记者名单、通讯方式,用电脑整理好,随时更新。除此之外,可按不同关注类别、出版方式、性质等加以分门别类,使接触更有针对性。

③ 发展与传媒关系。与传媒工作者进行初步接触,可用书面/小册子的方式介绍自己的服务机构,并留下联系人姓名、联系方式,为日后与他们的接触打下基础。发展与媒介的关系要注意和了解传媒以及传媒工作者的工作情况,尽可能采用当面拜访的方式,主动介绍自己,宣传自己。表达对沟通工作的兴趣,关注传媒工作者的工作及其感受。

第二,策划新闻事件,吸引传媒报道。要吸引媒体报道,需要关注事件的新闻价值。一般来说,具有新闻性的事件,具有以下特点:

① 涉及的人数众多,与大众有直接关系;
② 事情非同寻常;
③ 与著名人物或重要人物相关;
④ 有新的或权威的发现;
⑤ 事件主题契合当前热点话题;
⑥ 事件有人情味和独特性。

因此,吸引媒体报道需要有精心地策划,体现事件的"新闻性"。

第三,运用媒介的途径和技巧。媒体的运用可以有多种途径,在活动中采访报道、召开记者招待会、人物专访、事件特写,都可以达到宣传及扩大影响的目的,下面介绍几种常用途径:

① 邀请记者报道。为了扩大活动的影响,在社区举办一些活动时,可邀请记者出席采访并撰写新闻稿。口头或书面的形式联络媒体,便于安排人员和物资设备进行采访。通常在邀请记者的时候,应该告知单位或服务机构名称、活动名称、活动背景和主要内容、预计效果、独特性、重要性,活动的主要议程、安排、时间、地点,是否有重要人物到访、联系电话,传真电子邮件等等。

② 举办记者招待会。记者招待会也称新闻发布会,是社会服务机构为公布重大新闻或解释重要方针政策,邀请新闻记者参加的一种特殊会议。社会工作者可以通过记者招待会有组织地广泛传播各类信息,吸引新闻界客观报道,搞好媒介关系。其信息发布的形式正规且高规格,有助于促进社会服务和新闻界之间的双向沟通和合作。

召开记者招待需要准备以下工作:一是会议的必要性研究;二是确定会议主题;三是确定邀请记者的范围;四是选定时间和地点;五是选定主持人和发言人;六是根据主题准备各种材料;七是做好会务工作,包括发请柬、布置会场、检查设备配置、确定会议程序等;八是必要时安排参观或会后举行茶会、酒会、便餐等招待活动;九是做好经费预算;十是做好会议效果的评估工作。

③ 接受媒体访问。为了扩大自身的影响范围,宣传政策和经验,可以应邀或主动设计一些采访。为了保证效果,需事先准备六个方面的工作。

一是了解采访会的呈现形式以及影响度。在何种媒体上以什么形式呈现,是电视、电台还是报刊?是专访还是新闻片段采访?播出时间或刊发版面如何?二是收集有关资料。如统计数字资料、研究资料、典型案例、有关政策或官方观点等,通过收集的资料来补充自己的观点和加强说服力;三是选择从不同的角度谈论一个问题,并引用例子说明,以便分析和论证更具体形象化;四是将观点按重要性和逻辑关系排列起来,表达要浅显易懂;五是预先构想会被问及的问题,并做一定的准备;六是必要时可与记者协商讨论采访的内容,做好心理准备。

接受采访时,要结合讨论的问题,考虑自己的立场态度,同时也要考虑受众的状况,有针对性地进行表述,态度诚恳,内心平和,语言流畅,声音清晰,围绕中心进行表达,并做适当的总结。总之,要有充分的准备才能应变灵活,达致最好的宣传效果。

3.3.2 情绪支持技巧在社区工作手法中的运用

在社区工作中,情绪支持主要表现为发展社区支持网络。社会支持网络分为一般的社区支持和特定的社区支持,前者包括归属、接纳与关怀等,这些支持可以促进社区整合和情感支持,提供社区居民归属感和认同感。后者包括尊重或鼓励,资讯和信息,以及有形的物质支持等,这是一种问题导向的支持,当社区居民遭遇到某种特定的问题或需求时,可能希望获得这些特定的支持。发展社区支持网络的策略有:

1. 网络分析

社会工作者在着手发展社区支持网络前,有必要对社区现有的网络进行分析,掌握现有网络的形态与功能,并根据社区的需要和问题衡量现有网络的应用价值。网络形态主要指的是网络的广度和深度,具体而言,包括网络的大小、网络成员互相联系的方式次数,以及不同网络之间的关系等要素。一般来说,一个网络在广度和强度上很难兼顾,成员之间关系紧密,彼此来往,频繁的网络通常规模较小;而规模较大的网络很难实现所有成员之间保持经常性面对面的交往。网络功能是指通过对网络成员互动的内容方向和结果的描述和分析,社会工作者可以了解网络对其成员是否起到支持作用以及是何种支持。

2. 发展自助小组

自助小组是由一群有共同需要、面临共同问题与困难的个人组成的小组,适用于残疾人、慢性病或严重疾病患者、面临心理困扰的人士、下岗失业或经济困难人士等由于个人因素和社会因素而处于弱势地位的人群。困难人群自身的社会支持网络通常比较薄弱,所以协助他们建立自助小组,是帮助其发展社区支持网络的重要途径。在自助组织的发展过程中,可能遇到不同问题,如社区需要和社区问题等外部环境的改变;成员的增加、减少和更替;内部矛盾;迷失发展方向;居民带头人的领导地位受到挑战等。社会工作者一方面需要指导自助组织的成员学习如何自行处理各种危机,另一方面也需要清晰地界定自己在必须介入时所承担的角色。当自助组织出现问题时社会工作者可以采取以下一些策略。

① 缓和矛盾。在适当的时机介入,避免偏袒任何一方,做到对事不对人,扮演矛盾协调者、缓和者的角色。

② 协助自助组织重新界定其功能,也可以向自助组织建议一些未考虑到的发展方向、功能或活动。

③ 与成员分享自助组织的发展过程以及可能出现的困难,鼓励大家共同努力,渡过难关。

④ 与成员保持一定的距离。在自助组织有需要时才提出中肯的批评和建设性建议。

⑤ 协助自助组织在社区中不断发掘新动力。

3. 发掘和培育志愿者

发掘和组织志愿者参与,是发展社区支持网络的重要手段之一。主要技巧有:

① 主动邀请,由近及远。社会工作者在意识上要将邀请居民作为日常工作的一部分,同时认识到大部分居民是被动的,不是一次邀请就可以成功的。在社区发展志愿者的时候,应不断地主动地向居民发出邀请。在发展志愿者的时候,要遵循由近及远的原则,社会工作者可以先从身边的人入手,鼓励身边的人和接触较多的居民成为志愿者,然后再推动他们邀请,通过滚雪球的方法吸引更多的人成为志愿者。

② 建立平等合作关系。社会工作者在发展志愿者时,应与他们建立良好的关系,尊重他们的参与,切忌将志愿者视为廉价的劳动力。如果社会工作者能够身体力行与志愿者一起工作,更容易和志愿者建立平等合作的关系。

③ 提供参与和成长的机会。社会工作者须按照志愿者的能力、意愿、兴趣给他们安排工作,保证志愿者所做的工作既有意义也力所能及,使其拥有一个愉快的志愿服务经历。另外,社会工作者在实践的过程中,要给予志愿者学习和成长的机会,让他们参加不同类型的工作,扩大他们的视野,增加他们的工作经历,激发他们的参与热情,提升志愿服务能力。

④ 明确方向,提供资源,回应需要,多加鼓励。在志愿者参与过程中,社会工作者要清楚而具体地向志愿者表达工作任务和要求,避免不必要的猜测和误解,使志愿者工作有清晰的目标和方向,同时,社会工作者也要对工作做充分准备,提供必要的资源,提升志愿者的工作信心。此外,也要回应志愿者的基本情感需要,如被尊重感、被认同感、成就感、归属感。允许志愿者有选择工作岗位的机会,吸引他们长期参加志愿工作,对他们的贡献和付出多加鼓励,给予适当的物质和非物质表彰。在日常的非正式交流中,口头赞扬也是一种有效的激励。

3.3.3 协调关系在社区工作手法中的运用

在社区公共事务的治理上,居民有不同的发声。为了倾听社区不同利益群体的意见,协调各方关系,社区工作十分强调居民的集体参与,使居民聚集在一起讨论社区问题,充分表达自己的意见,计划行动方案。召开居民会议就是经常性的工作之一,是动员居民和组织社区工作中不可缺少的一部分。居民会议有一般工作会议和居(村)民代表大会两种,规模大小不同,程序基本一致。

(1) 居民会议的作用。居民会议是民主参与的途径之一,参加者民主平等地表达与分享个人的意见和主张,学习聆听、尊重等,彼此加深认识,相互影响。社会工作非常强调居民会议的过程目标及参加会议对参与者成长的促进作用,另外会议的目标还包括交流信息,分享信息,报告工作进展情况,讨论问题,做出决定,增进参与者的关系和合作,学习解决问题方法,提高民主参与的意识等。

(2) 会议组织的步骤。通常分为会前准备、会中、会后促进和行动四个步骤。

会前准备:确定会议目的、会议内容、程序安排、参会人员及通知,场地设备的安排,提前到场检查,各项安排落实情况人员联络,会前接待。

会议进行中:营造民主、平等、轻松的会场气氛;按议程进行,注意把握时间;有集中讨论、反馈环节的,不能拖延时间太长;决议要经反复讨论,谨慎通过;注意观察和掌握会场气氛和与会者的反应;主持人做集中归纳和总结,突出主题以及收获。

会后促进:进一步明确会议决定;着手会议决定的工作;通知未出席者有关会议的重要内容和决定;整理好会议记录,将任务落实到人。

行动:执行会议决定,必要时征求有关人员意见,做好下次会议报告行动的准备,并随时与与会者通报工作进展情况。

(3) 会议主持的技巧。会中,主持者的技巧以及所带动的场内气氛是会议成功的关键。组织者作为会议的核心,要用到以下一些技巧。

聆听。要让发言者知道自己的意见有人倾听,要从讲话人的语言内涵和表达方式中收集更多的信息,同时观察其他与会者的反应。

提问和邀请发言。要善于启发引导和鼓励参与者发表意见,用开放式的问题给每个人均等的机会,有时也要特别邀请征求有关人员的意见,或阻止滔滔不绝者的发言。

注意澄清和引导。为使发言不离主题,要适时复述发言者的意见,及时核实和纠正一些观念。

综合、集中。及时综合各方的意见,做出总结分析,找出共同点、分歧点,把握会议进程。

多用赞美和鼓励。对发言和提供信息的人予以及时的鼓励和肯定,使其感到被尊重和重视,增加日后参加社区活动的积极性。

运用身体语言。主持人的目光、面部表情、身体姿态都可以辅助会议的主持,尤其是目光和表情的运用,要让参加者感受到主持人对每一个人同样的关注,态度开放、谦和、友善、民主。

时间管理适当。会期适中,不拖延。

(4) 会议的组织要点

在会议组织过程中要清楚会议目的;认真计划会议进程;邀请有关或有需要的人士参加;事前向有关人士简要汇报会议情况;主持人主持会议而不是垄断会议;让所有人有发言机会,互相沟通,彼此回应;使参加者身心舒畅,觉得参加会有所收获;保证会议能带来行动;避免会而不议,议而不决,决而不行,行而无人负责。

如果是居民大会,会前的宣传及动员是重点。因为会议召开的目的就是将重要的社区问题和事件告知居民,使他们加强对问题的认识,提高关注程度,所以广泛的动员也是一种宣传推广工作,可以通过各种海报、宣传单、展览和走访,让更多的社区居民了解会议目标,关注和参加会议。

3.3.4 能力提升在社区工作手法中的运用

社区工作需要居民的积极参与,居民自身能力的高低影响着社区工作的有效推进。因此,社会工作者需要通过孵化社区自组织、培养社区领袖和志愿者、加强社区教育等方式整体提升居民能力。

1. 自组织成立与维系

第一,社区团体和组织的建立。

首先是接触和组织居民。招募成员是建立和发展社区团体和组织的重要基础;要对进行招募的社区团体和组织有全面的了解,能向招募对象简要陈述团体和组织的状况;能回答居民对招募团体和组织的疑问。对招募的对象有所了解;在与招募对象接触时,可从个人利益、问题利益和组织吸引力等方面吸引。避免喧宾夺主、让居民感觉压力太大。

其次是界定团体和组织的目标。协助居民将他们的需要转化为可以落实的工作目标,制订出具体内容、优先次序和预计参与的人数。初次活动尽量避免选择太困难或需承担太多的工作目标。社会工作者采用非主导的工作手法,提供居民自决机会、发展机会。

再次是建立团体和组织结构。目的是帮助居民从中学习独立自主并获得成长,避免要处理太多事务、过程太费时而影响参与热情;避免过分注重巩固及维系核心成员而忽略了接触和发展基层居民的工作。

第二,社会团体和组织的维持和发展。推进社会团体和组织要始终关注机构目标、策略及结构的调整;注重内部沟通模式的建立,加强组织成员与骨干的训练,并及时处理团体和组织中的矛盾与问题。

目标、策略及结构的调整方面:坚持社区团体和组织的核心要素,关注机构的使命、愿景和价值观。

内部沟通模式的建立方面:正式沟通(召开定期会议、设立公告栏、建立档案资料、设置联络员、成立工作小组等);非正式沟通(定期联谊活动或工作聚餐、生日、节日团拜、走访、电话联系等)。

成员与骨干的训练:提供学习和培训的机会,如课程、讲座、角色扮演,一起家访或开会。训练的范畴应兼顾认知、情感、行动层面。训练内容包括:如何处理社区问题、日常运作的基本管理和沟通知识、一般性活动的程序设计和推行;危机或突发事件的处理。

危机及问题成员的处理:扮演矛盾缓和者,对事不对人,协助团体和组织重新界定功能;与团体和组织的成员分享发展过程中可能出现的困难,鼓励大家;与成员保持一定距离,有助于提出建设性建议和中肯的批评;协助团体和组织在社区中继续发掘新动力。

2. 社区领袖培训

社区领袖是指能够把握团体希望和要求的实质、代表团体意愿、为团队行动提供意见和方向的核心人物。一个好的社区领袖通常拥有以下特点:热爱人群,易交朋友,善于聆听,易与别人建立良好的人际关系,勤奋工作,乐于表达,表达能力佳,思想开放,不固步自封,勇敢面对困难,严以律己,自我认同感强,协助别人建立自信,有广阔视野,具有历史感和前瞻性,善于处理压力。事实上,上述条件对领袖的要求非常高,很少有社区领袖能够完全具备。社会工作者在鼓励居民参与的同时,应积极和小心留意观察有哪些居民拥有以上的特质,并加以发掘和适当培养,以达到事半功倍的效果。

此外,社会工作者应积极教导社区领袖的工作技巧,包括人际关系技巧;开会技巧;演讲技巧;组织技巧;谈判技巧;游说技巧;传媒接触技巧;资源动员技巧;沟通技巧;管理技巧;需要战略及战术技巧;检讨技巧;小组带领技巧等。上述的技巧均可以通过学习加以改善,社会工作者可以通过训练、实习、示范、阅读文章、录音、观看影音教材、亲身体会、观察、讨论和角色扮演等方式,来加强社区领袖的技巧训练。进行上述技巧培训时,应遵循以下学习要点:每次学习的内容宜小不宜大,宜少不宜多;每次学习宜集中学习一两种技巧,不宜过多;从经验中学习得到的技巧效果最佳,故宜把学习的技巧运用在日常的生活中;学习主题必须是社区领袖有兴趣的;学习目标是扬长避短,故学习的内容应随不同领袖有不同的设计;应多向别人学习,从中取长补短。

在培育社区领袖时要慎防问题领袖的出现。这包括领袖对组员不尊重、强迫组员参与、公私不分、把个人利益置于组织利益之上,不受组织约束,独裁专权,言而无信,工作过分集中于一身,形成超负荷状态及情绪问题,影响组织工作等。因此,社会工作者不应自满于培育一两名居民领袖,而应该不断和尽量培训居民领袖;在组织内建立和完善民主参与和监察机制,权责分工,避免工作过分集中,也令居民通过分工学习新的技能,从而成为有潜质的领袖,在组织内不断灌输民主意识和观念;建立良好的沟通和互相支持的文化,以加强彼此之间的支持;只有这样才有助于把问题领袖的影响减至最低,组织的发展才更趋健全。

工作者在培育社区领袖时,应注重学习以下培训技巧。

鼓励参与。参与是居民通向社区领袖的重要环节,故社会工作者应主动邀请有潜质的领袖参与组织工作。

给予鼓励和肯定。针对居民缺乏自信、自我形象不高的特点,社会工作者应在居民领袖实践的过程中对其表现较佳的地方给予鼓励和肯定。

宣传当家作主的精神。社会工作者应不断地向社区领袖灌输当家做主的精神,以建立自主自立的意识。

建立民主的领导氛围和精神。居民领袖应受到监察并按居民的意愿和利益而为,因此,社会工作者应积极向居民领袖培训民主意识。

不断提供居民领袖学习的机会。要居民领袖独当一面,社会工作者应按照居民领袖的能力水平给予适当的学习机会。

建立从检讨中学习改进的习惯。居民组织和居民领袖的成长,不只是从实践中学习和吸收知识与经验,也可以从事件中检讨成败得失,借以发挥所长,改进不足。社会工作者应协助居民领袖培养检讨和自省的习惯。

建立居民领袖权责分工的意识。不少居民领袖由于不懂权责分工,往往弄得其工作量集于一身,甚至分工不明,权责不清而令居民领袖之间出现摩擦,致使工作效率低下。社会工作者应加强居民领袖权责分工意识和观念的培养。

培养理性讨论、充分沟通和尊重少数的领导作风。许多居民领袖把民主精神等同于大多数人的决定,而看不到民主的原则是包括充分沟通、理性讨论和尊重少数等条件在内。因此,社会工作者应注重培养居民领袖对民主原则的理解和认同。

3. 志愿者队伍的培训

总的来说,主要培训志愿者建立如下工作价值观:

表达爱心、关怀、分享的积极行动;

体现互助互爱,互相学习的精神;

人人平等参与,互相引发潜能,共同贡献社会;

增进人与人之间的接触,协助反映社会问题及服务对象的需要;

提供丰富人力资源,协助加强及提升服务的品质;

志愿者可做桥梁,协助加强社会服务机构与社区的沟通;

丰富个人的生活体验;

发挥所长及学习新知识和技能,尽公民责任,贡献及回馈社会。

4. 社区教育

社会工作者强调居民透过集体行动改善生活素质,从而增强自信心及提升关心社会的意识。在这个过程当中,社会工作者扮演教练、导师、顾问的角色,务求居民领袖能充分总结经验,在知识、技巧、分析能力和价值观方面都有所长进。换句话说,社区教育是社会工作者的一项重要任务,目的是促进居民掌握自己命运的信心和能力,使他们积极投入社区服务,争取权益。

第一,社区教育的程序和步骤:

① 依据不同类型的对象确定不同的社区教育方法。社区教育必须针对不同的层次、方法及服务对象,设计不同的教学形式和评估方法,因材施教(如图4-13所示)。

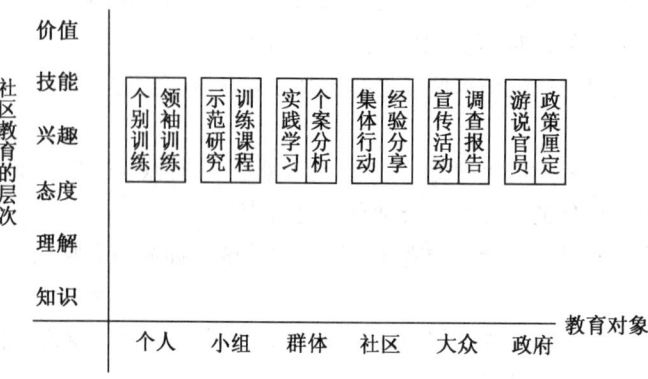

图 4-13　社区教育模型

② 依据居民不同的参与层次确定不同的社区教育目标。社会工作者在设计个别教授及社区宣传教育时,必须对居民的参与水平、能力和需求作个别评估,按照居民的不同参与层次,因材施教,将大部分表现冷漠又不愿意参与的居民,提升成为旁观者,进而将旁观者吸引成为工作小组成员,使他们积极参与社区建设工作,最后将他们发展成为居民委员会委员或其它社区组织领袖,有系统地建立长期的社区改善机制。

社区教育作为社区工作的组成部分,目的是提升居民的社会意识及参与兴趣,增强他们投身公平及正义,谋求社区生活的改善。社会工作者借着不同的教育方法,增强学员的信心、好奇心及求知欲,丰富知识及提高分析能力,并教导组织及基层动员的技巧(见表4-6)。

表 4-6　参与层次与教育重点

参与层次	教育重点及目标	心　态	工作手法
领袖(居民委员会委员)	态度:以公众利益、社会公义为己任; 行为:组织集体行动、基层动员及领导能力; 知识:政策分析、权力资源分布、政府架构。	成就取向(可实现一些目标); 权力取向(有影响力、受人重视); 关系取向(有人认同); 意识提升(社会公义、为社区服务)。	培养领袖技巧及才能; 提供策划、决策的机会; 提供社区内外的代表机会,进行社区联系; 增强领袖行为的满足感; 增加社区内居民对领袖的认同和支持。
组员(积极参与者)	态度:认同"不平则鸣""打抱不平""见义勇为"的精神; 行为:主动发表意见及参与具体的实务工作; 知识:分析问题,并能建议解决问题的方法。	成长取向(希望继续学习,发展自己); 调剂生活(有时间便实现一些理想或目标); 服务取向(帮助他人); 关系取向(有志同道合的朋友)。	以较长线的课程、小组维持; 较长线及结构性的活动、服务; 提供参与机会,增强参与的成就及满足感; 建立小组、社群的归属感; 提供更多扩展生活领域的机会。

续表

参与层次	教育重点及目标	心态	工作手法
旁观者（响应参加者）	态度：认同集体参与的重要性，予以参与； 行为：在许可情况下参与集体行动，询问事件发展； 知识：了解集体争取的目标和途径。	资料掌握（想了解多一些）； 活动取向（有娱乐活动）； 利益取向（得到利益）； 关系取向（想结识他人）。	加强彼此的认识、关系； 加强活动的满足感； 吸纳为短期、事件式的义工 吸纳为联络人、咨询对象； 提供直接参与途径； 针对需要提供服务。
冷漠居民（不响应，不参与）	态度：以"共同利益"引起兴趣，以"利益"为出发点去关心社区事务； 行为：留意宣传活动的内容，发表个人意见； 知识：明白社区集体行动事件的轻重影响。	尝试、观望究竟可以实现什么； 好奇心（有引起兴趣的事件） 利益取向（不要吃亏）。	提供开放式的参与方式；吸引注意力及提供详细的参加资料； 以推销的方式邀请参与； 明白他们的兴趣、需要； 留下联络的方法。

第二，社区教育常用工作手法。在社区发展过程中，社会工作者强调居民的成长及独立思考，提升居民的办事能力及培育集体和民主意识，并使居民掌握动员和游说的技巧等。透过居民的集体参与，建立互相关怀、合理分配资源的公平社会。这个社区发展过程就是一个教育的过程，个人、群体、社区、政府等都可以在这个过程中得益及自我实现。教育也是一个授权或使能的过程，透过分析困难、辩论政策、集体行动、游说及反思，使居民的自信、自主、自立、自决的信心和能力大增。社区教育常用工作手法包括以下内容：

知识及资料的传播：社区教育工作者经常向居民解释有关法规、政策及咨询文件，确保居民能得到必要的知识及资料来保障自己的权益。社会工作者以单张、通讯、街头剧、广播、集会、研讨会等方式，向居民传递有关的信息。顺口及流畅的口号或歌曲是有效的意念传递媒介，而个案和统计数字有利于说服工作。

领袖训练：训练居民代表或领袖是社区工作的一项重要任务。社区工作所提供的领袖训练大多以个别教授方式进行，按照个别领袖的情况及水平，设计训练内容。社会工作者通过家庭探访、讨论和分享，向居民领袖提供有关政策发展的背景资料和分析架构。剪报、图表和分析架构表等文字参考可以加强概念性思维的引导和发展。领袖训练课程可以同步进行，通过辩论和讨论，使居民建立批判思维的习惯。领袖训练也可以加插在定期的居民会议中，制造不断学习的环境和良好的氛围。社会工作者也可因此建立起自己作为导师和教练的地位和形象。

社会行动：从行动中学习是最有效的教育方法。居民通过参与集体行动，能够澄清问题的影响范围，了解现时政策及服务的流弊，从而向有关方面提出适切的要求，并发动社会力量支援行动，进而参与谈判，进一步明了自己的权益。社会工作者应该有目的有计划地从中渗入教育成分，在行动过程中及完结后充分总结经验，并对积极参与的成员提供集体和个别的鼓励及意见，令他们能确定自己参与的作用和意义。

居民动员：社区工作的教育目标并不限于领袖培训，居民的教育和动员也是目标之一，因为这样可以整体加强居民对改善社区环境的关注，以及提升居民之间的互助精神。社会工者不能把社区教育的重点过分集中于少数领袖身上,或将时间花费在提供服务和社会行动方面,忽略了居民动员和教育。对"冷漠居民",社会工作者可以多利用家庭探访、个人影响及软性的活动(例如广播剧、街头剧等),引导居民关心共同的问题,并思考解决问题的可行方案。

社区关系:如果社区工作队及居民组织能够成功争取专业团体及政府官员的支持,社区问题或社区改善计划便能事半功倍。建立良好的社区关系是持续的教育过程,要让有关的决策人士体会居民的困难。个案故事和统计数字是打动局外人、激发同情心的常用工具。社会工作者必须认识传播媒介的特质,并掌握与新闻工作者合作和沟通的技巧,争取通过传播媒介的报道引起社会人士关注,增强支持居民的力量。

互助运动:在推动社区照顾关怀运动时,社区意识的宣传教育、社会氛围的营造、家居照顾技巧的传授、义务工作人员的动员等,都需要运用社区教育的技巧和手法。例如,某社会服务机构以调查研究、家庭探访、社区活动、展览、演讲、记者招待会、讲习班等形式,发掘一群受助的困难家庭,希望提升他们对自己权益的认识,建立表达自己困难的自信心,鼓励集体表达要求以争取权益,同时也建立困难家庭之间的信任,使他们开始互相帮助。通过电视特辑,公众得知困难家庭儿童的苦况,主动联系电视台,希望可以提供物质方面的帮助,或者希望成为义工,辅导这些儿童的功课。为了鼓励居民参与互助运动,社会工作者必须掌握很多成功互助的例子,以便向服务居民说明互助的目标、可行性、方式和成效。

3.3.5 危机介入在社区工作手法中的运用

危机是指个人、群体或者组织由于突发事件的出现而受到破坏,严重威胁正常的生存与发展的状态。在社区工作当中,危机主要是指公共危机。公共危机就是一个事件突然发生对公众正常的生活工作,乃至生命财产构成威胁的状态,如2003年春天发生的SARS。公共危机具有突发性、威胁性、不确定性、紧迫性、破坏型、无序性和隐蔽性等特点。一般来说,公共危机从生成到被消除,要经历潜伏期、爆发期、持续期、解决期、善后期等五个发展阶段。公共危机管理是应对社区公共危机的一种形式。公共危机管理的主体主要是政府,同时也有包括行使公共管理的其他公共服务机构,如非政府组织、第三部门等。以下介绍几种具体的危机管理模式和管理策略:

1. 危机管理模式

公共危机管理的重点在预防。以预防为主,这是最主动积极的危机管理态度。公共危机管理的功能是防范、化解危机,不仅要管理已经发生的公共事件,实施化解措施,减少由于危机所造成的损失,同时还要在日常工作中未雨绸缪做好防范工作,把可能发生的公共危机消灭在萌芽状态。常见的危机管理模式有:

① 奥古斯丁六阶段模式

第一阶段:危机的避免。预防危机的发生。这一阶段往往为很多人忽视。在这一阶段,管理者需竭力规避风险,对于无法避免的风险,必须建立恰当的保障机制。

第二阶段:危机管理的准备。建立危机处理中心,制定应急计划,事先选定危机处理小组成员,提供完备和充足的通信设施,建立重要的关系等。在为危机做准备时,需要留心那些细微的地方,忽略其中一方面,其代价都将是高昂的。

第三阶段:危机的确认。通过收集各种有效信息,确认危机已经发生,并找出造成危机的根源。尽快识别危机是有效控制和解决危机的前提。在寻找危机发生的信息时,需要尽可能倾听各种不同公众的看法,也可以寻求外部专家的帮助。

第四阶段：危机的控制。根据不同情况确定控制工作的优先次序，尽快将危机所造成的损失控制在最小的范围之内。在这一阶段，果断进行决策是最重要的。在危机发生之前，已经制定了明确的危机管理计划，因此危机控制过程一般都会有计划地进行。

第五阶段：危机的解决。根据危机发生的原因，实施针对性强的危机解决对策。危机不等人，在这一阶段，速度至关重要。

第六阶段：从危机中获利。危机管理的最后阶段就是总结经验教训。如果在危机管理的前五个阶段做得较好，第六阶段可以提供一个至少能弥补部分损失和纠正所造成错误的机会。

② 罗伯特·西斯的4R模式

第一阶段：缩减阶段（Reduction）

在缩减阶段，主要任务是预防危机的发生和减少危机发生的冲击程度。对任何有效的危机管理而言，缩减是核心，因为在缩减阶段危机最易控制，花费最小，只有对各种细节的变化多加注意，防微杜渐就可以防止一些危机的发生，促进管理，增强沟通，提升品质等都可以在不知不觉中降低危机发生的可能性。

第二阶段：预备阶段（Readiness）

危机发生之前，必须做好防御计划，对员工进行技能培训和模拟演习，并保证预防措施深入人心，确保危机一旦发生将损失降低到最小，并尽快恢复常态。

第三阶段：反应阶段（Response）

危机爆发之后，需要及时出击，在尽可能短的时间内遏制危机发展势头，运用各种资源解决危机，防止事态进一步恶化。

第四阶段：恢复阶段（Recovery）

通常在经历过危机之后，人和物都会受到不同程度的冲击和影响。危急情境一旦得到控制，应着手恢复工作，并应就危机处理过程中反映出来的问题改进危机管理工作。

③ 米特罗夫和皮尔森的五阶段模式

第一阶段：信号侦测阶段。识别危机发生的预警信号。

第二阶段：准备及预防阶段。对可能发生的危机做好准备并尽力减少潜在损害。

第三阶段：损失控制阶段。危机发生后，尽力使危机不影响其他外部环境。

第四阶段：恢复阶段。尽快从危机的伤害中恢复过来，实现正常运转。

第五阶段：学习阶段。从危机处理的过程中汲取危机发生的经验教训，加强危机防御，提高危机处理效率。

2. 危机管理策略

美国联邦紧急事务管理局把公共危机管理过程分为危机缓和、危机准备、危机回应、危机恢复四个阶段。非政府组织是实施公共危机管理的重要力量。非政府组织具有较强的使命感，通过具体的行动策略和行为方式参与社会事务和公共政策的执行过程，展现其社会影响力。

第一，危机缓和阶段。危机缓和意味着在危机发生之前遏止或遏制危机，在任意一个相对独立的危机管理链中，危机缓和处于整个危机管理时间序列的首位，是整个危机管理过程的开端，是危机准备、危机回应与危机恢复的基础。这个阶段的措施主要包括以下几种：

一是组织制度建设措施。公共危机管理者必须在危机发生之前就创建或确定担负消除与减缓危机职责的组织服务机构；同时，公共危机管理者必须创制一定的规则体系，以长期规范危机缓和行为，使危机缓和过程具有稳定性与可预见性。

二是自然规划措施。主要是用于基础设施、城乡规划、土地使用中的危机缓和。一方面是通过降低社会、组织与个人的脆弱性,从而降低危机给人类社会带来的有害影响;另一方面是通过合理、科学的规划与使用资源并改造环境,改善危机发生地区的自然、人文状况,最终降低危机与灾难爆发的可能性。

三是设计与工程措施。即通过改良普通建筑、基础设施以及其它工程硬件设施的设计、结构与质量,以提高其抵抗危机与灾难破坏的能力。

四是经济性措施。指的是公共危机管理者通过调整宏观的经济结构,改进经济发展战略,促进经济结构的优化与经济体系的良性运转,以降低危机可能对经济发展造成的危害。

五是社会性措施。指的是推进社会公众参与危机缓和过程的具体活动,主要包括创建以危机缓和为目的的非政府组织网络、建立社区基础的危机缓和机制以及通过对公众危机意识的强化与训练。

第二,危机准备阶段。危机准备是指公共危机管理者为了应对可能发生的危机事件所做的各种准备工作,以便当危机出现的时候有效地应对危机。在这个阶段,危机已经进入前兆阶段,但如果公共危机管理者能够及时处理的话,则整个危机局势仍可转危为安。要想做好危机管理的准备工作,必须抓住以下几个环节:

一是建立危机组织服务机构。指的是危机处理部门、协调服务机构等组织服务机构的建立。现代社会的公共危机管理是一个组织化的过程,危机回应行为需要特定的组织依托,即使是个人与家庭的危机应对行为也离不开一定的组织保障;并且随着危机影响面的扩大,危机回应组织之间的相互协调也越来越重要。

二是建立灵敏、准确的信息监测系统。及时发现危机征兆,对爆发危机的可能性做出准确地判断,及时发布危机可能爆发或即将爆发的信息,以引起有关人员或全社会的警惕。

三是制度准备,即公共危机管理者逐步建立健全和危机管理密切相关的法律、法规、地方法规、部门规章等规范性文件,以作为应对危机时的行为准则,使危机预防与危机管理规范化、制度化。

四是事先做好危机应急计划,即结合国内外管理危机的经验,制定各类危机如自然灾害危机、重大疫情危机、政治危机等应急计划和应急方案,配备好危机中和危机后处理各种问题所需的人力、物力、财力,保证危机管理者在真正面临危机时反应更为积极迅捷,也可以降低危机回应行为的不确定性。

五是就应急预案组织模拟演习和培训。通过模拟危机情势,未雨绸缪,防患于未然,不仅可以不断完善危机发生的预警与监控系统,也能够使社会和公众培养危机意识,如不断进行的消防演习,通过演练各种可能在实战中碰到的问题培养消防人员的消防意识,能够使消防人员时刻做好防火的心理和物质准备。

第三,危机回应阶段。危机回应是指对于已经发生的公共危机事件,危机管理者根据事先制订的应急预案,采取应急行动,控制或者消灭正在发生的危机事件,减轻灾害危害,保护人民生命和财产安全。危机回应阶段是公共危机管理的核心,对于无法防止的危机事件,危机管理者必须采取应急行动,才能保护人民的生命和财产安全。

要对危机信息进行搜寻与危机识别。危机情境下的信息是不完全不准确的,但危机信息对于公共危机管理者及时处理危机又具有极为重要的意义,因此,当危机爆发之后,危机管理者必须在第一时间搜集足够多与足够准确的信息,并对其进行分析,以识别所爆发危机的种类、特征、原因等等。

要根据搜集到的信息进行危机决策。危机决策意味着决策者在有限的时间、资源、人力等约束条件下完成应对危机的具体措施。危机决策是危机处理中的重要环节，在危机状态下，危机决策者要力争做好快速决策，尽量避免过度分析，以最快的速度做出应对措施，尽可能降低危机的危害性影响。

执行决策，做出回应。危机回应是危机管理者直接采取措施减少危机危害，隔离危机影响，救助危机受害者的行为。危机回应是危机管理者应对危机状况的最直接表现，也是危机决策的执行过程。由于危机种类也复杂多变，危机回应的具体行动也十分复杂。它包括了许多环节，如隔离与移民、搜寻和援助、紧急救助、基本设施的提供、社会沟通等等。

第四，危机恢复阶段。危机应急处理阶段的结束，并不意味着危机管理的结束，而是进入了一个新的阶段——危机的恢复阶段。所谓危机的恢复，是指通过各种措施，恢复和重建正常的社会运作和秩序，此阶段是公共危机管理不可分割的组成部分，在整个危机管理过程中有着重要的作用。为此，危机管理者需要很好地了解确定和解决两个重要任务：

圆满处理危机善后事务。即以危机问题的解决为中心和契机，配套解决和控制一些与危机问题相关的，可能导致危机局势再度发生的各种社会问题，巩固危机管理的成果。例如危机管理者应该尽快帮助群众进行生产自救，及时提供公众生活的日常与必需物品，调查危机根源以及对危机后的社会心理、社会结构等。总之，危机管理者要从多方面重建社会秩序，恢复基础设施，创造稳定的社会秩序以帮助公众建立信心。

从危机中获得经验。即危机管理者通过对危机发生的原因、危机处理过程的细致分析，总结经验教训，提出危机管理在技术、管理、组织服务机构及运作程序上的改进意见，进而进行必要的组织变革，最大限度地杜绝和减少新的危机发生的可能。

项目五 评 估

评估有广义和狭义之分。广义的评估是社会工作者和相关研究人员运用社会科学方法,对社会工作的性质、任务、主要过程和环节,以及效果的一系列研究活动。广义的评估为宏观视角,关注社会工作管理(如利益相关方沟通、服务机构运营制度建设)等方面,也关注社会工作通用过程各阶段及其互相影响的作用。狭义的评估是运用科学的评估方法和技术,系统地评价社会工作的介入结果,总结整个介入过程,考察社会工作的介入是否有效,是否达到了预期目的与目标的过程。狭义的评估为微观视角,主要关注介入的成效,如个案结案评估、小组总结评估、活动总结评估等方面的应用。

评估分过程评估和结果评估两大类。

过程评估又叫形成性评估,是在服务提供或者项目执行过程中开展的一种评估活动。它通过对服务活动过程或项目实施过程及形式的评估,了解服务提供或项目实施是如何进行的,服务或项目活动是否实现了预期目标,服务手法或项目执行方式对目标完成是否具有效能与效率,从而发现服务或项目执行过程的优点和缺点,以便制定解决问题的策略,帮助服务提供者和项目执行者复制计划或修订计划。过程评估的主要宗旨是"证明服务项目是什么和是否按照预期被送达给既定的服务接受者"。基于此,过程评估着重评价从服务策划开始到服务执行和完结的整个服务过程。[①] 结果评估又叫终结性评估,是服务项目结束之后对服务结果的评估,可以分为效果评估和效率评估等。效果评估是对社会服务所达致效果的评估,考察社会服务在帮助服务对象方面产生的作用。效率评估是对社会工作投入与效果之间关系的评估,旨在了解和确定社会服务资源的使用效率。任何一项社会服务都要进行结果评估,这不单是社会工作者与服务对象共同确认服务成效的要求,是社会服务机构向政府、社会、支持者进行交代的要求,而且也是社会工作者总结反思自己工作的基本要求。过程评估和结果评估可综合运用,如项目评估是服务机构及第三方用科学方法对社会工作项目运作过程及结果的评估,是对项目的设计、策划、实施和效果等进行测量、诊断和评价,以满足问责的要求、促进项目的专业化及服务质量地提升。

---

① 顾东辉,中国社会工作教育协会.社会工作评估[M].北京:高等教育出版社,2009.209.

1 工作任务

1.1 评估目标实现程度

对应之前的服务计划,检视服务对象或项目通过一连串的活动后,目标达成程度如何,例如,服务对象在参与一连串由社会工作者提供的服务后,在认知、行为及态度方面是否有改变,服务对象所面对的问题是否有所改善。

1.2 评估策略技巧的有效性

在评估阶段,还需要评估社会工作者服务的策略技巧是否有效,需要考察社会工作者专业服务价值理念、专业服务理论、专业服务技巧等方面的运用情况,如社会工作者能否真正体现"以人为本、助人自助"的价值观和"平等、尊重、接纳、保密"等专业原则;是否依据社会工作专业相关理论正确设计服务环节;是否能恰当运用社会工作技巧。

1.3 评估社会工作者角色有效性

社会工作者角色是社会工作者作为服务提供者,在服务中为确保目标的实现所必须承担及表现出来的角色。社会工作者在服务中也有着自身的角色,并根据对其角色的理解和定位开展服务。同时,社会其他成员也会对社会工作者这个角色有所理解和期待。可见,社会工作者的角色发挥既与其自身有关,又与客观现实因素密不可分。社会工作者是否合格,对服务的开展和质量十分重要。当我们评估社会工作者角色是否有效时,需评估角色是否出现以下问题:角色不清、角色冲突、角色紧张与角色超载。

1.3.1 角色不清

在制订计划阶段,社会工作者和服务对象一起明确了双方的角色定位。评估阶段,需要衡量介入阶段的角色是否与计划阶段的角色一致,否则会出现角色不清的情况。

1.3.2 角色冲突

角色冲突分为角色间冲突和角色内冲突。

角色间冲突是指社会工作者所担任的不同角色之间发生的冲突。主要表现为两个情形:一是空间和时间上的冲突。如,当案主发生非常紧急的情况,需要社会工作者进行介入,但同时,社会工作者的家人也发生意外,需要社会工作者陪伴。二是行为模式上的冲突。如社会工作者刚由一线社会工作者晋升到项目主管,在对同事进行个案指导时,应给予更多的个案准备指导和个案分析,但由于社会工作者还未能转换角色,他直接代同事进行个案介入,享受前线工作的成就感,未能适应项目主管的管理角色。

角色内冲突,是指社会工作者在工作过程中,其他相关方包括服务对象、服务机构代表、利益相关方对社会工作者角色的期望与要求不一致,使社会工作者内心产生的矛盾与冲突。这种情况通常出现在社会工作者与服务对象、服务机构、利益相关方沟通未能达成一致的时候。

1.3.3 角色紧张

角色紧张是指社会工作者同时面临相对对立的要求而产生的压力。如社会工作者介入有上诉需求的案主时,购买方希望社会工作者尽量安抚案主情绪,使案主降低上诉的意愿,但社会工作者的价值观和服务机构希望社会工作者尊重案主自决,与案主分析上诉的好处和坏处,让案主自行决定。再如,由于案主对个案的理解比较含糊,社会工作者为避免麻烦,只通过服务对象的需求描述,未与案主沟通就设定了个案目标,导致案主的能动性较弱,依赖社会工作者。这时社会工作者对自身的角色定位为"协助案主发挥潜能解决问题",而案主对社会工作者的角色定位为"替代自己解决问题",这种完全相反的定位就会造成角色紧张。

1.3.4 角色超载

在服务对象、服务机构与评估方等多元主体的期待下,社会工作者因自身角色扮演能力不足而产生的一种紧张,就是社会工作者的角色超载。当一名社会工作者进入特殊学校时,自身接受的专业教育需要与具体实务领域进行对接,而特殊学校的岗位设置是十分稀缺的,社会工作者在服务机构中不但要作为一个教育者,还需要成为一个行政人员,处理学校的教学管理事宜,同时需要成为一个表演者,一个活动策划者,接受来自社会、上级机关的关心,安排孩子们展示自己的弱势以获取更多的社会资源与帮助,这种复合性的角色扮演为社会工作者提出了过高的要求。角色超载意味着社会工作者的专业技能的扩展不及,而在无力状态下的紧张,自然也会成为社会工作者发展有形的压力。[①]

面对角色失调,社会工作者需要的是角色管理。首先,需要对自身角色进行清晰的界定。这个角色界定不限制一种角色,且界定角色时应充分考虑服务对象、服务机构、利益相关方对这个角色与自己的理解是否一致。其次,反思社会工作者角色是否发生变化。由于服务过程中,服务对象的需要和情况是动态的,社会工作者须不断思考自身的角色是否随着发生变化,遇到疑问时建议咨询督导和其他同事,进行综合考量判断。

2 通用技术

2.1 评估逻辑框架——程序逻辑模式[②]

2.1.1 程序逻辑模式定义

程序逻辑模式(Program Logic Model)是协助活动推行者分析其活动资源投放及成效要求是否平衡的一种逻辑方式。其运作可以用简单图像方式(见图 5-1)来表达资源投放、所提供的服务活动和成效之间的逻辑性和合理性的因果关系。程序逻辑模式以逻辑关系贯穿评估始终,不只全面量度服务成效,还评量成效与服务量及资源投放的逻辑关系,令评估范畴更全面。程序逻辑模式能让社会工作者更有系统地订立服务计划,从而确定服务是否达到成效。

---

① 王笑.角色管理:社会工作者角色的困境与解决[J].长春工程学院学报(社会科学版),2014,15(4):45.
② 香港基督教女青年会,陈锦棠.社会服务成效评估:程序逻辑模式之应用[M].香港:香港基督教女青年会,2006. 43-48.

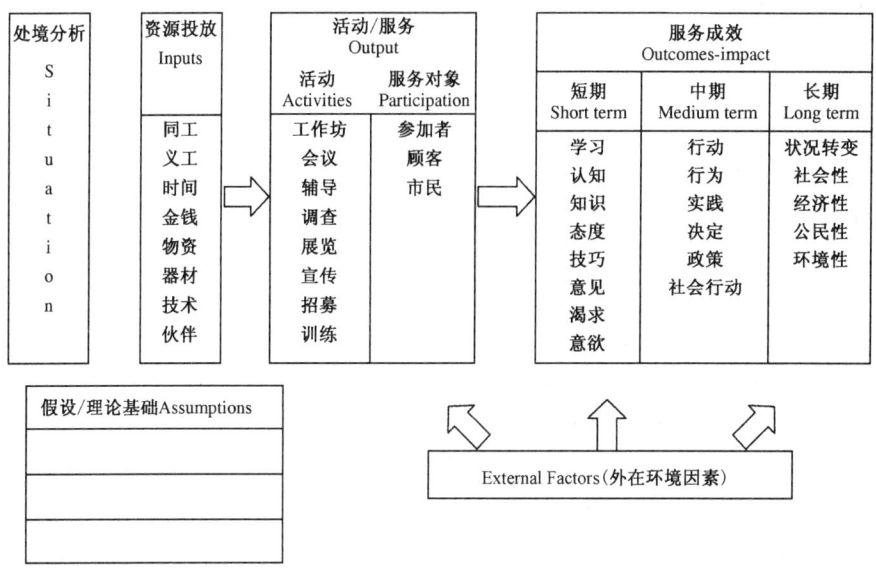

图 5-1 程序逻辑模式架构

2.1.2 程序逻辑模式的主要内容

资源投放(Inputs)：是指在服务或活动中所投放的资源，其中包括时间、人力、财力、活动物资和设备等，这些将有助服务或活动的发展。

活动/服务(Outputs)：是指服务对象所提供的活动和服务。这些活动和服务数量的多少，则视乎最终想达致的成效。另一方面，活动/服务也会关注谁是受众才能达到活动的成效。

服务成效(Outcomes)：是指活动和服务为个人、家庭、组群、社区和服务机构所带来的益处和转变，甚至是一些较长远的影响；其中所产生的转变可分为长、中及短期的成效，而这些成效所带来的转变可以是增长或减少的，例如，青少年吸烟次数逐渐减少。

短、中、长期的成效另一表达方式可以是学习(Learning)、行动(Action)、和状况的转变(Conditions)。

短期的成效是期望参加者能掌握有关的知识、态度和技巧，并引发他们对某议题的醒觉和关注，以增加他们对某议题关注的动机和改善的期望。例如，青少年认识吸烟对身体的影响。

中期的成效是指参加者能就有关议题做出具体行动或行为的转变，有具体的行动或行为的转变是一些清晰而良好的指标，让工作人员知道参加者是否已明白及掌握有关的知识。例如，青少年吸烟次数减少了。

长期的成效是指参加者持续实践所学习的并持之以恒，便会带来整体的转变和深远的影响。例如，青少年能戒除吸烟的习惯。

短、中、长期的成效之间必须有逻辑性的关系，先要对某事情有所认识，并有具体执行的措施或方案，才可达到长期的成果。从另一方面来说，若想达到某些长远的、预期的成效，则须应订立那些中期和短期的成效，以协助获取长期的成效。

假设/理论基础(Assumptions)：是指推行整个活动和服务计划时对服务对象所持的信念、

活动过程中需要遵守的重要原则或达致成效的理论架构。例如,若青少年能学习一些新的技巧来拒绝吸烟的行为,以及青少年认同吸烟对自己造成负面的影响,将使青少年吸烟数字得以下降。假设/理论基础能指引社会工作者订立整个活动和服务计划的方向和重点。

处境分析(Situation):是指活动和服务推行时的状况或背景因素,即社会工作介入时对问题的理解或需要分析,这些分析推行该项活动或服务的缘由。成效的订立与处境分析有密切关系,假若社会工作者对处境分析不够全面或未能作出清晰而准确的判断,则容易造成订立一些不合理的成效或未能适切地回应服务对象的需要。因此,良好的处境分析将有助订立服务成效的优先次序,并对整个问题作出适切的回应。因状况或背景因素不断发生变化,因此需要随时作好准备,以回应各种转变。

外在环境因素(External Factors):是指一些影响活动和服务成效的处境和外在因素,这些因素是不能控制的,是推行活动时的一些限制性因素,它有机会影响活动的成功与否。例如,同样推行青少年戒烟活动,在不同环境中有不同考虑,在学校里有老师的提醒和鼓励较容易成功推行;而社区里的边缘青少年遇到的诱惑则较多,如朋辈送来一包免费烟或朋辈不断在旁吸烟等,活动推行时遇到的阻碍会较大。因此,在活动设计时,需要考虑这些环境因素,以做出更周详及更具心思的计划。

各部分的逻辑联系(Logic links):程序逻辑模式非常注重以上各部分的内在逻辑。运用程序逻辑模式是为了达到活动成效。而只有各部分的协调才能最终达到活动或服务的成效。各部分的协调以逻辑为导向,简单来说是"若……,就……"的因果关系。在活动过程中只有确保各部分的逻辑关联,凡事有根有据,最后才能证实活动的成效是基于该活动/计划的推行。

2.1.3 应用程序逻辑模式的程序及步骤

当应用PLM时,社会工作者应先考虑处境分析(Situation)及假设/理论基础(Assumptions),其后在这特有的条件下,订定服务的成效(Outcomes),按着成效及理论基础订定需要的活动形式或服务量(Outputs),并按这服务订定需要的资源投放(Inputs),而在整个推行过程中均会考虑外在环境因素(External Factors)对服务成效的影响(见表5-1)。

表5-1 应用程序逻辑模式的流程及步骤

程 序	工作内容	例子:青少年吸烟
程序一:处境分析	按初步服务对象或情况收集资料。	运用互联网寻找有关青少年吸烟的资料或数据; 参考前人的类似活动,检视其成效及推行模式; 按搜集的资料及数据,做出相关服务对象的需要分析。
程序二:假设/理论基础	考虑用什么假设/理论基础作为服务推行或达致成效的理据及方向。	若青少年能学习一些新的技巧来拒绝吸烟这行为,以及青少年认同吸烟对自己造成负面的影响,可令青少年吸烟数字下降。

续表

程 序	工作内容	例子:青少年吸烟
程序三:订定成效	初步进行处境分析后,可订定活动的成效,为成效的短、中、长期定位。	按处境分析,订定成效。例如:短期(青少年吸烟次数减少了)或长期(青少年能戒除吸烟的习惯)。
程序四:订定资源投放及活动量	按成效的定位计划资源投放、活动量及推行形式。	若只是短期成效,可考虑嘉年华会或工作坊。至于中期或长期成效则需要数节甚至长期互助小组。
程序五:订定每个环节的成效指标	为所有环节订定达成指标,确保服务能按计划进行,若有修订,则需要作全面检讨,确保成效为本,逻辑为导向。	订定达成指标,例如:是否能按计划举行小组的节数或参加者的人数及人次是否按计划所达致呢?
程序六:活动推行及检视外在环境因素	按计划推行活动,并检视外在环境因素对活动成效的助力或阻力,衡量是否需要调节服务量或资源投放,或者修改服务成效,以确保服务成效不会眼高手低,与实际脱节。	检视外在环境因素,例如:检视立法会决定提出全面冷气地方均会禁烟对本次活动目标的影响,社会人士对禁烟的关注会否强化青少年认同吸烟对自己造成负面影响,有否需要增加活动结束,乘势达致活动成效。

2.2 基线测量法[①]

基线测量法是社会工作者在介入开始时对服务对象的状况进行测量,建立一个基线(基线是在测量工作中作为起始标准的数据)作为对介入效果进行衡量的标准,以评估介入前后的变化,并以此判断介入目标实现的程度。这个定义需要从两个方面进行说明:

第一,对服务对象的状况进行测量并不是对服务对象的全部状况进行测量,而是针对服务对象当前存在的问题进行测量。

第二,衡量的标准是指社会工作者介入前对服务对象问题进行测量而建立的基本数据线,这个数据线就是所说的基线。如果介入后,测得的数据与基线数据相比向好的方面发生了变化,社会工作者的工作是有成效的。相反,社会工作者的工作是没有成效的或者成效不明显。这就是基线测量法的含义。

基线评估法的操作主要由三步组成:第一,建立基线;第二,介入期测量;第三,比较和分析。

建立基线:建立基线是基线测量法的基础和前提。基线由三部分组成:确定介入的目标;选择测量工具;对目标进行测量并记录。为什么要确定目标?一般情况下,前来求助的案主会给社会工作者讲述很多问题,应该从哪里开始介入呢?这需要区分问题的先后顺序,从中选出一个最需要解决的、可测量的具体问题作为目标。

介入期测量:介入期测量是基线测量法的关键步骤。这一过程中要对服务对象实施介入

---

① 李华伟.基线评估法在社会工作实务过程中的应用[J].社会工作,2012(6):59-61.

并掌握、记录服务对象变化的数字信息,有了这些数据,就可以与基线期的数据进行对比。介入期测量需要注意两点:一是保持介入前后测量工具的一致性。二是保持介入前后测量目标的同一性。

比较和分析:分析和比较是基线测量法的最后一步,也是最重要的一步。主要分两种:一是统计分析和比较;二是进行可视化整体趋势分析和比较。统计分析是将基线期和介入期的数据进行对比,如果两个期的数据不同,一般可以认为是介入本身发生了作用。可视化整体趋势分析是将数据进行关联分析,并做出完整的分析图表。具体操作为:按时间顺序将基线期和介入期的数据进行连接,将基线期第一周的数据和最后一周的数据用带箭头线连接起来,将介入期第一周和最后一周的数据用带箭头的线连接起来,如图5-2所示。两种方法可交叉使用,辨别基线期的数据和介入期数据的差别,从差别中找出服务对象变化表象背后的规律以及介入前后数据之间的关联性。因此,分析和比较在整个评估中的地位和作用非常重要,它通过时间序列数据反馈情况的分析,既可以监控到某一时段服务对象的变化和社会工作者的服务状况,又能够从整体上把握服务对象的变化趋势和社会工作者的服务成效。

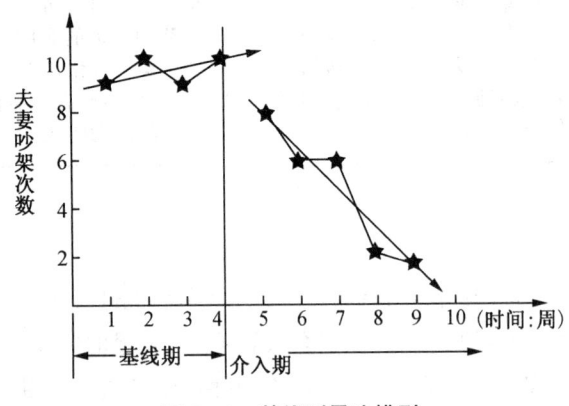

图5-2 基线测量法模型

2.3 任务完成情况测量方法

任务完成情况测量方法是建基于任务中心模式的评估方法。任务中心模式起源于20世纪60年代中期,由美国芝加哥大学雷伊得(Reid)和爱泼斯坦(Epstein)于1972年出版《任务中心个案社会工作》一书中第一次提及任务中心模式的概念。任务中心模式是强调运用任务和有限的时间去解决或减轻案主所认定的问题的个案工作介入模式。任务是指服务对象为缓和其问题的严重性拟采取的行动,包括服务对象要达到的目标,也包括其达到目标所采取的方法。

任务完成情况测量方法的步骤:

(1) 制定总目标;

(2) 根据总目标制定若干过程目标并制定相关任务指标;

(3) 根据现况和任务指标的差异性分析成效。

2.4 目标完成程度测量方法

目标核对表。目标导向理论源于美国多伦多大学组织行为学教授罗伯特·豪斯提出的"路径—目标"理论,其基本出发点是要求领导者排除走向目标的障碍,使其顺利达到目标,在此过程中,给予职工满足多种多样需要的机会。目标导向理论注重将大目标分解为一个一个过程目标,同时关注对完成目标有影响的环境因素,注重完成目标所必需的资源条件配备。

目标核对表的实施步骤:
(1) 社会工作者与服务对象共同协商服务目标;
(2) 根据目标进行介入;
(3) 与服务对象分析介入前后的变化;
(4) 判断变化是否属于服务目标的范畴。

个人目标尺度测量。1967年,美国马里兰大学管理学兼心理学教授洛克(E. A. Locke)最先提出"目标设定理论"(Goal-setting Theory),认为目标本身就具有激励作用,目标能把人的需要转变为动机,使人们的行为朝着一定的方向努力,并将自己的行为结果与既定的目标相对照,及时进行调整和修正,从而能实现目标。

个人目标的测量是以主观意见为评核标准,为了使评估获得更客观有效的测量效果,社会工作者开始引入量表进行目标评估,个人目标尺度测量便应运而生。

个人目标尺度测量主要使用态度量表,态度量表大致可分为单维度量表(Simple attitude scales)和多维度量表(Category scales)两类。单维度量表根据其编制方法有李克特的累加评定法、格特曼的量表解析法、瑟斯顿的等距测量法等。其中,李克特量表一直是流行较广且具有影响的一种量表。多维度量表中以语义差异量表和社会距离量表较为常见。

2.5 介入影响测量方法

"服务对象满意度"这一概念最早由 Cardozo 于 1965 年提出,通常用于描述一种针对社会、行为健康等方面项目是否成功的实用且有效的指标。"满意度"通常可以理解为对某次服务体验过程的满足、认可或是喜欢的程度。使用服务对象满意度作为成效评估的核心论点是:如果服务对象对一种服务项目感到满意,他们就会更愿意参与到项目的活动中来,也会更加坚持听取项目的指导建议,进而体验到项目的积极效益。

服务对象满意度包含认知和情感维度,Pascoe 认为,服务对象满意度是多维因素决定的,不仅受到内容方面的影响,还随着时间的推移受过程的影响,也受服务体验结果的影响。从这个角度来讲,满意度是兼具认知和情感因素的。认知方面是基于对服务结构、过程以及成效的评估或打分产生的;而情感方面则是基于对服务结构、过程以及成效的回应或情感反应而来的。[①]

服务对象满意度测量应按一定的步骤分步实施:
(1) 确定调查的内容:开展服务对象满意度调查研究,必须首先识别服务对象和服务对象

[①] 刘芳、吴世友、Mark W. Fraser,案主满意度评估:一种有效的社会工作实务评估方法[J]. 华南理工大学学报(社会科学版)2013(4):29-30.

的需求结构,明确开展服务对象满意度调查的内容。不同群体的服务对象,其需求结构的侧重点是不相同的,例如,有的侧重于时间和地点,有的侧重于服务态度,有的侧重于期望值达致情况等。

(2) 量化和权重服务对象满意度指标:服务对象满意度调查的本质是一个定量分析的过程,即用数字去反映服务对象对测量对象的属性的态度,因此需要对调查项目指标进行量化。服务对象满意度调查了解的是服务对象对服务、社会工作者或服务机构的态度,即满足状态等级,一般采用七级态度等级:很满意、满意、较满意、一般、不太满意、不满意和很不满意,相应赋值为7、6、5、4、3、2、1。

(3) 明确调查的方法:目前通常采用的方法有问卷调查、二手资料搜集、访谈法三种。问卷调查是一种最常用的服务对象满意度数据收集方式。问卷中包含很多问题,需要被调查者根据预设的表格选择该问题的相应答案,服务对象从自身利益出发来评估服务质量、服务态度和服务满意水平。同时也允许被调查者以开放的方式回答问题,从而能够更详细地掌握他们的想法。

二手资料大都通过公开发行刊物、网络、调查服务机构获得,在资料的详细程度和资料的有用程度方面可能存在缺陷,可以作为社会工作者深度调查前的重要参考。特别是进行问卷设计的时候,二手资料能为社会工作者提供行业的大致轮廓,有助于制定调查问题。

访谈法包括深度访谈和焦点访谈。深度访谈是为了弥补问卷调查存在的不足,有必要时实施的深入访谈。深度访谈是针对某一论点进行一对一的交谈,在交谈过程中提出一系列探究性问题,用以探知被访问者对某事的看法,或做出某种行为的原因。一般在实施访谈之前应设计好一个详细的讨论提纲,讨论的问题要具有普遍性。焦点访谈是为了更周全地设计问卷或者为了配合深度访谈,可以采用焦点访谈的方式获取信息。焦点访谈就是一名经过训练过的访谈员引导8~12人(服务对象)对某一主题或观念进行深入的讨论。焦点访谈通常避免采用直截了当的问题,而是以间接的提问激发与会者自发的讨论,可以激发与会者的灵感,让其在一个"感觉安全"的环境下畅所欲言,从中发现重要的信息。

(4) 选择调查的服务对象:某些社会工作者在确定调查的对象时往往只找那些自己熟悉的服务对象(忠诚服务对象),排斥那些可能对自己不满意的服务对象。或者,服务对象鉴于情面,对服务只提正面评价,欠缺有效的建议,造成满意度调查普遍偏高。如果服务对象较少,应该进行全体调查。但对于大多数服务机构来说,要进行全体调查是非常困难的,也是不必要的,应该进行科学的随机抽样调查。在抽样方法的选择上,为保证样本具有一定的代表性,可以按照服务对象的种类、服务对象的区域范围分类进行随机抽样。在样本大小的确定上,为获得较完整的信息,必须要保证样本足够大,但同时兼顾到调查的费用和时间的限制。

(5) 服务对象满意度数据的收集:服务对象满意度数据的收集可以是书面或口头的问卷、电话或面对面的访谈,若有网站,也可以进行网上服务对象满意调查。调查中通常包含很多问题或陈述,需要服务对象根据预设的表格选择问题后面的相应答案,有时候调查时让服务对象以开放的方式回答,从而能够获取更详细的资料,能够掌握关于服务对象满意水平的有价值信息。

(6) 科学分析:现在许多社会工作者进行服务对象满意度调查后,只简单地根据自己制定的测量和计算方法,计算一下均值比较即结束了。如果社会工作者进一步选用合适的分析工具和方法,服务对象满意度测量结果可以给社会工作者提供许多有用的信息。针对服务对象满意度调查结果分析,常用的方法有:方差分析法、休哈特控制图、双样本 T 检验、过程能力直方图和 Pareto 图等。因此,为了客观地反映服务对象满意度,社会工作者必须确定、收集和分析适当的服务对象满意度数据并运用科学有效的统计分析方法,以证实质量管理体系的适宜性和有效性,并评价在何处可以持续改进。服务对象满意度数据的分析将提供以下有关方面的信息:

① 服务对象满意;
② 与服务要求的符合性;
③ 过程和服务的特性及趋势,包括采取预防措施的机会;
④ 持续改进和提高服务的过程与结果;
⑤ 不断识别服务对象,分析服务对象需求变化情况。

社会工作者应建立健全分析系统,将更多的服务对象资料输入到数据库中,不断采集服务对象的有关信息,并验证和更新服务对象信息,删除过时信息。同时,还要运用科学的方法,分析服务对象发生变化的状况和趋势。研究服务对象的需求有何变化,寻找其变化的规律,为提高服务对象满意度和忠诚度打好基础。

(7) 改进计划和执行:在进行科学分析后,社会工作者就应该立刻检查自身的工作流程,在"以服务对象为关注焦点"的原则下开展自查和自纠,找出不符合服务对象满意管理的流程,制定服务的改进方案,以达到服务对象的满意。

2.6 差别影响评分

这是一种参与式评估方法。首先由服务对象对介入影响进行自我陈述,报告自身的变化。然后分析区别出哪些是介入本身带来的变化,哪些是其他因素带来的变化。与满意度测量一样,社会工作者也要注意这种方法有可能带有服务对象的主观色彩,有可能不准确。

在个案工作中,通常以案主、案主家人、相关接触者(如政府部门、邻居朋友、工作单位等)、社会工作者等服务参与者的自我陈述组成差别影响评分。

在小组工作中,通常以组员、组员家人、社会工作者、观察员等服务参与者的自我陈述组成差别影响评分。

在社区工作中,通常以服务对象、社会工作者、利益相关方、服务机构管理者等服务参与者的自我陈述组成差别影响评分。

3 在三大手法中的运用

3.1 在个案工作中的运用

个案工作评估是指系统地运用科学研究的方法,对个案工作服务目标和介入计划的设计、实施过程及其服务的有效性进行专业判断的过程。

3.1.1 评估目标实现程度

案主的情况改变多为潜在变量,较难用客观数据证明其目标实现程度,但可通过人的语言、行为以及对外界的反应等方面间接地进行测量,并通过不同程度的态度意向指标来显示其实现情况,获得可对比的数据。在进行指标评分时,社会工作者需持续地使用建立关系和收集资料的技巧,使评分有充足的依据。

案例案例 1:个人目标尺度的运用

案主夏姐(化名),女,57岁,情绪低落,没有进食意愿,每天只进食一餐甚至不进食,长时间睡眠以减少能量损耗,记忆出现混乱,只认得儿子,说自己的父母和兄弟均离世。丈夫患有精神病,丈夫因怕被前妻所生的儿子和媳妇怀疑其拿钱补贴现在的家庭,于是与儿子同住,与案主的联络较少,且目前病情不稳,正在精神病医院住院。案主高龄42岁产下双胞胎儿子,平时虽疼惜儿子,但较少与儿子交流。儿子不懂与案主交流,习惯缺少父母照顾,会煮饭、洗衣服等,表示已一年没有与父亲联系。案主有一姐姐住在周边城市,很关心案主,常到家中照顾案主。

因案主为精神病首次发病初期,为了保障其生命安全,应协助其增加饮食意愿,增加日常活动,减少睡眠;若在一周内无改善,应协助其姐姐将案主送院治疗;因案主儿子只有16岁,为未成年人,需妥善安排案主儿子的日常照顾。

案主目标完成情况

目标一:增加案主的进食意愿

□完全达到　□大部分达到　□少部分达到　□大部分未达到　□完全未达到

案主儿子表述,经过社会工作者介入,案主的进食频率能稳定地维持每天一餐,但进食量较少,使案主的体重骤降。

目标二:使案主获得适切的精神康复治疗

□完全达到　□大部分达到　□少部分达到　□大部分未达到　□完全未达到

案主家属表示,为保证案主的生命安全,选择强制送案主住院治疗。经社会工作者链接精神病医院,申请到住院床位,并链接当地派出所,获得警察派出警车辅助送院的许可,家属在社会工作者的陪同下送案主到医院治疗。

目标三:使案主儿子获得妥善的日常照顾

□完全达到　□大部分达到　□少部分达到　□大部分未达到　□完全未达到

联动居委会、案主儿子、案主姐姐召开家庭会议,达成案主姐姐定期提供资金援助,社会工作者负责定期探访,案主双胞胎儿子生活自行照料的照顾方案。实施照顾方案后,案主儿子表述,与个案介入前对比,有稳定的资金充值交通卡,不用花两小时走路上学,姨妈能作为监护人填写家长资料,已成功报名中考。

3.1.2 评估策略技巧的有效性

3.1.2.1 专业服务价值理念运用

评估专业服务价值理念运用,主要考量社会工作者是否在个案工作中遭遇伦理困境。社会工作是一门专业的助人活动,它具有鲜明的道德特质和强烈的伦理性质。社会工作者在进行社会工作实践时要充分考虑到由于价值观冲突所引发的伦理困境,并认真考虑做出何种伦理抉择,切做到案主利益最大化。

社会工作的价值观分为四类:社会价值观(Social Values);个人价值观(Personal Values);专业价值观(Professional Values);服务机构价值观(the Values of Organizations in Which you Work)。

案例案例 2:伦理冲突

一位边缘青少年 X 因勒索同学即将被学校退学和有被起诉的可能,来到服务机构求助于社会工作者 W。从主流价值观分析,青少年 X 的勒索行为是违法行为;从个人价值观分析,社会工作者 W 中学时期,曾有校园欺凌的经历,认为青少年 X 的人品恶劣;然而,从专业价值观分析,要求社会工作者 W 必须接纳案主青少年 X,并且服务机构所持的价值观是要"尊重案主,接纳他的一切"。此时,社会工作者 W 正遭受冲击性的伦理冲突。

分析:

当个人价值与专业价值产生冲突,理想的解决办法是社会工作者转介此个案给其他的社会工作者负责。社会工作者也是普通人,不是圣人,不可能时时刻刻都能按照社会工作者的伦理价值进行工作生活。社会工作者所需要做的是,了解哪些服务是自己不能接受或不能很好地开展,避开个人价值与专业价值冲突,以防止个人价值影响专业判断,寻找自己适合的服务范围以及服务对象,这样既是对自己以及专业的负责,也是对案主负责。

3.1.2.2 专业服务理论运用
(1)评估理论对案主问题分析的有效性

案例案例 3:理论对于案主问题分析的有效性

学生 A 原是留守儿童,后因户籍问题得到解决,可到父母工作所在的城市就读初中。但在转校一个月后,A 出现情绪低落,不说话,甚至不进食的情况。驻校社会工作者 C 结合埃里克森的人格发展八阶段论,分析青少年对周围世界有了新的观察与新的思考方法,他们经常考虑自己到底是怎样一个人,他们从别人对他的态度中,从自己扮演的各种社会角色中,逐渐认清了自己。此时,他们逐渐疏远了自己的父母,从对父母的依赖关系中解脱出来,而与同伴们建立了亲密的友谊,从而进一步认识自己,对自己的过去、现在、将来产生一种内在的连续之感,也认识自己与他人在外表上与性格上的相同与差别。认识自己的现在与未来在社会生活中的关系,这就是同一性,即心理社会同一感。埃里克森认为,这种同一感可以帮助青少年了解自己以及了解自己与各种人、事、物的关系,以便能顺利地进入成年期,否则就会产生同一性的混乱。所以,社会工作者 C 认为学生 A 主要是与新同学的统一性混乱的问题,采取调配座位,使班长 B 成为学生 A 的同桌,并举办班级团建小组,协助学生 A 融入班级,定期对学生 A 进行辅导的办法。学生 A 开始进食,并愿意完成作业,但常常不说话,以摇头和点头表示自己,当周一上学时,言语表达少的情况比上周五的情况更差,社会工作者 C 陷入反思中。

分析：

社会工作者C对于学生A同一性混乱的情况分析到位,但社会工作者C遗忘学生A过去环境对其影响。学生A自出生起便成为留守儿童,由外公外婆照顾其生活起居,从婴儿时期起,便对外公外婆建立强烈的信任感,而对只在春节期间才见面的父母感到陌生,实际上外公外婆是A的实际父母。根据埃里克森对婴儿期的任务为建立信任感,A能对外公外婆建立信任感,但对父母不能,因此会对父母产生怀疑和害怕,从而产生不主动说话、不主动进食等婴儿时期的退行行为。所以,社会工作者C必须加强A与外公外婆的联系,使其在短时间内获得信任感,并增加A与父母的沟通交流,使其与父母建立信任感,才能减少A的退行行为。

(2) 评估介入模式和策略的一致性

案例案例4:介入过程与计划中关于介入模式和策略的一致性

实习生社会工作者M第一次接触个案,采用的介入策略是任务中心模式。接待肢体残疾人案主A时,案主A表示自己有强烈的经济支援需求,社会工作者M收集了案主相关的信息,并制定了申请残疾人生活津贴和就业等个案目标。社会工作者M成功协助案主办理了残疾人生活津贴的救助政策,但每次介绍工作给A时,A都会说试试看,实际上却没有参加相关工作的面试。社会工作者M百思不得其解,遂向督导请教。

分析：

督导向社会工作者M提出一个核心问题,是否与案主A共同制定个案目标,并签订个案契约,社会工作者M表示案主有签订个案契约,但主要由社会工作者制定个案目标,然后咨询案主是否认同。督导表示任务中心模式最重要的假设是发挥案主的能动性,使案主自己表述问题,即确认问题,以确保社会工作者和案主之间达成共识,并且厘清不合理的问题。具体程序如下:① 案主列出所关心的问题。② 将列出来的问题的不同层面加以明确说明,与案主共同分析问题。③ 协作案主将问题按照严重程度排列。④ 工作者与案主一起找出核心问题。⑤ 工作者将核心问题归类,即确定问题的类型。⑥ 对核心问题做进一步分析。社会工作者M恍然大悟,意识到就业可能非案主A关心的问题,或者自己未引导案主A说出就业倾向,需增加案主A的参与,提高其自我能动性。

3.1.2.3 专业服务技巧运用

评估个案工作服务技巧,需要考虑到案主问题的解决情况,个案工作结束后,通过与案主之间的会谈了解案主对个案工作技巧的满意程度。根据案主的反馈,得出哪些技巧是有效的,哪些方法是无效的。

案例案例 5：个案技巧的有效性

案主 F：我又听到邻居发出"吱吱吱"的干扰声，吵得我无法专心做其他事情。

社会工作者 X：那你是否有问过邻居，那些声音是他发出来的吗？

案主 F：不用问也知道，除了他，没有人对我有意见，肯定就是他。

社会工作者 X：要么你用录音机录下来，我听听是什么声音。

案主 F：好的，我今晚就录下来。

第二天

案主 F：我按照你教我的方法录下来了，你听听。

社会工作者 X 播放所有录音机的录音，都只听到空白声音和案主 F 的声音。

社会工作者 X：我听不到其他声音喔。

案主 F：那肯定是录音机坏了。

案主 F 为独居的 50 岁离异女士，经常怀疑邻居对其进行骚扰，社会工作者 X 认为案主 F 的怀疑是案主的妄想和幻觉，不断利用询问的技巧，借此让案主明白这些是精神病症状。但当社会工作者越想证明这些是症状时，案主 F 就越坚信她经历的事情是真实，没有证据只是方法不当的问题。

分析：

社会工作者的所有个案技巧是建立在同理的基础上，案例 5 中，社会工作者 X 认为案主 F 需要认清症状，并用服药的手段来降低案主症状。但是，在案主 F 的角度，症状是其解决安全感不足的方式，纵使其在发病状态中，可能无法判断一些客观事实，但她确信自己的情感，而她向社会工作者 X 表达的情感和需要也是真实的。所以，社会工作者 X 必须首先去理解案主 F 的情感，这一刻，案主是感到害怕的，是无助的，我们应该去问及她的需要，而不是代她去表达需要，并用自己的角度去建议如何满足需要。我们可尝试从以下对话进行同理：

案主 F：我又听到邻居发出"吱吱吱"的干扰声，吵得我无法专心做其他事情。

社会工作者 X：那你一定很苦恼，没有办法专注自己的事情。你希望我们一起怎样解决？

案主 F：我有点担心，邻居是一个很高很壮的男人，我怕自己说出口会被他欺负。

社会工作者 X：要么我们先拜访一下邻居，然后说自己常常听到声音，问问他是否知道。

案主 F：好的。但我不知道怎么开口说。

社会工作者 X：那我们先练习一下，练习好了再找邻居。

其后，社会工作者陪伴案主去拜访邻居，邻居表示自己一直上夜班，晚上不在家，不知道声音从何发出来，但表示邻居应该互相帮助，案主若需要，可以帮助其搬重物等。案主与邻居认识后，对邻居建立了良好的印象，同时，解除了对邻居会欺负自己的妄想，没有再听到"吱吱吱"的声音。

3.1.3 评估社会工作者角色有效性

个案工作者角色具有多样性，主要体现在个案工作者在专业实务中饰演多种角色：倾听者与支持者、理解者与反应者、合作者与拓展者、联络者与倡导者、研究者与评估者。

除了不同的专业方法,社会工作在日常的服务中要面对不同服务对象,服务对象涉及儿童、青少年、老年人、残疾人、弱势群体等,社会工作者需要因服务对象的不同呈现不同的角色。在面对儿童时,考虑其生理发展的特点,大多数学者认为社会工作者往往扮演照顾者、陪伴者、教育者和保护者的角色,同时也要注意尊重儿童的自主性与个性化。在面对青少年时,社会工作者要根据其所处发展阶段扮演相应角色。社会工作者在青少年辅导中的角色定位,主要有以下几种:组织者与设计者;引导者与观察者;倾听者与支持者;协调者与维稳者;发言人与分享者;评估者。社会工作者在面对老年人时的一般角色大致包括:照料者、资源提供者、情感支持者、鼓励和支持者等。

案例案例6:对于非自愿性案主的角色澄清

社会工作者阿欣刚成为某中学的驻校社会工作者。阿欣工作之初,就要面对大量非自愿性案主,而非自愿案主认为阿欣是校方的间谍,阿欣无法与案主建立专业关系。为此,阿欣先和学校领导、督导共同协商自己的角色定位,了解自己决策权力的空间,然后在进行个案之初就直接而亲和地向案主清晰地界定自己的角色定位,说明自己是一个协助案主成长的角色,进而澄清辅导案主的目的与位置。阿欣通常会通过以下问题开展角色澄清:

1. 发生这样的事情,你希望我如何帮助你?
2. 你会希望我怎么帮你来面对或改变你的父母或同学?
3. 我听班主任谈过你的问题,但是现在我特别想听听你的想法,尤其是和他们不一样的想法,也想了解一下你认为他们为什么会有这些想法,然后看看我可以帮你什么忙。

分析:

社会工作者阿欣通过这样的问题将彼此的对话引入问题解决的方向,并且把处理问题的责任还给案主,催化案主的表达个案意愿和建立专业关系。角色定位是角色管理中十分重要的技巧,尤其面对非自愿性案主,能有效解决案主与社会工作者对社会工作者角色认识不一致产生的角色冲突问题。

面对非自愿性案主,个案契约的共议也是非常重要的。个案契约的共议包括个案目标、个案计划、接触频率、保密原则等重要因素。

由于辅导非自愿性案主往往需要向校方或家长报告辅导进度,因而社会工作者需要清楚地让案主知道老师需要定期向校方报告,甚至会有书面的记录。不少社会工作者认为这会破坏与案主的信任关系,难以启齿。实际上,这对于案主未必是坏事,通过社会工作者的口头或书面报告,让家长和校方看到案主的改变,有助于家庭和学校增加对案主的正向了解和支持,强化案主完成个案目标的动机。但报告的深度与内容,社会工作者需要先与案主有所讨论,让案主有心理准备,以免破坏社会工作者与案主的信任关系。待个案契约共议完成,社会工作者必须用书面的形式与案主形成个案契约,明确彼此的权利、义务、规定、个案的目标及个案计划,如何评估目标等,以帮助案主投入到个案过程中。

3.2 在小组工作中的运用

3.2.1 评估目标实现程度

小组目标为群体性目标,设置时必须使其具体和可量度,若目标中的数值有变化,则反映出情况是否朝目标方向改进。因此,与个案手法相比,除了参加者的反馈,小组的目标评估更关注资料收集方法的可靠性和可操作性。常用的资料收集方法有观察法、访谈法、调查问卷等。

案例案例7:目标核对表的运用

长者微信兴趣小组:2017年,50岁以上网民群体在网民中所占比例达到10.6%,越来越多的中老年人融入了互联网之中,他们与年轻人在接入方面(包括设备、基础设施、技能等)的差异在逐渐缩小,但在互联网应用方面依然处于相对弱势。中老年人对互联网的应用集中于沟通交流和信息获取方面,智能手机是中老年人接入互联网的重要硬件,微信是中老年人最常使用的互联网应用。

根据访谈的结果,绝大多数中老年人(98.5%)希望学会使用微信聊天,超过八成的中老年人希望学会在微信发表情或图片、朋友圈点赞、接收或发红包,近七成的中老年人希望学会拍摄和转发小视频。中老年人表述自己拍摄和分享的小视频主要会以旅游、健身和孙辈动态为主;转发的网络视频主要以趣味性较强的幽默视频为主。这在一定程度上表明,中老年人对于微信的使用已不局限于将其作为即时通信工具,还作为表达情感和维系社交的互动平台。因此,为了缩小中老年人与年轻一代在交流方式的差异性,教会中老年使用微信是非常必要的。

运用目标核对表评估小组目标完成情况

	小组目标	目标达成情况	资料搜集方法
成效评估	100%的参与者增加微信的使用频率	目标达成,100%的参与者使用微信的频率从每周一次提升到每周三次或以上	服务成效访谈
	80%的参与者能掌握两种或以上的微信功能	目标达成,92%的参与者能掌握两种或以上的微信功能	调查问卷 观察法(通过考核获知参与者的微信功能的数量)

3.2.2 评估策略技巧的有效性

小组设计技巧:小组设计是小组开展的前提之一,在小组工作中具有特别的意义,小组设计技巧是重要的小组工作技巧之一。设计小组活动要注意以下四方面的技巧方法的有效性:

是否紧扣小组目标;是否考虑组员特征及能力(组员的个体性特征、社会关系、文化背景、成长经历及能力);是否考虑活动设计的基本要素(目标、参与者、规模、时间分配、组员角色扮演和互换、场地设施、资源供应与经费预算、强度分布、防止和处理意外事件预案、预期结果、总结与奖励);是否注重经验交流与分享。

小组开展技巧:小组开展技巧可按图5-3分为以下四类,评估开展技巧的有效性最重要标准是当社会工作者使用下列技巧后,是否使小组流程按计划进行、小组目标有效达致和小组问题得到解决。

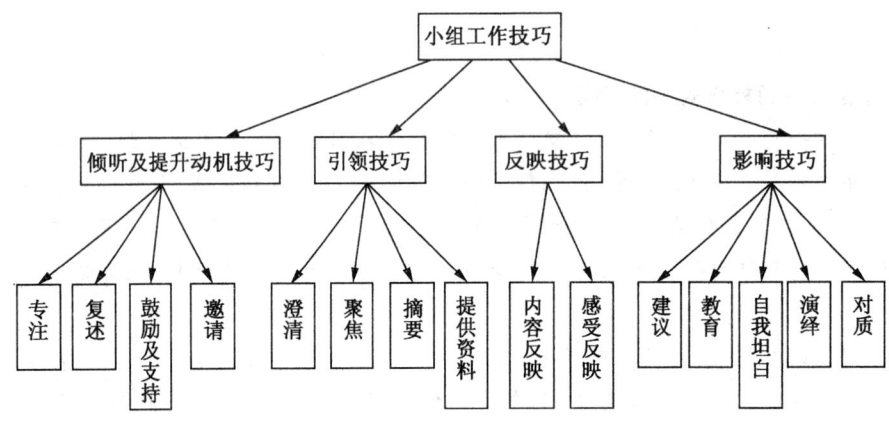

图5-3 小组开展工作技巧框架

案例案例8:组员退组是否与小组技巧有关?

在某个小组中,有三个人决定不再参加第二次的小组活动,导致小组意外结束。工作员再次与组员联系时,发现有个组员住在离小组聚会地点20公里外的地方,他每次都需独自一人乘坐长达2小时的公共交通工具回家。第二个组员工作出现了意外的变动,这样他必须在小组聚会的时间去工作。第三个组员的家人住院了,他必须每天都在医院和家之间奔波。

工作员开始反思,是不是自己做错了什么?为什么组员不来参加小组?

分析:

小组意外结束,是一个常见现象。对过去研究的回顾发现,有30%的小组是意外结束的。社会工作者可能无法控制小组的意外结束,例如,第二个组员和第三个组员因工作时间的变动和重大事故的发生,导致个人时间和小组时间产生冲突。

当然,也会出现组员退出与社会工作者技巧相关的原因。如,第一个组员的退出。为了避免组员退组,社会工作者应认真对待组前的筛选环节,考虑组员的同质性,安排更容易聚集组员的时间和地点。

3.2.3 评估社会工作者角色的有效性[①]

在小组工作中,社会工作者的作用至关重要。如何设计小组、带领小组,如何引导小组成员积极参与、互动,使小组朝着既定的目标发展,使小组成员能够通过小组工作有所收获,都与社会工作者对自己在小组中角色的理解和运用有密切的关系。因此,社会工作者必须清楚自己在小组中的角色。社会工作者在不同性质不同阶段的小组工作中扮演着不同的角色,既有相似之处,也有不同。主要表现为以下几种角色:

创始者和引导者:社会工作者作为创始者在整个小组活动中从筹备工作——小组初期工作——小组中期工作——小组后期工作至结束,承担的是创始者、引导者、推进者的角色。这一过程包括发起、策划小组工作,介绍情况,挑选组员,引导、启发组员进入角色,互动交流,深入探索等方面。在初期,社会工作者是小组的中心人物,工作比较多,要分别与小组成员发生互动,主导小组进程和小组发展。此外,还需要示范如何参与活动,如何适应小组,如何从中获益,更要调动成员间的互动。这时他就是一个引导者,要身体力行,与成员忧喜与共,不能因为自己的身份而隐藏自己,不能只做旁观者。小组成员会因为社会工作者的全身心投入而受到感染,尽快地融入小组。同时,社会工作者还常常是关注某一问题或潜在问题的发起人、引导者,要善于启发小组讨论与互动,催化小组气氛。但需要注意克制,引导不是强制或过度的干预,否则将减少成员的自决,延缓小组动力的形成。

协调者:在小组工作过程中,由于小组成员各自的背景、特征、习惯、观点、期望不同,沟通会很复杂,互动时难免产生分歧甚至对立,社会工作者要善于协调各种关系。冲突在小组工作过程中是不可避免的,在处理好冲突时尤需发挥协调者的作用。在小组工作初期、中期出现冲突时,社会工作者需要积极地充当协调者,化解矛盾、调和双方的情绪。如果能正确引导成员面对冲突、澄清问题、消除误会或打破僵局,对小组成员和小组的发展是非常有益的。成员们会认为小组是一个可以表达不同意见、表达负面情绪、体验人际冲突的安全场所。但在中期以后,随着小组凝聚力增强、小组的发展逐渐成熟,成员能够依靠自己的能力解决问题时,社会工作者则可以不急于介入冲突充当协调者,而应旁观其变化,伺机而为。因为小组冲突并不可怕,有时矛盾和冲突对小组的发展是有益的,可以给成员现场演练的机会。社会工作者就让成员去面对冲突,让他们自己去化解,在必要时再做协调。这有助于让成员学会面对问题和冲突,提高其解决问题的能力。只有这样,小组的训练才会真正地帮助成员,在他们离开小组后可以面对各种问题和冲突。总之,协调者的角色需要把握好时机与度。

观察者:在小组工作中,由于成员身在其中,要进行一系列的互动和沟通,不能很清楚地察觉小组的整体情况。这就需要社会工作者留心洞察组员的行为及语言、非语言表达,并清楚地察觉小组的动向,了解小组的各种情况。包括成员参与互动的频率、次数、内容、语言及非语言行为,成员的反映、情绪,以及心理准备、适应程度等等。这些应成为社会工作者掌控小组的重要指标。小组发展到哪一步或什么情况下可以或应该引导成员开放、挖掘自己,勇于面对自

[①] 蓝云曦.社会工作者在小组工作中的角色[J].西南民族大学学报(人文社科版),2007,11(195):230-232.

己,或尝试新的行为,甚至公开隐私,都需要社会工作者仔细观察、充分把握。在最合适的时机提供合适的诱导,才能使小组健康顺畅地进行。仔细观察还可以避免忽略一些重要的但不是很明显的人际互动。当然除了观察还应及时对小组的各种情况进行反馈,以促进小组良好的沟通。

支持者:由于小组工作可以增强人与人之间的联系、合作与互助,社会工作者在小组中还扮演着支持者的角色。支持,对于参与小组活动的成员树立信心、增强勇气意义极为重大。它常常表现为对成员的积极行为进行鼓励和支持。这种鼓励与支持还可以激发和引导小组成员之间的鼓励与支持。例如,当成员在某一方面存在困难或障碍而又尝试改变时,社会工作者的支持角色就显得非常关键。充当支持者有助于小组成员建立信心和勇气,尤其是对于那些性格内向、胆小、害羞、自卑的成员。社会工作者的支持可以极大地鼓舞他们,使之开放自己,进而敢于深层次地探索自己,敢于面对问题,或寻求问题的根源所在,最终解决问题。做好一个积极的支持者对于社会工作者来说是非常重要的。

讯息与意见的寻求者、提供者:成员参加小组的动机是探索自我、提升能力、获得收获。为成员提供讯息、经验、方法是社会工作者的责任。小组成员虽然可以通过彼此交流使大家受益,但成员间的交流带来的往往是支持性的帮助,当成员遇到难题而征求工作者的意见,或进行咨询,社会工作者会成为大家心目中的资源中心。必要时可以提供建议、想法和相关的资讯。但要注意的是在给予意见或资讯时,不要让它成为小组唯一可遵循的意见,而应只是参考之一。例如,受虐待妇女组成的小组中,社会工作者可以告诉成员她们可以得到哪些相关的援助与服务,如何有效地保护自己、寻求帮助。在小组工作中社会工作者根据需要适时地发表自己的见解、提供经验和方法供成员参考。因此,社会工作者应具有多方面的知识和能力,可以为小组成员提供咨询,搜寻社会资源,提供多种信息,让成员感受到参与小组是有收获有价值的。同时可以保证小组有足够的能量,避免因小组的停滞给成员带来消极情绪。尤其在教育性小组、社会化小组、矫治性小组中,社会工作者更是要扮演指导者、专家、治疗师的角色。

评估者、记录者:评估可以指导、干预方向,可以帮助自己和成员明白小组的目标和实现目标的程度,可以让成员自由地表达他们对小组的满意程度,可以积累大量的资料。在小组工作的每个阶段,社会工作者都应是一个评估者。在小组工作实施前的主题选择、方案与计划制定、成员选择,小组工作中期对成员的观察、了解、分析、判断,调整活动计划或目标,每次小组之后成员的反馈、成员的成长与改变、目标达成的程度等环节都要做出评估。哪些因素导致了成员的积极变化或负面变化?小组的开展是否有效?领导的方法是否需要改进?认真进行分析评估,才能获得最好的小组活动效果。同时,每个重要环节都要仔细记录,这是评估的基本依据。因此,社会工作者还应当是小组的评估者和记录者。

我们可以参照表 5-2、表 5-3 中小组不同阶段的任务和特性来检视社会工作者角色的有效性。

表 5-2 分阶段社会工作者角色有效性评估表

小组阶段	初期	工作期	末期
建议活动	● 建立关系的活动 ● 小组契约	● 按需安排一些热身和增强团体活动 ● 以治疗活动或改变环境活动为核心	● 象征性完结活动,如大食会、小组拥抱、互赠礼物、祝福语句
特性	● 主要由社会工作者策划活动 ● 让组员有较大自由度 ● 多让组员走动 ● 对组员能力的要求较低 ● 不要求太深入的交流 ● 可设有奖励,且人人有份	● 渐由组员多提意见,甚至交由组员策划和执行程序 ● 要求组员能定下来讨论 ● 减少走动机会,多鼓励讨论 ● 能力要求渐增高 ● 多要求组员合作和作较深度的分享 ● 不用给予奖励	● 社会工作者重拾策划的主动 ● 不要有大的约束 ● 提供走动的机会 ● 略微降低对组员能力的要求 ● 减低他们在组中得到的满足感

表 5-3 应用案例 9:社工在小组中的角色发挥评估

过程	角色
开始阶段	在开始阶段,社工的角色主要表现为鼓励者和组织者。 组员在刚开始加入小组时,表现为对小组工作的不熟悉,需要工作员的组织、引导,适应小组活动,并在社工的鼓励下,进行发言与互动。
中后期阶段	在中后期,社工的角色发展为信息、资源的提供者和链接者、小组的引导者和支持者。 随着小组工作的进展,社工对组员的信息逐渐深入与了解,往往需要一些信息与资源的链接,在组员的分享与问题的呈现过程中,需要有一个支持的力量,帮助组员解决困难,促进组员问题的改善。
结束阶段	结束阶段,随着小组接近尾声,组员逐渐脱离小组,社工的角色转变为引导者与领导者,引导组员面对生活的困难、面对社会,利用所学知识解决困难。

上述案例中,社会工作者能结合表 5-2 说明小组三个阶段中自己分别担任的角色,且用例子说明这些角色是如何呈现的,但这些例子缺乏纵向比较,不够立体和具体。我们可以通过添加纵向比较使角色评估更全面。组员表现为"对小组工作的不熟悉,需要社工的组织、引导"。

开始阶段,这里提及小组的互动模式,表现为轴心式沟通——小组领导是整个互动的中心,沟通就是从领导者走向组员,又由组员走向领导。所以,在开始阶段,社工的角色定位为引导者。

中后期阶段,"社会工作者对组员的信息逐渐深入与了解,往往需要一些信息与资源的链接,在组员的分享与问题的呈现过程中,需要有一个支持的力量,帮助组员解决困难,促进组员问题的改善。",这里表明社会工作者可能采取轴心式沟通,或热点沟通——小组领导者与某个组员之间不断进行深入沟通,而其他组员在一旁观看。

分析:

结束阶段,"组员逐渐脱离小组,工作员的角色转变为引导者与领导者,引导组员面对生活的困难、面对社会,利用所学知识解决困难。",这里社会工作者依然采取轴心式沟通,以社会工作者为主要领导者。

通过三个阶段的小组互动模式对比,小组一直是以小组领导者为中心的互动模式,沟通是从组员指向小组领导者,或者是小组领导者指向组员的,降低和减少了组员与他人沟通的自由度和机会,社会工作者的引导者角色贯穿始终,没有明显的角色变化。实际上,社会工作者应尽力协助小组发展以小组为中心的互动模式,如自由流动式互动——所有的组员都积极参与,根据自己的能力,为正在讨论的话题做出积极贡献,使组员可以自由地与他人沟通,形成小组动力,使社会工作者支持者的角色变化更明显。

3.3 在社区工作中的运用

3.3.1 评估目标实现程度

社区工作的目标分为任务目标和过程目标。任务目标是指解决一些特定的社会问题,包括完成一项具体的工作,满足社区需要,达到一定的社会福利目标等。过程目标是指促进社区居民的一般能力,如加强社区居民对公民权利和义务的了解,增强居民解决社区问题的能力、信心和技巧,发现和培育社区居民骨干参与社区事务,以及建立社区内不同群体的合作关系等(见表5-4)。

表5-4 社会工作项目综合评估

应用案例10:广州家庭综合服务中心的项目评估

广州市家庭综合服务中心第二周期的评估采取统一标准,评估体系分为:宏观层面、微观层面、运营管理评价、购买方满意度、服务对象满意度五大块。宏观层面,即总体服务评价,主要关注社区层面,包括:"问题取向"的社区公共问题的调研分析介入,以及"发展取向"的社区培育需求分析与引导。微观层面,指分领域服务评价,对家庭、长者、青少年等各个领域、板块的服务进行评价。运营管理评价,即对中心的人力、运用管理权益、沟通机制等方面进行评价。购买方满意度,包括对家综服务下沉情况、宣传策略、督导服务、分解转移政府职能的满意程度。服务对象满意度,主要通过服务对象评价访谈问卷完成。

成效观察主要取决于:首先,任务目标是否达成,即问题缓解与解决的程度;其次,过程目标的完成情况,如社区资源分析、培育、链接的情况以及社区组织、社区领袖培育等号召参与、协商机制建立情况。[①] 主要依据评估表格对应评分。其中服务对象满意度调查的评估表格如下:

服务对象满意度调查(随机抽取20个服务对象进行面访或电访了解家综服务情况)	服务态度	对社会工作者的态度评价
		需求、问题、意见或建议,社会工作者是否给予及时回应
	服务安排	家综服务/活动的时间安排评价
		家综服务/活动内容设置评价
		家综服务/活动的形式评价
	服务质量/成效	家综服务能否切合需求
	服务安排	接受中心的服务能否使您认识更多解决日常生活问题的知识和方法
		接受中心的服务能否协助您解决生活存在的困难和问题
		遇到困难情况,您是否主动向家综/社会工作者求助
	整体评价	对家综提供的整体服务评价

分析

家庭综合服务中心作为一个整体的社区项目,属于社区工作的范畴。它的目标评估结合了多种方式综合应用。如评估体系分类及差异性分析成效应用了任务完成情况测量方法;服务对象满意度调查使用了介入影响测量方法。

---

① 李金芳.广州市家庭综合服务中心项目评估体系研究[D].广州:广东工业大学,2017.23.

关于任务目标的评估实例:

1. 项目进展偏重于指标的完成,指标完成情况偏重社区活动,各家综中期整体得分占据79%的分值,末期整体得分占据82.55%的分值,整体分数有提升。但评估团队也看到,中心刚刚进驻社区更加偏重宣传,因此社区宣传活动完成偏多,其他专业服务则存在不同程度的滞后现象。

关于过程目标的评估实例:

2. 社会工作者需要更加注重专业价值的体现目前,项目处在破冰期,因此将主要精力放在社区宣传活动及兴趣小组方面,但评估团队仍然建议各中心社会工作者注重在各类活动中融入社会工作者元素,体现社会工作者的工作手法,才能展示社会工作的专业性以及在社区中运用社会工作的必要性,向社区居民以及购买方展示自身的优势与价值。

3.3.2 评估策略技巧的有效性

社区工作是指增加非专业人士的知识、增强人们应对困难和窘迫环境的能力、使人们能够对自己周围的环境有更大控制能力的一种专业活动。评估社区工作技巧的有效性,关键标准是考察社会工作者使用社区工作技巧后,是否能保证社区工作的执行达致以下目标:

(1) 促进居民参与解决自己的问题,提高社区居民的社会意识;
(2) 调整或改善社会关系,减少社会冲突;
(3) 寻求社区需要与社区资源的有效配合,以满足社区需要,解决或预测社会问题,改善社区生活环境,提高社区生活质量,促进社区进步;
(4) 追求权力和资源的公平分配;
(5) 发挥居民的潜能,发掘并培养社区的领导人才;
(6) 培养互相关怀、彼此互济的美德;
(7) 增强社区的凝聚力。

社区工作的常用技巧包括与社区居民开展工作的技巧、社区分析的技巧、活动策划与方案设计的技巧等。评估过程中需要通过会谈了解社会工作者平时是如何深入社区开展工作、和居民建立专业关系,了解社会工作者对所服务社区和居民的熟悉情况,对社区资源的掌握情况等,以此评估社会工作者是否在服务过程中运用了专业的技巧和方法。例如:

案例案例11:为什么一线社会工作者被专家问及项目管理的事宜?

社会工作者小白刚毕业,在某家庭综合服务中心认知家庭部的社会工作者,在最近的末期评估中,不断被评估专家问及社区特点、低保政策、政府部门及地区相关资源的联络与交流情况、项目年度计划等项目管理等问题,她认为这些问题不应该由一线社会工作者回答,于是建议专家去问及家庭部主管或者中心主任,结果被专家在评估合议时提出非议,认为社会工作者的社区工作技巧有较大的提升空间。小白觉得很委屈,为什么一线社会工作者要知道那么多项目管理的事宜,这些与社区工作技巧有何关系?

分析

案例中,社会工作者小白认为的项目管理的事宜实际上与社区工作技巧息息相关。社区特点,包括社区的人口及其组成、历史、交通、经济、社区资源、社区需要等社区背景是分析技巧中认识社区的内容;低保政策是分析技巧中社会政策分析的内容。社会工作者通过调查了解社区,才能掌握社区的需要,进而提供合适社区的服务。而这项任务,不单单是项目管理者的任务,更是一线社会工作者必须完成的任务,因为社区的需求是呈动态发展的,而最能掌握社区需求动态的人,就是经常与社区居民接触的一线社会工作者,若我们不清楚社区的特点,就无法理解居民需要产生的原因及构思需求满足的解决途径。如原本在广州市区工作的社会工作者进入增城、从化、花都等郊区工作,无法理解当地政府部门强烈要求服务机构提供接送服务或自备汽车等硬性要求,因为长期工作在交通便利的市区的社会工作者,根本不了解郊区居民有可能为了出行,花费半小时等待公交车的情况。

政府部门及地区相关资源的联络与交流情况,一方面是关于分析技巧中认识社区的内容,另一方面是关于关系建立与维系技巧中如何处理与地区团体及政府部门的关系的内容。服务对象需要解决问题时,社会工作者通常需要协助他们争取资源,如申请低保,就要与街道和居委会的民政专干了解申请资格和相关手续。另外,任何服务机构和团体均掌握着不同的资源,如社会工作者发现某个独居长者骨折,无法自行煮饭,可联络当地的长者饭堂提供膳食服务。这些资源联络均是一线社会工作者需经常接触和联络的,非项目管理者独有的。

项目年度计划则是行政技巧中服务策略的内容。目前,大部分的家综一线社会工作者关注的是自己的工作内容或者是某个领域的工作内容,但对于家综整体规划了解不多,容易使服务偏离整体构思。如年度计划的重点为增能,注重提升服务对象的个人能力,但长者部的社会工作者没有关注年度计划,更重视社区资源的链接与运用,投入更多义工资源去探访义工,并链接资源去帮扶长者,严重偏离发掘长者个人能力的项目目标。

3.3.3 评估社会工作者角色有效性

社会工作者在社区工作中的角色主要是使能者、协调者、教育者。

使能者(Enabler)指帮助个人、团体、家庭、社区精确地了解需求,澄清与认定其问题,探讨解决问题的策略,选定适用的策略,并发展处理问题的有效策略之能量。例如,一个家综或者社区中心的服务需要覆盖一定的地域社区的,所以,社会工作者的角色主要是根据服务机构的服务范围、服务机构的指标以及社区居民的需要,以个案、小组或者大型活动的手法设计一些服务方案,面向社区居民开展。可能是对社区里某一精神压力大的居民进行个案辅导,可能设计一个儿童康乐性质的小组,可能是开展一个社区青少年发展性的职业规划小组,也可能是长者重阳节的爬山活动等,在不同的具体服务中,社会工作者的角色会是多样的,但使能者角色尤其明显。

协调者(Coordinator)是将组织中的部门串连在一起工作,例如多重问题的家庭,需要有不同的服务机构或部门提供服务,社会工作者就是扮演协调者的工作。比如,面对社区里一个有智障孩子的家庭,社会工作者需要协同家长到残联去办残疾证,到民政去领取补助金。

在社区工作中,社会工作者的另外一个重要角色是教育者。比如某一社区中心会在社区举行妇女健康知识讲座,某一青少年中心会在社区开展性教育课堂,某一戒毒中心会在社区举行"毒品危害"等活动周等。

目前在中国社区工作中,社会工作者使能者、协调者以及教育者的角色比较明显,随着社会工作者的知晓度和专业认可提升,社会工作者充当倡导者的角色会增多。

由于社区工作涉及一线社会工作者和服务机构管理者两个角色,下面将围绕这两个角色分析社会工作者角色的有效性:在一线社会工作者层面,应积极装备专业知识,发挥批判反思与不疑处存疑的精神,以专业责信自我期许,积极参与社区方案的实施,表达实际的工作与理想的评估之间的差距,提出有益的建议从而改善社区环境。

在管理层面,应成立内部自律小组或聘请外部顾问,检视组织目前的运作绩效与流程。在努力争取各政府部门提供资源以维持或不断扩展规模的同时,也应停下脚步,自我反省是否有负社会大众的期望,是否在以另外一种形式浪费公共资源,以及是否有违专业承诺忽视服务对象的权益,以更高的标准进行自我要求。

案例案例12:社区工作中项目主管的角色要求

青草服务机构一直为边缘青少年提供服务,服务机构的资金主要来自某青少年发展基金会。突然,基金会更改了资助标准,要求项目提供成效证明,并由服务机构决定如何收集资料和如何报告。如果项目不能收集和报告足够的数据资料,或者工作结果证明不了项目的成效,资助就会终止。

当收到新的要求后,该项目主管社会工作者小李马上召集其他工作人员和服务机构管理者开会,讨论怎么处理,提出几个核心问题:(1)收集成果数据是否需要有当事人的授权?当事人拒绝给予授权该怎么办?(2)服务对象主要是青少年,什么年龄条件他们可以给予授权?对于没有到达适当年龄的服务对象应如何获取授权?(3)应该围绕哪些方面进行资料收集?(4)如果成效证明不够理想,该怎么办?

分析

案例中,社会工作者小李似乎临危不乱,针对具体困难集思广益。事实上,作为一个项目负责人,小李面临角色不清的问题。在项目开始时,就必须构建好项目的运营制度,做好资料收集的准备,所以一般服务机构除了有服务知情同意书,更应具备收集及运用资料的知情同意书,告知服务对象,参与服务应同意资料被运用到实证研究,无须再次获取其同意,查阅相应资料的人,也应签署保密同意书,确保服务对象的资料不会泄露。另外,对于成果数据的收集,应在文书管理上注重日常的收集,及时提交文书和图片,并每半年或一年对这些服务数据进行分析并提交数据分析报告。

项目六 结 案

结案,又叫终止服务,是社会工作介入过程的结束阶段,也是社会工作实践的最后一个环节。它通常是社会工作者和服务对象一起结束他们之间的工作关系的过程。[①] 社会工作服务结案通常有以下几种不同类型:

一是目标实现的结案。目标实现的结案是指服务对象的问题得到解决或需求得到满足,社会工作者的协助已经成功达到了预期的工作目标而进行的结案。这种情况往往意味着正式的结案,除非服务对象有其他服务需求需要社会工作者再次帮助。

二是社会工作者无法有效帮助服务对象,在服务对象及相关方的知情同意下经过相关程序的结案。这种类型的结案有时候意味着专业关系正式结束,服务对象不再需要社会工作者的帮助,但有时候只是表示转介的情况,服务对象由更合适的社会工作者或服务机构继续提供服务。

三是超出社会工作者及服务机构服务范围的结案。通常包括超出时间范围及地域范围两种不同情况。社会工作者及服务机构往往会基于特定范围内为服务对象提供服务,一旦超出服务范围,如无特殊情况,社会工作者及服务机构一般会协商结束服务,进行转介或终止服务。

四是因其他各种原因而造成的被动结案。如服务对象或项目资助方不满意社会工作者及服务机构提供服务,要求终止服务;或服务对象出现自然或非自然死亡等情况。

虽然结案意味着社会工作者的协助将告一段落,但并不是说结案工作可以简单了事。实际上,结案是整个社会工作助人过程的有机一环,是助人活动的一个重要部分,是有特定的工作任务及内容。[②] 此外,结案也有特定的服务技术及技巧。本章将会围绕工作任务及相关技巧进行阐述。为了便于读者理解,在整体阐述结案阶段的工作任务及通用技术之后,将会结合其在个案工作、小组工作及社区工作的实际操作进行详细论述。

1 工作任务

结案的目的是为了适时结束一种有责任的主客关系。[③] 其工作重点主要有:(1) 社会工作者处理好与服务对象的关系(帮助服务对象建立对社会工作职业的正向观感,便于服务对象日后有需求时能够快速建立信任关系);(2) 协助服务对象巩固已有的改变和取得的成果(帮

---

① 朱眉华,文军.社会工作实务手册[M].北京:社会科学文献出版社,2006.90.
② 同上,65.
③ 同上,90.

助服务对象巩固预期目标);(3)以及协助社会工作者发展专业能力。具体而言,社会工作者需要做好以下几个方面工作:

1.1 总结回顾

其主要是指社会工作者抽出身来,对整个服务过程进行回溯,对服务前中后各个环节进行检讨。关注点包括:服务过程中发生了什么(事实)、服务对象有什么反馈(评价)、与服务对象预设的服务目标是否达成(效果)、服务过程有无好的做法、有无需要优化及完善的地方(经验)等等。通过总结回顾,社会工作者能够客观评价自己的工作成效,同时也能帮助自己与服务对象的成长。

1.2 巩固已有改变

社会工作是秉持利他精神的职业,这一点贯穿社会工作助人过程的始末。在结案环节,为了最大程度促进服务对象的福祉,帮助服务对象成长,最终实现助人自助的目标,社会工作者需要帮助服务对象在总结回顾的基础上,把焦点放在自身的成长及发展方面,通过梳理整个服务过程,帮助服务对象总结及强化服务过程中学习到的经验、发展自信及能力,并对服务对象比较薄弱的地方进行充实提高,让服务对象在日后的生活中能够发挥及使用学到的经验。

1.3 解除工作关系

在结案环节,社会工作者需要正式和服务对象明确工作关系的终结,划清工作关系的界线。因为在实际中,解除工作关系并不是不再与服务对象发生接触,只是表示随着工作关系的解除,对彼此互动的期待及方式需要随着调整。社会工作者需要帮助服务对象建立这个意识,并适应这个改变。如果服务对象有其他方面的需求,社会工作者可以继续提供服务,或者转介给其他社会工作者及服务机构为其提供服务。

1.4 做好结案记录

结案记录,是把社会工作结案落实到位的重要书面文件。为什么说它是重要书面文件?从它的内容角度来说,结案记录非常重要,它是一份详细记录社会工作者帮助服务对象整个过程的文件。当服务对象再次发生结案记录求助时,社会工作者能够迅速了解服务对象。同时,在某些特殊情况下经过一定程序也可以协助法院等司法行政服务机构调查,维护服务对象及社会工作者自身权利。此外,从社会工作服务程序角度而言,结案记录代表了有责任的助人行为的终止,这个终止记录能够作为依据帮助社会工作进行质量控制及监督。

1.5 跟进服务

跟进服务是指社会工作者在结案一段时间后,对服务对象的情况进行回访以及后续跟踪的服务。它也是完整的助人过程的一部分。跟进服务的主要目标是了解服务对象结案后的情况,以评估社会工作者服务的有效性,同时也承担了巩固和夯实服务对象成长及改变动机、继续向服务对象表达关怀及支持的责任。

2 通用技巧

在结案过程中,通用技术是指可以运用在个案工作、小组工作及社区工作等不同手法及情景的技术及微技巧。在结案环节,根据服务对象的需要,基本所有的个案工作技巧、小组工作技巧以及社区工作技巧都可以使用,考虑到很多技巧在前面的内容已经有详细地介绍,在这里,会挑选几个重点技巧进行介绍,并对其在个案工作、小组工作及社区工作运用进行说明。

2.1 总结技巧

总结是指在个案、小组或项目即将结束的时候与服务对象及相关合作方结束工作任务所开展的一系列工作。其主要目标是协助服务对象及相关合作方更加清晰地明白工作的整个过程,有助于参与的各方从中有所学习及成长,同时也有利于强化社会工作专业印象及未来的合作关系。

以下介绍在前线实务操作过程中经常用到并且比较好用的一些总结工作的框架及技巧。它们分别是:一是最字总结法;二是优缺点总结法;三是事后回顾(AAR)法;四是4F总结框架。

(一)最字总结法

最字总结法,是指在总结过程中,用"印象最深刻……""最有启发……"等最字开头的句子进行提问,以帮助服务对象回忆、思考服务过程中的各类人和事、感受及思考。这个技巧非常简单,很容易操作。同时对服务对象的要求不高,可以适用于各类服务对象身上,尤其是文化程度偏低的服务对象身上。这个方法的不足之处在于总结的内容会比较零散、碎片化。

(二)优缺点总结法

优缺点总结法也是前线常用的方法。主要用于引导服务对象对服务过程做得好的地方(优点)及需要改善优化的地方(缺点)进行总结。在总结引导的时候,需要特别注意的是正向语言的运用,如用"需要改善优化的地方"来代替"做得不好的地方",以避免引发一些负面或抗拒心态的出现。另外,在运用的时候,亦需要考虑参与对象的个人自尊及自信心情况(低自尊/低自信情况下更倾向于做优点强化)。而在小组总结的时候,则需要关注团队氛围是否正向,以避免攻击他人行为的出现。此外,总结技巧如配合时间逻辑框架使用会更加全面和系统(见表6-1)。

表6-1 时间逻辑下的优缺点总结法

	做得好的地方(优点)	需要改善优化的地方(缺点)
服务前		
服务中		
服务后		

(三)事后回顾法

事后回顾法(After Action Review,简称AAR)最早是美国陆军所进行的一项任务后的检视方法。美国陆军把AAR定义为:"对一事件的专业性讨论,着重于表现标准,使参加者自行发现发生了什么、为何发生及如何维持优点,并改进缺点。"对美国陆军来说,使用这种方法的好处是当对事物有新的理解产生时,可以马上得到响应并付诸行动,他们使用 AAR 解决了许多问题。[①] 事后回顾法(AAR)主要关注五个不同的层面:一是目标达成方面;二是过程实施方面;三是做得好的方面;四是有待改善的方面;五是经验迁移运用方面(见表 6-2)。

表 6-2 事后回顾法(AAR)引导清单

关注层面	引导问题
目标达成方面	1. 原本的意图及目标是什么? 2. 目标有无达成/实现? 3. 如果给目标达成打分,打多少分?
过程实施层面	4. 过程中发生了什么事情?你看到、听到、感觉到了什么?
做得好的方面	5. 有哪些地方是做得比较好?
有待改善的方面	6. 有哪些地方是需要改善及优化?
经验迁移运用方面	7. 今次经验以后可以运用到哪些工作中?

事后回顾法(AAR)涵盖了优缺点总结法,并且延伸出新的内容。在运用方面,事后回顾法(AAR)通常运用于成长性主题的服务,可以用来帮助服务对象、社会工作者自身及服务机构总结经验。此外,AAR 也可以应用于检讨性工作,尤其是影响面广的负面事件。在应用过程中,带领者的角色非常重要,带领的基本定位是总结经验,而非问责及批判,故在运用之时对团队正向氛围的控制至关重要。

(四)4F 总结框架

4F 是指事实(fact)、感受(feeling)、发现(findings)及未来(future)。事实(fact)主要是指经验回顾,主要帮助服务对象或社会工作者自身对整个服务过程的经历进行回顾,旨在加入思考和整合,从而帮助服务对象和社会工作者沉淀为自己的经验。感受(feeling)主要是指分享感受,也是服务过程中的反身性学习,与自身的价值观进行链接,从而帮助服务对象和社会工作者进行价值内化。发现(findings)主要是指学习检视,即如何将该次服务过程中积累的经验进行泛化,扩散到不同的层面。未来(future)主要是考察前瞻探索,主要是关注经验的未来应用。

2.2 关系终止(终结)技巧

专业关系是当服务对象遇到困难无法解决而寻求专业社会工作者帮助时,服务对象与社会工作者之间的"求助与帮助的关系""合作关系""态度与情感的互动"的人际关系。这种专业关系建立的目的是要营造一种使服务对象感受到被尊重、被接纳、被了解、被肯定的共同工作氛围,从而消除服务对象内心的自我防御机制。只有这样,社会工作者的一切努力才可以传递给服务对象。[②] 所以,结案时如何谨慎处理好关系对服务对象会有很大影响。

此外,专业关系也是一种工具性的关系,代表了一定的权责义务关系。在专业关系内,社会工作者对服务对象拥有一定的权利,同时也需要承担一定的责任义务,一旦超出了专业关系范畴,这种权责义务就不再存在。所以,这就是为什么要谨慎对待专业关系终止(终结)

---

① 过程总结及改进:AAR 事后回顾法[DB/OL]. http://www.it610.com/article/146440.htm.
② 潘绥铭,侯荣庭,高培. 社会工作伦理准则的本土化探讨. 中州学刊 2012(1):98.

的问题。

在社会工作者为服务对象提供服务过程中,专业关系伴随着整个助人行动的历程,从早期的关系建立及深化,到中期的关系维系,到后期的关系终止(终结)都有一些技巧可以帮助到社会工作者。本章关注重点是关系的终止及终结,即如何结束与服务对象的专业关系。终止专业关系包括三个方面技巧:一是结案心理调试技巧,主要是帮助服务对象做好心理准备,接受即将结案的事实,并对关系终止(终结)有所理解与认识;二是特殊情绪处理技巧,主要是针对服务对象可能产生的负面性感受,如离别情绪、分离焦虑情绪等进行处理;三是正式确认技巧,主要是采取一些正式的方式对结案事实进行确定及落实,为专业关系划上句号。

(一) 结案心理调试技巧

结案心理调试技巧,主要是面对服务对象及社会工作者,如何去做好心理建设,准备面对结案的现实,让服务对象及社会工作者带着一个好的感受结束服务。根据心理意愿程度及心理准备程度不同,可以把结案分为自愿性结案和非自愿结案两种类型。结案性质的不同,社会工作者需要给予的心理调试技巧及侧重点都不同。在结案心理调试微技巧层面,个案面谈辅导技巧以及小组工作的技巧都适用。这里需要特别强调的是,结案心理调试是一个渐进发展的过程。结案的心理调适,可以从服务开始阶段进行渗入,比如,在首次面谈以及开案面谈中,有意识加入"服务最后是会结束的""服务终止的条件"等话题,做一个意识铺垫,而在服务中期,可以不断灌输"社会工作者只是协助一段时间,在服务对象成长起来后会退出"或"有机会转换服务的社会工作者及服务机构"等概念。而正式的心理调试工作是从服务中后期开始实施,直接与服务对象沟通服务终止这件事情。需要强调的是,在中国当前的社会工作处境下,社会工作者有可能遇到突然终止的情况,但无论如何,都要尽力实施结案的心理调试。对比有计划性的服务终止,突然终止的服务心理调试的时间会比较紧迫,社会工作者让服务对象能够带着正面感受离开。只要抱着一颗真诚、诚恳的心态,一般都能够把服务对象的关系处理好。

(二) 结案确认技巧

在结案环节,一般采取两种不同的技巧进行正式确认。

第一种是面谈会议。在面谈会议中,社会工作者要不遗余力地去处理好各方的感受,奠定一个好的结束氛围。在此基础上,再对结束服务,终止专业服务关系进行确认,并为未来留下一定合作空间。

第二种是书面文件。关于结案的书面文件有很多不同类型,如服务结束知情同意书、服务结束通知书、服务结束告知书等。这类型文件最好由双方确认签字,或者进行公告及公示。书面文件一般包括:服务时间及期限、社会工作者单位及姓名、结束原因,联系方式等部分。但不同服务机构有不同的侧重点及行文格式。

在前线实务过程中,为了避免服务对象及社会工作者感觉突兀,一般上述两种方式都会采用。但在一些特殊的情境下,如果没有机会进行面谈会议,往往也会通过电话会谈的形式进行沟通,然后再用书面文件的形式进行夯实。

(三) 特殊情绪处理技巧

在社会工作前线实务过程中,无论是个案工作、小组工作还是社区工作手法,因为长期深入地与服务对象相处,社会工作者往往会与服务对象建立比较深的关系,所以在结束服务的时候,可能会遇到一系列特殊情绪需要协助处理。

第一类是离别情绪。因为服务关系结束,服务对象情绪低落,呈现出一定的伤心、难过等。但这类情绪往往不具备攻击性,只是情感的一种自然流露,服务对象本身亦能够自行处理。对于这类情绪,社会工作者可以运用个案同理等技巧协助案主坦然接受。

第二类是分离焦虑。这类情绪往往是基于心理的惊慌失措或暂未有足够的准备导致的。在这类情绪中,服务对象会抗拒终止服务关系,并且在某种程度上会表现出一定的攻击性,如自我攻击,表现出退行性行为,认为自己是被抛弃、被放弃等,或者是攻击社会工作者,通过愤怒和谩骂等形式表达自己的抗拒。这类型的情绪往往需要个案辅导多种技巧同时加以干预及处理。

需要说明的是,上述特殊情绪并不是任何情况下都会出现,它往往出现在服务对象及社会工作者信任关系建立比较好或者是服务对象真切地认为社会工作者能够有效帮助到他的情况下。

2.3 成果提炼及展示技巧

目前,我国社会工作专业仍处于发展初期,结案环节的成果提炼及展示是一项非常重要的工作。成果提炼及展示可以帮助社会工作者及服务机构实现以下几个功能:一是协助社会工作者及服务机构沉淀专业,积累经验,帮助其更好地处理未来的服务工作;二是协助社会工作者及服务机构创造机会与服务对象进行更深入的合作及支援;三是能够协助社会工作者及服务机构扩大行业及社会的影响力,推动更多的服务对象受益。

根据前线服务经验,一般专业服务结束后,可以根据不同的用途及目标,提炼出不同类型的成果:一是面向行业内的专业交流类成果,如专业论文、服务案例、服务操作手册等;二是面向社会大众的社会倡导类成果,如调研报告、社会提案等。以下重点介绍有助于服务成果提炼及展示的参与式技巧、写作性技巧及可视化技巧三种技巧。

(一) 参与式技巧

参与式技巧,其目标可以是综合性的,既实现提炼服务成果的目标,也对服务进行展示。同时也可以是单一式的目标,如只是对服务成果进行展示或对服务成果进行提炼。邀请参与的对象可以是服务对象、内部员工、合作方以及购买方,也可以各个群体共同参与。具体邀请谁来参与,要视希望达成的具体目标而定。在参与式技巧方面,前线服务经常会使用的方法主要有两种:

一是新闻发布会。对项目形成的调查报告、项目成效报告等成果性资料进行发布与公告,吸引新闻媒体进来,让参与的各个群体可以透过现场及媒体了解某一具体情况。

二是服务研讨会。主要是对服务对象、服务模式及工作手法等进行研究讨论,促进更多的认识、交流及讨论。

(二) 写作性技巧

在结案阶段,为了促进社会工作实践的专业化以及向项目购买方(有时亦称为项目资助方)阐述服务成效,需要撰写各类不同性质的文件材料,这就需要社会工作者掌握一些写作性技巧。本章节会围绕前线社会工作服务人员经常涉及到的服务报告、服务案例、专业论文以及服务操作指引手册等四类不同性质的文件材料,分别进行阐释。

服务报告：主要是面向服务购买方或上级单位，向其报告服务实施进展以及服务成效情况。主要内容包括：① 服务对象基本情况；② 社会工作者为服务对象所开展的针对性服务以及工作投入；③ 服务对象的改变及受益情况；④ 服务亮点及特色（品牌）；⑤ 未来工作思路及建议。但是，因应不同的报告对象，服务报告在上述五个内容的基础上会有增加或删减。如比较关注财务情况及资金使用效率的服务购买方，服务报告就需要增加财务情况汇报及说明。

服务案例：主要是面向本行业内所做的文书资料，其主要功能是透过案例做专业交流与分享，让同行处理类似案例的时候有所参考或让新手社会工作者能够参考学习。其主要内容包括：① 服务对象基本情况（或背景信息）；② 社会工作的介入及干预过程及分析；③ 社会工作角色及技巧运用。具体格式可以参考服务机构或甄选单位的要求。

专业论文：从功能的角度来看，专业论文与服务案例比较一致，但专业论文是基于服务案例再次提炼，它需要跳出案例，提炼/总结出一些普遍适用的原则、技巧或服务模式。从这个层面来说，专业论文的写作难度会比服务案例高一些。但这种情况也不是绝对的，比如，有些论文会比较偏向社会工作者自身的成长反思。

服务操作手册：主要是对服务操作程序进行总结，其目标是希望给后来执行或实施的社会工作者参考及指引，其目标是保证服务实施的标准化（不因人员变动而出现大变动）或为服务的推广及复制做基础铺垫。

（三）可视化技巧

可视化技巧，其核心目标是将各类服务成果转为各种可以直观感受到的影视资料，从而帮助受众能够更好地、清晰地接受社会工作者及服务机构想要表达的信息。具体包括：印制各类宣传制品、制作微电影、小视频或编排话剧等。

3　在三大手法中的运用

本节主要是结合社会工作个案工作、小组工作及社区工作三大工作手法具体阐述结案阶段的各项工作任务及通用技巧的具体应用。

3.1　在个案工作中的运用

在个案工作中，根据社会工作者在结案过程的掌控程度，往往把结案分为主动结案和被迫结案两种不同性质的结案类型。主动结案是案主与社会工作者的主动选择。社会工作者与案主一起，案主伴随左右，通常是正常结案。被动结案往往是案主单方面离开或拒绝接受继续服务，或社会工作者无力处理案主问题，被迫终止个案服务，在前线服务中的表现形式为：不告而别的结案、转介/转案的结案等。这种分类的性质也直接决定了在结案环节社会工作者的工作任务、处理工作的重点和深度、运用技巧的差异。一般来说，在主动结案中，社会工作者才有机会完成总结回顾、巩固已有改变、解除工作关系、做好结案记录以及跟进服务等工作任务。下面将会围绕上述五项工作任务，细致介绍其在个案工作中的具体表达以及使用何种技巧来实现。

3.1.1　总结回顾

正如前文提到，总结回顾是让社会工作者能够客观评价自己的工作成效，同时也能帮助自己与服务对象成长。在个案工作中，总结回顾主要从案主、社会工作者、服务机构三个不同层面进行,总结回顾的内容及重点会存在差异。正常来讲,面向案主的总结回顾最先做,面向服务机构和社会工作者自己的总结回顾稍后同步完成。

一是面向案主的总结回顾。面向案主的总结回顾,是在个案服务即将结束时进行,社会工作者和案主一起回顾整个个案的历程,帮助案主加深印象。在面向案主的总结回顾中,最经常使用到的总结技巧包括:最字总结法和4F总结框架。

应用案例1：最字总结法

背景介绍

张婶因照顾压力、儿子外出支医等情况陷入严重的情绪困扰中,睡眠也受到严重影响,长时间睡眠不足,导致精神时有恍惚,面色较差,眼袋浮肿。后来经过社会工作者辅导,整体状态有所改变,基本能够对自己的负面情绪有所觉察及控制。临近结案,社会工作者与张婶进行总结回顾：

社会工作者：张婶,我们的工作也要告一段落了。我记得当时我们第一次见面是9月份,也就是4个月以前。现在回想我们一起经历的整个过程,你最大的感受是什么？

张婶：嗯,最大的感受？如果要我讲,那就是舍不得。我从来没有想过我对我儿子是那么依赖。我一直都觉得我很辛苦,一直都是我自己照顾他外公,也没有享受到其他人什么照顾,但其实,我儿子一直是我内心的精神支撑,他才是照顾压力最大的那个人。

社会工作者：所以,其实你最大的感受就是原来你很依赖你的儿子,你舍不得你的孩子出去,对吗？

张婶：是啊,一直以为他是被照顾的那个人,其实我自己才是。

社会工作者：所以,接下来,你会怎么面对和处理现在的这种情况呢？

张婶：我很感恩我的儿子,我不能总是依赖他。就像您之前讲的,我自己也可以交一些朋友,让自己的生活没那么孤单,这样我的儿子就不会担心我。我也可以帮助他减轻他的压力。

使用小贴士

1. **最字总结法**,适用于表达和思考能力比较弱的服务对象做总结,可以在个案面谈、小组结束、各类座谈总结会议中使用。具体使用人群方面,既适用于服务对象,也可以用于帮助能力偏弱的社会工作者及活动助理提升专业能力。

2. **分享的内容安排**：关于"最…"也就是讨论的内容,是事情,还是感受,都要视乎对象的偏好。一般男性会比较偏向讲事情,而女性会偏向分享感受。同步要结合社会工作者想要带出的效果。

3. **分享的基调**：如最难忘、最感恩、最生气等,都要视乎总结的目标及方向而定。如果涉及负面情绪的基调,则要谨慎思考,社会工作者是否有转调的能力及安排。毕竟社会工作者更加期待对象带着正面感受和能量离开。但这不是绝对的。

面向案主的总结回顾需要案主的自身配合,所以,往往在主动性结案的个案服务中才会有这项工作任务。对于单方面离开或拒绝接受继续服务的案主,这个总结回顾往往比较难做。而对于社会工作者无力处理的个案,这部分的处理深度往往会比较浅层次,比较多使用的是最字总结法。

二是面向社会工作者自身的总结回顾。面向社会工作者自身的总结,主要是社会工作者关于自身专业运用的反思及检讨。一般会从社会工作者的专业角色运用、专业技巧运用以及专业价值理念三个不同角度进行总结回顾。社会工作者自身的总结回顾通常会以自我反思、朋辈督导、专业督导等方式进行,最后落实到实务文书的社会工作者总结部分、督导培训记录或专业论文等方面。常用的技巧包括:事后回顾法。

应用案例2:事后回顾法

背景介绍

小黄最近在帮助居民宋先生链接社区资源应对医疗费的问题。在跟随社会工作者小黄进行个案家访后,督导A先生与社会工作者小黄进行家访工作后回顾:

督导A:小黄,你这次上门探访,当初是带着什么样的想法去的?

社会工作者小黄:当时,我是想上他家去评估下他家的实际经济困难,顺便收集慈善会那边需要的资料。

督导A:哦,这样啊,那么你认为你当初的目标有无实现呢?如果给你当时的目标打分你可以打几分?

社会工作者小黄:嗯,嗯……应该都实现了吧?

督导A:嗯,具体说说看。

社会工作者小黄:我收集到了慈善会那边需要的资料。

督导A:嗯,那边需要什么资料?都收集齐全了吗?

社会工作者小黄:需要案主的家庭情况,目前了解到案主本人的,其妻子的还不知道。

督导A:所以说?

社会工作者小黄:当时去的时候没有很明确需要收集什么资料,所以资料没有收集齐全。这个目标不能算完成。加上要评估他们家的经济困难程度,收入情况不齐全,家庭支出也不清楚,如果一定要评分的话,可能只有1—2分。

督导A:在这次探访过程中,你有留意到发生了什么事情?

社会工作者小黄:去探访之前,我是没有做好准备的。当时,宋先生约我了,我就直接上门了,也不清晰自己究竟要做什么,自己没有带着一个很清晰的目标去上门。

督导A:在宋先生家里,你有留意到发生了什么事情?

社会工作者小黄:宋先生一家人住在出租房里。看到三口之家的生活痕迹……家里比较现代化,电器什么的都比较齐全,而且好像也比较新。另外,我感觉到宋先生是有所隐瞒的。这一点,在我问他家的收入和他的兄弟姐妹等情况的时候,他有点支支吾吾的感觉,似乎不太想说。我推测他可能还没有动员他的家里力量去帮助他。

督导A:嗯,这个需要你进一步去收集信息证实你的推测。如果确实有这个情况,可能个案处理方面,动员家庭力量解决医疗费的问题,也会是一个方向。在这个入户的过程中,你观察得比较仔细。现在回想下,这次入户你在哪些地方是做得比较好?

社会工作者小黄:我自己会对案主的情绪及表情会比较敏感。

督导A:还有呢?

社会工作者小黄：临场应变还是可以吧！呵呵，没有太多准备，所以应变还可以。

督导A：这次入户你在哪些地方是需要进一步提升？

社会工作者小黄：入户的目标需要细化。就比如说，收集资料，要具体到需要收集哪些资料，要具体一条一条列出来。要不然到了现场就得忘记，回头还得问。

督导A：其他呢？

社会工作者小黄：周边的信息收集不足，询问信息不够灵活。比如他的妻子是帮别人带小孩。其实她的收入是可以推测的，我可以直接跟他确认。比如，我可以问："现在帮别人带小孩普遍都是3 800元一个月，您太太的收入是多少啊？"

督导A：恩，这个办法不错。这次的经验以后可以怎么运用？

社会工作者小黄：细化目标的经验呢，还可以运用到以后所有个案面谈前的准备中去。另外，工作前要尽可能收集周边的信息，如居委会、邻居等都要先问问，看看能不能在见到案主之前就已经先掌握一部分信息。

使用小贴士

1. 事后回顾法，是基于客观事实（初始目标和过程事实）所做的主观判断（做的比较好/需要完善及优化）以及经验迁移的反思。主要用于帮助当事人从经历与体验中总结经验，不断运用到以后的生活工作当中。它可以运用到个案、小组及社区工作当中。适合的群体可以是服务对象，也可以是社会工作者本身。使用的时候，要根据对象的不同，把问题变成对方容易理解且明白的提问即可。

2. 在运用方面，最难操作的是带领者非批判原则的贯彻，尤其是集体性事后回顾的时候，如果贯彻不好，容易出现批评指责或相互推卸等现象，起不到总结经验的效果。

三是面向服务机构的总结回顾。面向服务机构的总结回顾，主要是社会工作者关于个案介入服务的报告及检讨。最经常使用的总结技巧是：优缺点总结法和事后回顾法。通常使用的方式是通过个案文书等书面报告的形式进行说明。

3.1.2 巩固已有改变

在个案工作中，巩固已有改变是非常重要的一项任务。其目的是巩固案主现有的成长及变化，和案主讨论如何将经验应对未来日常生活，从而达成"助人自助"的目标。

巩固已有改变，在个案工作中，具体包括三个内容：① 回顾工作过程。也就是帮助案主回顾整个工作过程，澄清整个助人的事实。这里采用较多的是总结回顾的技巧。② 强化案主已有的改变。也就是肯定案主在整个工作过程做得比较好的地方，由此帮助案主发展解决问题的经验及自信心。采取鼓励技巧较多。③ 表达积极支持的态度。社会工作者在结案部分积极向案主表达支持的态度，由此增加未来独立解决问题的自信心。在这项工作任务中，所有个案技巧均可以使用，但使用最多的服务技巧是鼓励技巧和提问技巧。在实际操作上，巩固已有改变的工作往往与总结回顾一起做。

因为鼓励技巧和提问技巧在前面章节已经阐述过，此处就不再重复介绍。

3.1.3 解除工作关系

在个案工作中，解除工作关系主要是指和案主终止专业的服务关系，同时让案主也明白接纳这一点。社会工作者需要做的工作是：① 帮助案主接纳工作关系即将终止的事实，并努力为此做准备;②签署个案服务结案/转介同意书;③对个案服务进行评估。如果案主不愿意接受这种情况,可能社会工作者还需要对案主的这种情绪进行处理回应。此外,部分案主可能涉及转介或转案,社会工作者还要做转介准备及沟通等工作事宜。

在这个环节,所有个案技巧均可以使用。但最重要的技巧是:评估技巧、关系终止技巧及转介/转案技巧。此处重点阐述关系终止技巧在个案工作中的运用及相关注意事项。关系终止技巧包括心理调试、结案确认以及特殊情绪处理三个不同的技巧。

在个案工作中,心理调试技巧要贯穿始终,采取渐进式铺垫的做法进行。以整个个案阶段为例来说明这一点(见表6-3)。

表6-3 个案分阶段心理调试技巧的运用

个案阶段	关系终止的心理调试技巧运用
接案阶段——开案知情同意书	建立认知:哪些情况下会结束个案服务
预估阶段——个案优势评估	建立助人自助的认知:案主需要依靠自己的资源及能力解决问题,为关系终止做铺垫
计划阶段——介入目标制定	确定个案结束条件
实施阶段——面谈语言	不断强化案主依靠自己解决问题的意识,为关系终止做铺垫
评估阶段——评估目标实现情况	开始判定是否符合预定结案条件
接案阶段——正式结案	正式向案主提出结案事宜

在帮助案主认识及接纳工作关系即将终止的事实过程中,社会工作者必须有一个清晰的认识,对结案事实态度要坚定,要考虑案主的心理状态,不可操之过急,介入的时机要巧妙观察,需要选择案主状态比较好的时机一点一点切入进去。

结案确认在主动结案的个案工作中,通常采取面谈的形式完成。在个案的最后一节,结案确认可以与整个总结回顾合在一起做,而非单独进行。在确认案主情绪等各方面都比较平稳情况下,完成结案确认的相关文件签署,这些文件包括结案知情同意书(如有)、服务结束告知书等。而前线实践往往用个案服务满意度调查表作为结案确认的书面文件,因为该表格通常在结案评估环节使用,往往会默认结案的事实。

3.1.4 做好结案记录

在前线的个案服务中,结案记录的功能是记录结案面谈中社会工作者所做的一切,是前文总结回顾、巩固已有改变以及解除工作过程的书面记录。同时,这也是社会工作者提交给服务机构的正式文件。通常的行文结构包括:个案的基本情况、服务目标设定、个案服务情况、个案服务成效、社会工作者的反思(见表6-4)。

表6-4 专业个案结案报告范本

一、基本情况
案主姓名:宋××先生
开案编号:C—20151201
开案时间:2015年12月1日
结案时间:2016年5月25日
接案社会工作者:黄××

二、共同约定的介入目标
1. 目的:协助案主共同解决医疗费问题。
2. 具体目标:
(1) 协助案主找出1—3种解决医疗费可行性办法;
(2) 协助案主解决问题遇到的困难。

三、提供服务次数及性质统计

服务内容	次数统计	备注说明
面谈	6次	
电话	28次	包括3次居委联络、11次慈善会联络、4次家庭成员沟通、10次本人沟通
小组服务及接触	4次	小组活动+活动后面谈
社区活动及接触	3次	社区活动+活动后面谈
合计	41次	

四、结案原因
目标达成

五、个案目标实现及服务成效
目标实现良好

具体目标	服务成效
(1) 协助案主找出1—3种解决医疗费可行性办法	1. 协助案主找出2种解决医疗费可行性办法,实现预期目标。 2. 在过程中,社会工作者一共帮助案主发展了3种解决办法,包括:(1)向慈善会申请到2万医疗救助;(2)向兄弟姐妹借到6.5万;(3)透过活动募捐到8019元。合计筹集93019元。
(2) 协助案主解决问题遇到的困难	1. 有效推动案主解决了12万医疗费的问题,实现预期目标。 2. 在过程中,推动案主放下面子,改善其与兄弟姐妹的关系,并顺利获得来自家庭的帮助;推动案主改变"等、靠、要"的想法,积极筹集剩余的26981元。

六、社会工作者的反思
1. "助人自助"社会工作理念的贯彻及运用。在前期的介入工作中,及时察觉案主"等、靠、要"的思想观念,并进行介入,动员案主充分挖掘其家庭内在资源,包括其兄弟姐们众多有一定经济能力以及夫妻相互扶持、感情比较好等优势,解决其大部分资金问题。
2. 用社会募捐等方式,营造社会关爱氛围及环境。在本个案中,结合大型社区活动,为案主筹集部分资金,体现社区居民之间的互帮互助,也让案主透过参加活动感受到了社会的爱心,从而激发了其内在动机。
3. 如何将类似的求助个案变成恒常化的救助机制,这是作为专业社会工作者需要不断探索及思考的问题。

在准备结案面谈及结案记录之前,一个有经验的社会工作者往往会对整个个案文档进行核查,确保各类文件的完整性,尤其是涉及个案签名类文件的完整性,以避免出现漏签,结案后补签的情况出现。

而在结案记录完成之后,社会工作者会及时核查所有工作记录,并按照服务机构行政程序及指引对整个服务档案进行归档及存档(见表6-5)。

表 6-5 个案文档清单

序号	个案文档	是否存档
1	接案记录表	
2	个案服务计划书	
3	个案服务过程记录	
4	个案满意度调查表	
5	结案报告	
6	个案阶段性评估表(如适用)	
7	个案转介表(如适用)	
8	个案转介报告(如适用)	

备注说明：
每个服务机构均有自己个案文档表格系统，实际执行请参考所在服务机构的个案文档。

此外，在个案结案后，为了进一步推动专业积累及沉淀，社会工作者可以对整个个案或该类型个案服务的经验进行总结及提炼，尝试撰写一些专业小论文。

3.1.5 跟进服务

前文提到个案结案后并不意味着与案主不再联系。专业关系结束，只是代表社会工作者在某一议题上不再承担权责义务，但社会工作者对于案主(此时称为潜在服务对象更为合适)仍有表达关怀及支持的责任。个案结束后，社会工作者往往会采取定期回访的形式，了解案主(此时称为潜在服务对象更为合适)结案后的状态，以便评估之前个案服务的有效性。同时，也可以发展与案主的合作关系，例如，发展案主成为义工，以过来人的身份，协助帮助其他类似问题的人，或者参与社会工作者及服务机构其他服务。跟进服务可以视乎具体情况采取电话、入户访谈或邀请来服务中心等方式进行，具体涉及的技巧包括电话会谈以及面谈技巧。这些技巧在前文中有所涉及，本章不再重复。

3.2 在小组工作中的运用

在小组工作中，结案往往是最后一两节需要处理的事情。结案在小组工作语言中，往往被称为"结束小组""解组"。基于内容及深度的不同，小组分为兴趣小组和专业小组两类。从小组结束的状态来看，有正常的结束小组，也有因为组员参与性不足出现的被迫结束小组的情况。不同类型的小组、不同结束状态的小组，结束期的工作任务深入程度也会出现差别。而下文主要是以正常结束的专业小组为例进行说明。

3.2.1 总结回顾

小组的总结回顾，一般发生在小组的最后一节。通常也是最后一节小组的重点环节。在小组总结回顾中，面向组员的总结回顾往往是在小组实施流程中完成的，而面向服务机构和工作员自身的总结回顾一般是在小组结束后完成的，其总结回顾的形式往往伴随着个人反思或专业督导过程，最后以文书为承载。所以，在小组总结回顾中，所有个案技巧均可以使用，重点的工作技巧是：总结技巧和写作性技巧。

一是面向组员的总结。面向组员的总结回顾,往往发生在小组最后一节,是社会工作者和组员一起回顾整个小组的历程,帮助组员加深印象。在面向组员的总结回顾中,最经常使用到的总结技巧包括:最字总结法和4F总结框架。在本节,会尝试用4F总结框架为例,介绍面向组员的总结技巧如何运用。

应用案例3:4F总结框架

背景介绍

该小组是一个社交小组,主要是面向比较内向的在校青少年提升他们的自信心。在最后一节进行个人总结的时候:

社会工作者:请大家都回顾一下,我们在小组中经历了些什么事情?

组员A:我印象最深刻的是要我们上台演讲那次。当时,要我单独一个人自己上台。我平时很少上课举手回答,从小就没有上过台⋯⋯

组员B:我也记得他,当时他差点都摔跤了⋯⋯

社会工作者:刚才,小A说的是第四节我们的模拟竞选,对吗?当时,小A有什么感受?

组员A:起初好紧张,满头都是汗。幸好当时组员都给我打气。一开始,我也不知道自己说了什么,但是说到后面,就镇定好多,竟然不出汗了⋯⋯

组员C:我记得刚开始他说话声音很小,语速也很快,好像有人在追着他跑(全部组员笑)。

社会工作者:哈哈,是啊,最后,在小A身上发生了什么?

组员C:后面小A慢慢镇定下来,说话也流畅、清晰很多。

社会工作者:那么,小A有什么收获呢?

组员A:我发现原来在大众面前讲话并不是很吓人的!

组员D:很多时候,我们是自己把自己吓死。

社会工作者:其他人呢?有没有补充?

组员D:其实,上台演讲并不可怕,紧张是很可以训练克服的。

社会工作者:小A,回到学校后,你会做新的尝试吗?

组员A:会的。以后我会争取发言的机会,不再因害怕、紧张而把自己藏起来,在学习上会勇敢地表达自己的想法,争取表现。

使用小贴士[①]

1. 在使用4F总结技巧的时候,社会工作者除了关注组员的反思以外,如有机会,可以在组员的基础上进行聚焦与深化,帮助组员由单纯的事件聚焦到具体的行为表现,并尝试探索其内在认知及行为模式,尝试帮组员建立新的认知及行为模式。

2. 对比在个案中的运用,4F在小组及社区工作中更注重借助小组/群体动力,在"成员—成员"互动中进行,从而帮助组员多一些互动及深化交流。而社会工作者的角色更多是扮演引导者的角色,透过合适的提问技巧,引出关键的信息。

[①] 该框架由是香港督导黎信强先生在全国首届实务督导班课程《历奇为本辅导与督导工作》中的案例框架改编而成。

	事实 Facts	感受 Feelings	体会/收获 Findings	将来的应用 Future use
事件	在那个活动中 代表小组总结	起初好紧张，后来镇定好多	原来在大众面前讲话并不是很吓人的！	不用再因害怕紧张而隐藏自己，在学习上可勇敢地表达自己的想法，争取表现。
行为	说话声很小 很急，能清楚表达想法			
内化认知	走出安舒区并不可怕 紧张是很容易克服的			
新认知 新行为模式	我是可以的 以后我可以在需要的时候争取发言的机会			

二是面向社会工作者自身的总结回顾。面向社会工作者自身的总结，主要是社会工作者关于自身专业运用的反思及检讨，主要从社会工作者小组带领的角色运用、小组动力、小组带领技巧运用以及社会工作专业价值理念等层面的反思及总结回顾。常用的技巧包括：事后回顾法及ITF环形模式回顾技巧。社会工作者自身的总结回顾通常使用自我反思、朋辈督导、专业督导等方式进行，最后落实到实务文书的社会工作者总结部分、督导培训记录或专业论文等方面。

三是面向服务机构的总结回顾。面向服务机构的总结回顾，主要是社会工作者就其开的小组向服务机构进行交代，主要内容包括：关于小组介入服务过程、成效检讨、资源使用效率以及后续跟进工作。最经常使用的总结技巧是：小组报告。通常用小组文书等书面报告的形式进行说明。

3.2.2 巩固已有改变

在专业的小组工作后半段，社会工作者通常要考虑如何巩固组员在小组中已经取得的改变。通常，社会工作者需要带领组员共同回顾整个小组的过程，并在回顾中突出强化组员已有的改变，同时鼓励组员在小组结束后彼此支持。在小组工作中，巩固已有改变包括以下工作：

一是回顾工作过程。小组结束阶段，会回顾的角度是多样的。根据组员的状态以及小组拟达致的目标，社会工作者往往会采用不同的方式对小组历程进行回顾。如果社会工作者希望促进小组成员的互动关系，在小组结束后组员之间能够维系彼此的关系及友谊，则往往会带领组员回顾关系的发展历程或建立彼此之前的好感及正面印象，如优点大轰炸等。如果社会工作者想帮助组员强化正面的成就感，则往往会带领组员一起回顾从小组开始到结束大家共同完成的游戏、做完的任务等。如果社会工作者想帮助组员强化自己的成长感，则会从已有改变入手进行回顾（见表6-6）。

表6-6 小组回顾目标及方式一览表

目标	方式技巧
促进及维系关系	最字法总结与关系相关的事件 关系回顾 优点大轰炸 彼此送一件小礼物等
强化正面成就感	时间历程表 事件轴 各环节图片展
强化已有改变	最字法总结技巧 成果苹果树(可视化) 他人评价

二是强化组员已有的改变。社会工作者在小组结束的时候,一般都会花一点时间和精力强化组员已有的改变。因为这点也往往与社会工作者开展专业小组的目标相关。在前线操作中,比较常用的技巧有最字法总结技巧。比如,邀请组员自己讲出自己在小组中受益/改变最大的方面。有时,为了避免某些成员出现不自信的情况(说不出来)或对自己要求过高(认为自己没有成长),社会工作者往往会配套他人评价进去,如让组员说出在小组中进步最大的组员。此外,为了将进步及成长可视化,社会工作者往往又会考虑可视化的技巧,如给组员发放苹果便利贴,将自己的成长及进步写在纸上,并贴在一个苹果树上,让组员有机会看到整个小组的全貌。

三是表达积极支持的态度,增加小组组员未来独立解决问题的自信心。社会工作者在小组结束的时候,往往会带领组员思考未来小组结束后的安排,小组结束后自己如何成长及改变。与个案工作不同的是,小组工作更侧重鼓励组员之间彼此表达积极支持。在技巧层面,社会工作者会比较多的运到到提问的技巧或4F总结框架,即"小组结束后,我们之间如何彼此支持?"可以鼓励组员在小组结束后定期聚会碰面,或建立QQ/微信群组等。

3.2.3 解除工作关系

在小组的最后一节,社会工作者有一个重要的工作,那就是和组员解除工作关系,重新界定社会工作者与组员之间的权责关系。一般情况下,小组工作的关系解除无须签订相关工作文件,更多是告知或宣布小组结束即可。如果组员有需要,社会工作者亦可与组员约定结束小组后的相处方式及规则。在解除工作关系中,社会工作者有一个正式的宣告方式,即邀请组员填写服务满意度调查表。

此外,考虑到小组组员的投入程度,特别是治疗性的小组,组员之间可能会出现离别情绪,社会工作者要特别留意这一点。一般来说,在解除工作关系这一环节,组员的心理年龄越成熟,关系结束处理越容易。

3.2.4 做好结案记录

在小组工作结束后,社会工作者要完成后续的小组报告及财务报告,并及时核查所有的小组工作记录,并按照服务机构行政程序及指引对整个服务档案进行归档及存档。

小组报告是结案记录中最重要的结案记录。通常的行文结构包括:小组基本情况、服务目标设定、小组服务情况、服务成效、社会工作者的反思(见表6-7)。

表 6-7 专业小组报告模板

一、小组基本情况
1. 小组名称:"义齐美丽"义工骨干培育小组
2. 小组日期:2016 年 3 月至 6 月,每月 4 期,逢周六晚上 7:00—8:30 开展
3. 小组性质:3—4 月为开放性小组,5—6 月为封闭性小组
4. 小组地点:××家庭综合服务中心舞蹈室
5. 完成节次:16 节
6. 小组人次:243 人次
7. 负责社会工作者:黄社工
8. 义工人次:专长义工(舞蹈导师)2 人,合计 16 人次。

二、小组介入服务过程
1. 小组成员出席情况:

月份	次数	应出席	实出席	出席率
3 月	1	30	22	73.3%
	2	30	20	66.7%
	3	30	19	63.3%
	4	30	18	60%
4 月	5	23	19	82.6%
	6	23	23	100%
	7	23	22	95.6%
	8	23	21	91.3%
5 月	9	12	13	108.3%
	10	12	11	91.7%
	11	12	9	75%
	12	12	10	83.3%
6 月	13	12	9	75%
	14	12	9	75%
	15	12	9	75%
	16	12	9	75%
整体出席		308	243	78.9%

2. 小组成员成长情况

3—4 月,小组成员在舞蹈技能方面进步比较快,大部分成员学会了 4 支舞蹈。部分成员进步比较快,能够主动帮助其他成员学习。

5—6 月,大部分小组成员学会了寻找舞蹈素材,部分成员能够跟着视频自学舞蹈以及学习教导他人跳舞的方法技巧。

3. 小组过程检讨

因为大部分成员都是从现有义工小组中招募过来的,故其配合性和纪律性较好,小组前期进展较为顺利。但后期 5—6 月份,因为难度较大,部分成员有畏难情绪,社会工作者在动机动员方面较为费力。

三、小组目标实现

整个小组分为两个阶段,一是开放性小组阶段,其主要目标是招募合适的舞蹈义工骨干,目标达成情况良好;二是封闭性小组阶段,其主要目标是培养舞蹈义工骨干带领舞蹈小组的基础能力。达成情况良好。

四、资源使用检讨

1. 场地资源使用:借用家综舞蹈室,场地资源运用较为合理;
2. 专长义工运用:本期调用了2名义工舞蹈导师长期服务;
3. 活动资源使用:本小组能够活化小组内部资源,让小组组员排练好节目参与社区活动表演环节,借助家综的社区活动资源进一步增强小组内部动力。

五、后续跟进工作

1. 在舞蹈义工骨干培养方面,要开展进阶培训,强化他们组织舞蹈活动的能力。
2. 借助现有活动推动社区自助舞蹈团体的成立。

六、专业反思

1. 本小组是一个由浅到深的小组活动系列。在小组中能够充分调动小组成员自身的资源,有效实现培力的过程。此外,也可以看做是一个社区工作中的小组,带有社区参与、社区资源活化的概念在里面。
2. 在未来的小组中,如何有效转化服务参与率是一个值得进一步探索与思考的问题。

3.2.5 跟进服务

在小组结束后的一段时间内(一般是一个月后),社会工作者往往会对小组成员进行回访工作,了解他们在小组结束后的状态。社会工作者可以通过电话、单独面谈或小组会议的形式进行。具体何种形式,要视乎社会工作者的目标以及解组时的约定。

3.3 在社区工作中的运用

结案,在社区工作中被称为项目结项。在实践中,项目结项有两种形态:第一种形态是项目终止或中断,如有一些项目是以需求或任务为导向的,当需求或任务目标实现了,项目就结束并撤出社区,如拆迁社会工作服务项目等;或者是因为政府财政支出无法持续而带来的项目中断或结项。第二种形态是服务机构调换。因资助(购买)方要求或招投标调整出现的项目服务机构调换,上一个服务机构撤出社区会出现结项的情况。一般而言,项目撤离类型的结案比服务机构调换类型结案会复杂一些,故本章会以项目撤离类型的结案为例阐述社区工作中的项目结项。

3.3.1 总结回顾

在社区工作中,因为服务项目是面对整个社区,所以一旦项目服务周期到期,无论是否面临结项,服务团队是否需要撤离社区,都是一个比较重大的事件。故项目团队需要提前做好相关方面的工作及安排。社区工作的总结回顾包括三个层面:

一是面向服务对象的总结回顾。无论是基于对服务的责任,还是基于服务机构长远的发展,面向服务对象的总结回顾是必不可少的。在社区工作中,面向服务对象的总结回顾主要针对与项目发展有关的社区各类持份者,尤其是深度参与项目的义工骨干以及合作方。此外,还有正在接受服务的个人或团体。对正在接受服务的个人或团体的总结回顾详见个案工作及小组工作相关内容。本章主要是介绍面向社区的各类持份者,尤其是深度参与项目的义工骨干以及合作方的总结回顾。考虑到这些社区持份者一般是以单位或团体的形式与项目进行合作,故在总结的时候,一般会采用比较正式的方式,如项目汇报会、项目总结会、项目答谢会等形式进行结项。

总结回顾的内容会涉及以下几个议题:① 从时间轴回顾项目发展历程;② **项目取得的成绩及辉煌**;③ 回顾与感谢社区持份者参与项目以及亲密合作的历程;④ 未来的安排。无论是哪种形态的结项,上述议题都是必须包括,只是具体内容及详略程度不同而已。而具体工作技巧层面,一般也是叠加式的,往往在个案工作及小组工作总结技巧的基础上,增加会议技巧、参与式技巧、写作性技巧及可视化技巧等技巧。

二是项目团队自身的总结回顾。在社区工作中后期,具体执行实施的项目团队关于项目的总结回顾是至关重要的,也是面向服务机构和出资人的总结回顾的基础,只有项目团队完成自身项目的总结回顾,才能够更好地向服务机构及出资人交代。项目团队的总结回顾,一般采取 4F 总结框架/事后回顾法,比较系统对项目整体情况进行回顾总结,也能够协助帮助服务机构及出资人的总结回顾。当然其他总结方法也可以取得一定的效果。具体采用哪一种方法还是得看总结回顾的目标。

三是面向服务机构的总结回顾。在社区工作中,面向服务机构的总结回顾主要是项目团队就项目的执行操作情况向服务机构进行交代,是内部使用的文件,故总结要体现专业性及可操作性,尽量全面及详细。其主要内容包括:项目的基本信息、总结简介、实施团队的简介、项目拟解决或回应的社会问题、问题的解决方案、项目成效、财务运用、资源整合情况、重要变更事项及处理、反思及建议、其他信息等[①]。最常用的是成果提炼的技巧,通常是透过文书等书面报告的形式进行说明(见表 6-8)。

表 6-8　项目服务报告范本

一、项目的基本信息

1. 项目名称:"娱动社区"社区文娱类自组织培育计划
2. 项目周期:2017 年 3 月至 2017 年 12 月
3. 项目承接服务机构:×××服务机构

二、实施团队的简介

实施团队由 1 名社会工作者、1 名舞蹈老师、1 名音乐老师、2 名财务人员(1 名会计、1 名出纳)组成。其中,社会工作者持有助理社会工作师证书,具备 2 年以上的社区工作经验以及义工工作经验。**舞蹈和音乐老师是长期在社区从事义教工作的专业老师**。财务人员为服务机构总部财务人员,具备多年 NGO 财务工作经验。

三、项目拟解决或回应的社会问题

拟解决社会问题:社区人力资源长期闲置浪费。

长期以来,社区存在大量资源,尤其是人力资源。项目拟盘活居民人力资源,活化社区内部资源,让这部分资源能够为社区居民所用,发挥其作用。

[①] 项目臭皮匠.项目百子柜——一本社工写给同行者的工具书[M].北京:中国社会出版社,2017.22-23.

四、问题的解决方案

从兴趣爱好出发,培育社区舞蹈/歌唱义工,由其持续组织文娱类活动。

五、项目成效

成功组建1个社区居民艺术团,成立了1支舞蹈队和1支歌唱队,人数为30人,为社区提供了4场义务表演活动,组织了1场社区晚会。

六、财务运用

较为良好,除了舞蹈/音乐老师基本津贴以外,其他活动费用均由参与活动居民和社区企业赞助形式分摊成本。有效实现以小成本博取大收益的情况。

七、资源整合情况

1. 企业资源:企业赞助2万元
2. 社区活动资源:参与4场社区活动义务演出
3. 场地资源:借用社区广场等地方开展舞蹈教学和社区晚会。

八、重要变更事项及处理

1. 人事变更:原先预定的舞蹈老师出现变动,采取与舞蹈培训服务机构合作的方式解决老师变动的问题。

九、反思及建议

1. 项目实施最大的成功点在于社区资源的整合与活化,这个在某种程度是取决于承接服务机构及负责的社会工作者对于社区的熟悉及把握。
2. 项目最大的难点在于动员居民持续参与。

四是面向出资方的总结回顾。面向出资方的总结报告,与面向服务机构的内部总结不同,它是外部总结,故在内容的陈述方面,无论是书面表达,还是口头表达,要充分考虑出资方的需要,也就是他们期待看到的内容,比如,项目为社会解决了什么样的社会问题,受惠的群体覆盖程度等等。有些出资方比较看中服务成效,项目总结回顾则需要强调项目的实际效果,宏观覆盖面以及微观个体的深度改变。而有些出资方在关注项目成效的同时,也非常强调财务使用效率。项目团队在总结的时候要依据出资方的需求,有重点地对项目进行总结回顾。面对出资方的总结回顾一般采取书面报告的形式,有时候是书面报告与正式会议一起。对于社会工作者实施团队及服务机构来说,也需要争取正式会议的机会去收集出资方的直接反馈意见。此外,为了达到好的总结回顾效果,项目团队还可以运用新闻发布会、服务研讨会、可视化等技巧。

3.3.2 巩固已有改变

社区工作的核心是调动社区居民参与,从而解决社区问题或满足社区需求,故在巩固已有改变层面,需要特别关注巩固社区居民持续参与的方式或途径,如已经培育成型的社区义工团队、社区社会组织的长期服务机制,让他们能够持续参与社区事务,并为社区提供服务。其核心重点在于训练社区已有社会组织/义工团队持续开展服务。

而对于出资方,项目实施团队及服务机构则要考虑透过编制项目操作手册、明确彼此权利义务的约定、建立沟通协调机制等方式,持续巩固目前已经获得的项目运营经验。

3.3.3 解除工作关系

在社区工作中,解除工作关系主要涉及两个不同主体,一是服务对象的工作关系解除,具体参考个案及小组工作的工作关系解除注意事项。另一重要的主体是与项目出资方工作关系的解除。其关系的解除,主要涉及工作交接的问题。无论是否有机会继续承接社区服务项目,服务机构及项目执行团队均有义务向出资方进行交代。

在出资方工作关系解除方面,关系会比较复杂,是一个单位对另一个单位的行为,故这里的工作关系解除要采取正式的会议形式,对项目结束的事实进行确认,并确定相关工作交接细节及事项。最好采取会议记录/备忘录的形式进行双方确认(包括盖章),以免日后产生的纠纷,给服务机构及项目执行团队和出资方带来不必要的麻烦。

表6-9 项目工作交接清单

交接内容	交接人
一、服务性资料交接 1. 服务对象信息表 2. 个案服务信息表 3. 小组服务信息表 4. 社区/专项服务信息表 5. 其他服务信息表	
二、财务/资产交接 1. 财务结算表 2. 资产/物资交接表 3. 其他资料	
三、其他资料交接	

备注说明:
(1) 项目交接是服务机构的正式行为,一般需要双方单位盖章以及确认签字,一式三份(交接双方各1份、出资方1份),并且要妥善保管。
(2) 在专业服务资料交接中,交接的程度要结合服务机构知识产权保护和服务对象利益保护做综合考量。
(3) 一般来说,涉及服务机构知识产权的相关套表可以带走,但需要对过往服务的情况进行说明,以便帮助其他服务机构提供服务的时候能够顺利接手。
(4) 对于未完结的个案,有条件的情况下,需要帮助接受服务机构建立关系后撤出,并填写相关个案转介表格。

3.3.4 做好结案记录

在社区工作中,结案记录往往最后是以项目总结报告的形式进行呈现与表达。此外,执行团队还需要采取书面盖章及文件签收的方式对工作交接内容进行确认及交代。涉及工作交接安排包括:工作资料移交清单、财务结算清单、物资及资产移交清单等。

3.3.5 跟进服务

在社区工作中,在工作关系结束后的1—2个月内,项目团队还会指定专门人员(一般安排在服务机构总部同事)为出资方、服务对象或接手的服务机构提供电话咨询服务。

附件　社会工作通用过程与技巧案例分析

个案工作案例：远离情绪困扰，我的生活更精彩

小组工作案例："教得其乐"家长管教技巧小组（第二期）

社区工作案例：护老者关爱喘息计划

附件　社会工作通用过程与技巧案例分析

个案工作案例：远离情绪困扰，我的生活更精彩！[①]

一、背景介绍

服务对象，女，55岁，退休，本地籍贯，丧偶。

居委会工作人员主动发现转介而来。社区居委会在日常工作中发现服务对象因照顾压力、儿子外出支医等情况陷入严重的情绪困扰中，希望社会工作者进行跟进。开展1次面谈及跟进后，社会工作者进行评估，经服务对象同意后开案。

服务对象早年丧偶，育有独生儿子。服务对象的儿子是当地医院医生，目前在较远地区支医，为期1.5年。儿子两年前结婚，儿媳在较远的医院当护士。本来和儿子儿媳同住，但因父亲需要照顾及儿子工作调动原因，于2016年7月开始搬来和父亲同住，独自照顾高龄(85岁)中风的父亲。服务对象有几个兄弟姐妹，但由于居住地较远，很少回来；其他亲人较少，基本无来往。

服务对象身体比较差，前两年曾因车祸导致右腿行走需借助拐杖，潮湿节气风湿发作会非常难受。睡眠质量不好，长时间睡眠不足，导致精神时有恍惚，面色较差，眼袋浮肿。

服务对象搬来和父亲同住后基本不会和社区其他人来往，除了去市场买菜一般很少外出。有时儿媳会回来和服务对象一起吃饭。另外，每月医生或者医务社会工作者会落户探访（因服务对象是当地医院跟踪服务对象）。

服务对象生活中唯一的爱好是做菜。因为儿子很喜欢吃服务对象做的饭菜，所以服务对象一直都很有心地想做出不同的美食出来给儿子吃。

[①] 案例来源于广州市心明爱社会工作服务中心，黄蔼妍社工撰写，刘百秀督导点评。

社会工作者实务技巧分析

上述案例背景局部描述了社会工作实务通用过程中的"接案"环节。在这个案例中,社会工作者主要呈现的是接触服务对象以及收集服务对象需求资料的过程,涉及实务技巧主要是:收集资料。

1. 案主来源:该个案的案主是经过居委会工作人员转介至社会工作者,很明显是一例他人转介而来的个案。一般来说,这类型的个案案主的求助动机会比较弱,甚至可能存在抗拒的情况,但本案例的案主的求助动机还是比较强的,对社会工作者比较接受。

2. 收集资料的技巧:就本案例来说,社会工作者主要运用的是访谈法对服务对象的资料进行收集,具体包括对转介者——居委会工作人员的转介访谈以及对案主本人的面谈。从内容反映来看,社会工作者主要收集了以下资料:

个案收集案主基本信息表

层面	基本信息	具体内容	本案例收集情况
微观	身体健康	有无慢性病 有无重大疾病 有无身体残障(精神、智力、肢体、视障、听障等,残障的程度,有无办理残疾证明,何时办理等)生活能否自理	服务对象身体比较差,前两年曾因车祸导致右腿行走需借助拐杖,潮湿节气风湿发作会非常难受。睡眠质量不好,长时间睡眠不足,导致精神时有恍惚,面色较差,眼袋浮肿。
	心理情绪	日常情绪状态(喜、怒、哀、乐等) 有无精神异常(具体异常行为) 容易影响情绪的事件	服务对象因照顾压力、儿子外出支医等情况陷入严重的情绪困扰中。 长时间睡眠不足,导致精神时有恍惚。
	经济能力	个人或家庭的收入来源 个人或家庭的支出使用情况,主要花费	无
	生活习惯	日常活动的习惯、生活规律 个人的兴趣、爱好	服务对象生活中唯一的爱好是做菜。因为儿子很喜欢吃服务对象做的饭菜,所以服务对象一直都很有心思做出不同的美食出来给儿子吃。
	个人观念	对问题的想法 认为什么是"好"的或"不好"的 为人处世的态度、行为	无
中观	家庭结构	同住的家庭成员 来往密切/疏离的家族成员	早年丧偶,育有独生儿子。2016年7月开始搬来和父亲同住,独自照顾高龄(85岁)中风的父亲。儿子外出支医1.5年,有时儿媳会回来和服务对象一起吃饭。
	家庭关系	家庭中有哪些的关系(夫妻、父母/子女、兄弟姐妹等) 家庭中谁和谁的关系亲密/疏离/冲突 家庭成员之间是如何互动和交流的	服务对象有几个兄弟姐妹,但由于居住地较远,很少回来;其他亲人较少,基本无来往。

(续表)

中观	家庭文化	有哪些家庭的规矩 家庭对不同成员的	无
	家庭发展历程	家庭何时开始组建 家庭中经历的大事件(结婚、子女的出生、子女的成长、子女的离巢、亲人的离世等)	无
宏观	社会支持系统	案主正式/非正式的支持系统案主与各系统的关系	基本不会和社区其他人来往,每月医生或者医务社会工作者会落户探访(因服务对象是当地医院跟踪服务对象)
	文化风俗	案主所在的社区环境有什么文化活动 案主的风俗习惯	无
	政策法规	与案主有关的各项法律法规是什么案主对有关的法律法规的理解和运用的情况	无

社会工作者基本能够将案主微观、中层及宏观三个层面的信息收集到位,但仍有缺漏。这与社会工作者自身接案准备有关系的。一般来说,经过严格训练、有经验的社会工作者在接案环节信息收集方面会做得比较好。

二、分析预估

(一)问题分析

经过前期的访谈、资料收集和分析评估,可以得出以下问题分析:

第一,服务对象陷入负面情绪状态。服务对象需承担自身身体病痛,性格比较内向,缺乏可以倾诉的对象,从而形成"糟糕透顶"的思维模式,觉得生活中每一件事都是负面的,自己无力改变;另外,由于生活的单一(照顾父亲、听收音机、买菜做饭),没有其他乐趣和生活寄托,慢慢陷入情绪和认识的恶性循环,出现初步的抑郁症状(情绪低落、无趣感、无助感等),以上情况已经明显影响了服务对象社会功能的正常发挥。最后,服务对象搬迁到新的居住环境,面临一定程度的适应困难。

第二,社会支持系统薄弱。服务对象需要长期照顾父亲,长期承受照顾压力。儿子长时间外出支医,服务对象在家庭系统内缺乏足够支持。再次,服务对象没有足够的人际交往和社会支持,故无法从外部得到情感和资源的支持。

(二)可利用资源评估

1. 服务对象自身资源。服务对象虽然生活较单一,但在交谈中社会工作者发现服务对象对煮食相当有兴趣,每每提及此话题都滔滔不绝,以前和儿子同住的时候也会经常研究不同的菜式,得到儿子儿媳的赞赏。此可以作为服务对象改变的切入点,以点及面带动服务对象重拾生活的乐趣。

2. 社区周边可用资源。另外,社区中有不少健谈的义工服务队,加上社会工作者开展的小组、社区活动等,可慢慢引导服务对象重新回归社区。

（三）服务思路

服务对象有明显的情绪低落、自我封闭、存在不合理信念等倾向，需要先进行抑郁症的筛查。另外，服务对象自身、外部有较多可利用的动力因素，如对美食的兴趣、社区中的义工资源等，在开展个案时，可尝试认知调整与社会增能结合，但考虑到服务对象的文化水平、认知能力等，在个案开展过程中偏向以增能为主导，挖掘服务对象自身的优势，以点扩大至面，引导服务对象看到自己的长处，恢复对生活的信心。同时，配合不合理信念的领悟修通，促进服务对象建立对问题的正向认知。

社会工作者实务技巧分析

上述案例背景局部描述了社会工作实务通用过程中的"预估"环节。在这个案例中，社会工作者主要呈现的是分析案主的问题及环境系统对问题解决的影响的过程，涉及实务技术主要是：分析问题及需求。

在该个案中，社会工作者主要分析了以下四个问题：

序号	问题	本案例的问题
1	案主最初的需求和关注是什么	服务对象陷入负面情绪状态，出现初步的抑郁症状
2	案主如何看待自己的问题	压力比较大，"糟糕透顶"
3	问题的原因是什么	1. 身体病痛 2. 生活单一及封闭 3. 照顾压力 4. 生活适应 5. 社会支持系统薄弱
4	案主有哪些可利用资源	1. 服务对象自身资源。服务对象虽然生活较单一，但在交谈中社会工作者发现服务对象对煮食相当有兴趣，每每提及此话题都能滔滔不绝，以前和儿子同住的时候也会经常研究不同的菜式，得到儿子儿媳的赞赏。此可以作为服务对象改变的切入点，以点及面带动服务对象重拾生活的乐趣。 2. 社区周边可用资源。另外，社区中有不少健谈的义工服务队，加上社会工作者开展的小组、社区活动等，可慢慢引导服务对象重新回归社区。

从上述内容可知，社会工作者对于案主的问题及资源有基本的概念，但社会工作技术运用方面尚未娴熟。

三、服务计划

（一）服务目标

1. 调整服务对象的认知模式，降低不良情绪对其的困扰；
2. 鼓励服务对象走出家门，搭建良好的社会支持网络；
3. 给予服务对象认同和肯定，鼓励服务对象挖掘自身优势和潜能。

(二)服务策略

1. 以"增能理论"为指导,增强服务对象自我效能感及自我认同感,从而消除生活无力感。

"增能"又译作"充权"或"赋权",意思是让人有更大、更多的责任感,有能力去做自己应该做的事。是个人在与他人在环境的积极互动过程中,增强对生活空间的掌握能力和自信心,以及促进环境资源和机会的利用,以进一步帮助个人获得更大能力的过程。

服务对象生活中大部分时间简单地重复照顾父亲、听收音机等事情,缺乏参与外界事务的机会,无法发挥服务对象自身的能力,长期的枯燥生活令服务对象的自我效能感、自我认同感非常低,从而产生对生活的无力感等。但其实服务对象自身并不缺乏能力(如煮食的特长),社会工作者可以帮助服务对象挖掘其自身优势、通过共同的活动帮助服务对象增加参与到社会事务中的机会,发挥其自身优势,降低其无力感,使服务对象自己认识并发挥自身的能力,促进社会功能的修复。

2. 以"合理情绪认知疗法"为指导,协助服务对象消除负面情绪困扰。

理性情绪疗法(Rational-emotive therapy,RET),又称合理情绪疗法,认为人的情绪和行为障碍不是由于某一激发事件直接所引起,而是由于经受这一事件的个体对它不正确的认知和评价所引起的信念,最后导致在特定情景下的情绪和行为后果。不合理信念的几个特征是:绝对化的要求、过分概括化、糟糕至极。按照理性情绪疗法的观点,人们有无以计数的信念,这些信念(Beliefs)是影响认知、情绪和行为结果的直接和主要因素。人们总是按自己的信念(B)认识诱发性事件(A),并按照带有偏见的信念和一定情绪结果去认识和体验诱发性事件(A)。因此,人们实际上从来不会体验到没有信念(B)和结果(C)的诱发性事件(A),而没有诱发性事件(A)也体验不到信念(B)和结果(C)。在理性情绪疗法中,主要关注的是合理的信念和不合理的信念,前者导致自助性的积极行为,而后者则会引起自我挫折和反社会的行为。

服务对象经常会被"糟糕至极"的不合理信念困扰,认为生活中的每件小事都是负面的,从而引发一系列消极、失落的情绪。利用理性情绪疗法,为服务对象调整认识方式,使其对生活有更正面的信念,能从根本上减轻其不良情绪,提升其生活质量。

(三)服务程序

社会工作者经过与督导商量,确定了以下的个案服务计划程序:

第一阶段:以共情同理等方式,与服务对象建立良好的关系,提供情绪支持。以面谈、电访等形式陪伴服务对象,耐心倾听和积极同理,并在过程中给予服务对象足够的积极关注,让服务对象更接受社会工作者,并缓解其强烈的消极情绪。

第二阶段:调整服务对象的不合理信念,教会服务对象更正面的认知。

第三阶段:和服务对象共同搭建良好的社会交往网络,增加社会支持。鼓励服务对象走出家中,走进社区,认识新的朋友,形成良好的人际交往网络,增加服务对象社会参与的机会。

第四阶段:发挥服务对象自身能力,增加其自我效能感和自信心。通过鼓励服务对象成为社区义工、美食课程讲师等方式,让服务对象自身的能力得以充分发挥,从而对生活有更大的掌控能力。

社会工作者实务技巧分析

上述案例背景局部描述了社会工作实务通用过程中的"计划"环节。在这个案例中,社会工作者主要呈现的是制定服务目的及目标、明确理论及介入策略以及制定服务计划的过程,涉及实务技巧主要是:目标制定、活动策划。

该个案的服务目标如下:(1) 调整服务对象的认知模式,降低不良情绪对其的困扰;(2) 鼓励服务对象走出家门,搭建良好的社会支持网络;(3) 给予服务对象认同和肯定,鼓励服务对象挖掘自身优势和潜能。由目标制定的技巧可知,该目标的制定未遵循 SMART 原则,不清晰明确、无法测量、没有时间限制所以也无法判断是否能够达到。

该个案服务计划分为四个阶段,能够很好地呈现出 How(如何做)的过程。但比较比较遗憾的是未有机会看到包括"6W+2H+I+E"完整版本的计划书。

四、介入过程

社会工作者一共落户跟进 6 次,结合多次的小组开展和活动参与进行介入。具体介入过程如下:

阶段	服务对象情况	社会工作者工作重点与所采取的专业行动	服务对象变化情况
关系建立	服务对象刚开始对社会工作者有所戒心,所谈的事情相对表面,有时候略有沉默,不愿深入。服务对象外表显得干净整洁,精神状态一般。说起自己现在的生活和儿子的外出支医时情绪会相对激动,甚至几度落泪。	第一次落户由居委会工作人员和社会工作者共同前往。在初次见面,社会工作者先以友好的方式向服务对象介绍自己,并表示交谈会相互尊重并对谈话内容进行保密。由于此阶段服务对象对社会工作者仍比较有戒心,社会工作者更多地采用倾听和同理等方式,给予服务对象积极关注。抑郁症状评估和筛查。社会工作者根据访谈中对服务对象的观察,配合《抑郁自评量表》(SDS),为服务对象进行初步的筛查,排除抑郁症的预估。	经过 2 次会谈,社会工作者与服务对象建立了良好的信任关系。服务对象开始慢慢接受社会工作者,并愿意向社会工作者透露自身的情况和想法。排除服务对象患有抑郁症状。
介入1:认知信念调整	1. 服务对象在交谈中有明显的低落、"糟糕至极"等不合理情绪倾向,特别是在说到自己现在的情况时,偏向于夸大事情的负面内容,例如,在说到自己的身体情况时,服务对象会认为自己都是因为之前的车祸导致的腿脚不便,加上有风湿,腿一痛自己就什么都干不了,觉得自己很无能,所以每一日都过得很糟糕。	社会工作者用倾听、同理等技巧理解服务对象的情况,帮助服务对象将积累已久的不满和情感宣泄出来,同时教授服务对象控制情绪的方法,约定在再次被困扰时尝试使用放松等方式控制情绪。帮助服务对象认识到自身的不合理信念,令服务对象认识到产生如此多消极情绪的原因在于其对生活的不合理看法:儿子并不是其生活的全部。	1. 服务对象已经愿意和社会工作者进行比较深入的交流。2. 服务对象有进行情绪控制的练习,并取得一定效果,但经常有反复,很容易再次陷入消极情绪。3. 服务对象接受并承认自己有一定程度的不合理信念,但言语中还表示出有点执着,需要慢慢改变。

(续表)

阶段	服务对象情况	社会工作者工作重点与所采取的专业行动	服务对象变化情况
	2. 服务对象会执着于生活中的不如意，埋怨成了服务对象日常生活的重心，会不断重复那几件事和情况，陷入恶性循环。 3. 服务对象跟社会工作者说起儿子外调支医，说其实自己本来是支持的，但自从儿子离开之后，剩下自己一个人过日子，加上照顾父亲的压力，面对家中几面墙和家务杂事，又不认识邻居，平时没有人能和自己聊天，就后悔同意儿子出去。	儿子的外出并不会导致服务对象的生活崩溃，现在服务对象没有儿子在身边也能很好地生活等等。 引导服务对象发现生活中的正向方面，如儿子会每周打电话回来、儿媳也会每周回来陪服务对象吃饭、婆媳关系良好、服务对象的父亲最近身体情况稳定等等。	4. 服务对象学会开始留意身边的正面事情，甚至还会和社会工作者分享，如种植的植物开花了、市场的阿姨送了一点菜给她等等。
介入2：搭建社会支持网络、丰富日常生活	服务对象人际网络十分狭窄，日常生活中只会跟父亲、儿媳、儿子接触，由于刚搬来没多久，也不认识街坊邻居，之前因为腿脚不便引发的自卑以及情绪问题，不愿意接触其他生人，担心他人看不起自己。服务对象活动范围仅限于家中和市场，两点一线。生活中除了做家务就是听收音机和睡觉，缺乏生活乐趣。服务对象描述："像个机器人，每日过得都一样"。	1. 社会工作者采取循序渐进的方式与服务对象共同搭建人际网络。 2. 前期先是带社区志愿者入户探访服务对象，和服务对象分享社区中发生的新鲜事和趣事，让服务对象慢慢习惯与其他人的正常交往。 然后和服务对象一起到社区志愿服务V站，认识更多的义工，鼓励服务对象平时有空就可以出来找他们聊天。 3. 邀请服务对象参加社区的活动，走出家庭，走进社区，丰富服务对象日常生活。社会工作者陪伴服务对象参加小组和活动，如手工小组、健康讲座等，让服务对象在应对日常家务琐事之余有自己的空间和生活节奏安排，同时认识更多的人。 4. 通过社会工作者在小组和活动中给予服务对象的认同和肯定。加强服务对象扩展和使用非正式社会网络的能力，增强服务对象的自信心，提升价值感。	服务对象十分欢迎社会工作者和义工前往其家中探访聊天，也和其中的义工慢慢熟悉起来，虽然仍然会有所保留，但开始主动接触并展开话题。 服务对象对在公园中的志愿服务V站兴趣不大，并不十分乐意前往V站，当社会工作者就此事和服务对象交流时，她告诉社会工作者是因为觉得V站人太多，过于热闹自己不太喜欢。社会工作者对服务对象的感受表示理解，并支持服务对象的选择。 服务对象第一次参加小组时比较怯生，会坐在角落。社会工作者利用小组动力，和组员们一起给予服务对象鼓励和支持。服务对象自己后来会自动询问社会工作者活动资讯，跟社会工作者说参加这些很开心。

(续表)

阶段	服务对象情况	社会工作者工作重点与所采取的专业行动	服务对象变化情况
介入3：社会增能	服务对象有较强烈的自卑感，认为自己一无是处，什么都不会，自我效能感非常低。 作为单亲妈妈，服务对象从儿子小时候开始就十分注重他的健康和饮食，而服务对象的厨艺也得到儿子的赞赏，很多时候服务对象甚至会自己自创一些菜式出来。每次说起煮食的话题服务对象便十分感兴趣，有很多的经验和想法和社会工作者分享，还说愿意蒸些糕点给社会工作者和义工吃。 服务对象经过社会工作者前期的干预，已经有初步的社交进步，开始接触社区中的其他居民。	1. 在个案开展过程中，社会工作者发现服务对象对煮食十分感兴趣，说起做菜的技巧十分有心得；社会工作者关注到服务对象对煮食的热情，并真诚地想服务对象表达了赞赏。 2. 社会工作者邀请服务对象成为社区义工导师，并结合项目计划开设了"香喷喷"美食小组，由服务对象作为导师的角色带领社区长者制作美食。在小组的开展过程中，社会工作者和服务对象一起商量课程设置、讲授内容、材料准备等事项，鼓励服务对象利用自己的技巧和经验对小组进程进行把控。 3. 社会工作者看见服务对象的每一个进步并及时进行鼓励，让服务对象更有动力和信心。	1. 服务对象对自己仍有点不自信，特别是刚开始备课时，经常会依赖社会工作者，凡事询问社会工作者的意见和看法；坦言担心自己"教不好"。 2. 经过社会工作者的陪伴支持和鼓励，服务对象成功在6节的小组中完成了4节的导师任务。 3. 服务对象的情绪有明显的好转，不再每天纠结于家务琐事，消极的想法也减少很多，还会主动和社会工作者分享自己在课程中哪里做得比较好，哪里有些不足。

社会工作者实务技巧分析

上述案例背景局部描述了社会工作实务通用过程中的"介入"环节。在这个案例中，社会工作者主要呈现的是链接社会资源、帮助案主疏导情绪、提升案主能力的过程，涉及实务技术主要是：链接资源、情绪疏导及提升案主能力。

1. 帮助案主链接资源：在本案例中，为了改善案主生活单一的状态，社会工作者帮助案主链接了社区的义工资源以及社区服务资源共同介入，从而帮助丰富了案主的日常生活，并帮助案主搭建了支持网络。

2. 帮助案主疏导情绪：在本案例中，社会工作者能够有效识别案主的情绪状态，并对其成因进行分析，主要运用了ABC理论，通过干预案主的认知，从而改善案主的情绪状态。

3. 提升案主能力：在本案例的后期，结合案主自身的能力及兴趣爱好，社会工作者通过培养案主成为美食义工导师，赋予案主责任，从而帮助案主提升自我能力，走出情绪困境，并强化了其人际关系网络，提升其与环境资源相处的能力。

五、总结评估

（一）结案评估

服务对象相比刚开案时已经有了明显的变化，虽然有时仍然会陷入消极情绪中，但生活态度比以前积极乐观了很多，能学会从正面的角度看待生活和事物，情绪慢慢稳定。服务对象各个方面都有了明显的改善，社会工作者和服务对象商量后，双方决定结案。社会工作者和服务对象共同回顾这段时间所取得的进步，巩固包括情绪控制、人际交往等在内的练习成果；在个案服务结束后，社会工作者亦会持续定期跟进服务对象情况，邀请其继续参加社会工作者和社区的活动。

（二）评估

1. 服务对象心理层面。社会工作者主要通过积极关注等技巧与服务对象建立良好的信任关系，疏通服务对象的消极情绪；通过合理情绪疗法让服务对象认识到自己的不合理信念，调整对事物的看法，促进服务对象积极乐观面对生活。在结案时，基本能达到开案目标。

2. 服务对象社会关系层面。社会工作者和服务对象共同搭建了其新的社会人际网络，引导社区义工关心、融合服务对象。

社会工作者实务技巧分析

上述内容主要是涉及社会工作实务通用过程中"评估环节"和"结案环节"。

在本案例中，社会工作者主要是对目标实现情况以及策略技巧有效性进行了评估。详细如下：

评估内容		本案例情况
目标实现情况	任务目标－1. 调整服务对象的认知模式，降低不良情绪对其的困扰	调整对事物的看法，疏通服务对象的消极情绪（基本达成）
	任务目标－2. 鼓励服务对象走出家门，搭建良好的社会支持网络	社会工作者和服务对象共同搭建了其新的社会人际网络，引导社区义工关心、融合服务对象
	过程目标－3. 给予服务对象认同和肯定，鼓励服务对象挖掘自身优势和潜能	未评估
策略技巧有效性	专业服务价值理念运用	未评估
	专业服务理论运用	有提及"合理情绪疗法"，但对于其使用情况未进行评估，如该理论如何帮助社会工作者分析及介入问题
	专业服务技巧运用	有提及"积极关注"的技巧，但对于其使用情况未进行评估

在接案环节，该案例在此阶段主要涉及总结技巧。在本案例中，社会工作者在结束个案之前，社会工作者和服务对象共同回顾这段之间所取得的进步，巩固包括情绪控制、人际交往等在内的练习成果；在个案服务结束后，社会工作者亦持续定期跟进服务对象情况，邀请其继续参加社会工作者和社区的活动，由此增强案主改变的自信心，从而巩固原有改变。

六、专业反思

本个案从开展到结束，根据服务对象自身情况综合考虑了其心理需求、自身优势、家庭环境和社会环境等多方面的因素，个案服务的干预思路一直在调整和变化，前后采用了合理情绪疗法、增能理论等多种方法进行介入。在整个服务过程，同理、积极关注等咨询技巧一直贯穿其中。除了常规的社会工作者与服务对象直接面对面的访谈之外，社会工作者还引入义工资源和社区资源，组织义工进行探访和鼓励服务对象走进社区，从而推动服务对象摆脱消极情绪，乐观积极地面对生活，并有助于服务对象自身能力的提升。

作为社会工作者,认为本个案最为有效之处为发掘了服务对象自身可利用的资源,让服务对象看到自身的能力并充分利用,实现服务对象的社会增能。

社会工作者实务技巧分析

上述内容主要是涉及社会工作实务通用过程中"评估环节"

在本案例中,社会工作者主要是对策略技巧有效性进行了评估。详细如下:

评估内容	本案例情况	
策略技巧有效性	专业服务价值理念运用	未评估
	专业服务理论运用	有提及"合理情绪疗法",但对于其使用情况未进行评估,如该理论如何帮助社会工作者分析及介入问题
	专业服务技巧运用	同理、积极关注等咨询技巧、义工资源和社区资源、发掘了服务对象自身可利用的资源

结合本案例在上面第五部分社会工作者的运用可以发现,社会工作者能够对其在服务过程中使用到的策略技巧进行有意识的专业反思,虽然略显稚嫩,但这在前线服务中是难能可贵的。

小组工作案例:"教得其乐"家长管教技巧小组[①](第二期)

一、案例背景

(一)小组由来

2016年6月18日,由香港协康会和广州市心明爱社会工作服务中心联合举办的"星亮教室"特殊儿童教育讲座落户瑞宝街,免费开办讲座《帮助孩子克服学习障碍教育》,面对社区5—10岁有学习障碍儿童的家长、教师们及社会工作者传授具有国际水平、实证有效的干预及治疗方法。那次活动吸引了300多人前来参加,其中在瑞宝街发掘了一批特殊儿童的家长或关注子女问题行为处理的家长们。另外,2016年7—8月,负责第一期"教得其乐"家长管教技巧小组的社会工作者赴港参加了"星亮教室—教得其乐"家长管教技巧课程,最终毕业并获得授课资格。此后,社会工作者借鉴本课程的知识,开展了第一期"教得其乐"家长管教技巧小组,帮助社区中特殊儿童的家长或关注子女问题行为处理的家长及助人工作者(幼教、社会工作者、资深义工等)们提升家长管教技巧。在第一期小组结束后,社会工作者培养了几名社区家长及助人工作者,并由其中一名助人工作者学以致用,协助开展第二期"教得其乐"家长管教技巧小组,主要帮助社区当中的特殊儿童的家长提升他们的管教技巧及管教的自信,减少孩子的问题行为。

社会实务技巧分析

上述案例背景局部描述了社会工作实务通用过程中的"接案"环节。在这个案例中,社会工作者主要呈现的是如何与潜在组员建立关系的过程,涉及实务技术主要是:接触潜在组员。

在这个小组中,社会工作者主要是透过集体性接触形式——大型培训讲座《帮助孩子克服学习障碍教育》,这个培训讲座主要是面向社区5—10岁有学习障碍儿童的家长、教师们及社会工作者,涉及的是学习管教主题,让前线的社会工作者有机会接触到该管教小组的潜在小组组员——社区特殊儿童的家长,也为该小组组员的招募奠定了基础。这种集体性接触形式是有针对性的,属于小组开展前的主题探索性或体验性活动。这种接触手法从前线实际操作的角度来说,是非常常用及有效的,能够帮助社会工作者迅速锁定潜在组员,配合观察、访谈及问卷的方法快速了解潜在组员的群体性特点,建立社会工作者对组员感性认识及印象,为后续小组活动及环节设计奠定基础。此外,这种手法也能够帮助社会工作者与潜在的组员完成潜在小组组员意向招募。但因为人数过多的原因(参加人数为300人),无法帮助社会工作者收集潜在组员的需求,必须透过其他方法进行补充。

(二)需求分析

需要是指个人、家庭或者群体因受到环境及其他因素的限制,在面对一些社会、经济或健康问题时,未能发挥自身内在潜能。而社会工作的目标,正是要通过不同的服务及程序,发掘社区的资源,协助受助对象消除心理上或环境上的障碍,发挥他们的潜能,从而满足他们的需要。通过对特殊儿童及其家长做进一步的需要评估,全面了解其需要,从而更好地设计实务方案。

1.文献分析。社会工作者查阅了大量的文献资料,其中包括《71例自闭症儿童的家庭需求及发展支持调查》《孤独症家长需求分析与对策建议》《学龄自闭症儿童家长亲职教育需求调

---

① 案例来源于广州市心明爱社会工作服务中心,叶颖妍社工撰写,刘百秀督导点评。

查》,了解目前自闭症儿童家庭需求的资料。

2. 访谈法。访谈法主要以深度访谈以及焦点小组两种方式进行。深度访谈对象以合作方为主,了解自闭症儿童的现状和需要。焦点小组对象以自闭症患者及家属为主,通过交流,社会工作者收集到更全面和多样化的资料,较好地了解了自闭症患者及家属的需要。

3. 了解服务对象的需求和问题。社会工作者在小组开展时以问卷形式了解服务对象的基本情况,目前所面临的问题和状况以及对小组的期望。

社会实务技术分析

从标题来看,这一部分虽然是"需求分析"(涉及社会工作实务通用过程中"预估环节"),但从具体内容描述来看,社会工作者所进行的仍然是社会工作实务通用过程中的"接案"环节,而不是预估环节(详细见接案及预估部分工作任务的界定及描述)。在这部分,社会工作者主要呈现的是如何收集潜在组员问题及需求的过程,涉及实务技术主要是:收集潜在组员需求及问题。总体而言,收集潜在组员群体性特点与收集需求及问题的方法基本是一致的,只是收集内容不同而已。

在这个小组中,社会工作者主要是透过文献检索法、访谈法和问卷法等方法了解群体对象的特点。其中,文献检索法主要检索了《71例自闭症儿童的家庭需求及发展支持调查》《孤独症家长需求分析与对策建议》《学龄自闭症儿童家长亲职教育需求调查》等资料;而访谈法则采取了深度访谈和焦点小组两种形式分别访谈了合作方和自闭症患者及家属;问卷法则是在小组开展的时候,直接针对组员进行的,针对性特别强。这种操作方法在前线实务操作中也是常见的,意味着需求评估并不仅仅是在接案过程中,也贯穿整个小组开展的过程中。

三、服务计划

(一)小组理念

1. 社会学习理论。社会学习理论是由美国心理学家阿尔伯特·班杜拉(Albert Bandura)于1952年提出的。它着眼于观察学习和自我调节在引发人的行为中的作用,重视人的行为和环境的相互作用。班杜拉认为是探讨个人的认知、行为与环境因素三者及其交互作用对人类行为的影响。

2. ABC理论。合理情绪治疗是认知心理治疗中的一种疗法,因它也采用行为疗法的一些方法,故被称之为一种认知—行为疗法。合理情绪疗法的基本理论主要是ABC理论,在ABC理论模式中,A是指诱发性事件;B是指个体在遇到诱发事件之后相应而生的信念,即他对这一事件的看法、解释和评价;C是指特定情景下,个体的情绪及行为结果。

3. 马斯洛需求层次理论。马斯洛需求层次理论是人本主义科学的理论之一,由美国心理学家亚伯拉罕·马斯洛在1943年在《人类激励理论》论文中所提出。书中将人类需求像阶梯一样从低到高,按层次分为五种,分别是:生理需求、安全需求、社交需求、尊重需求和自我实现需求。

(二)小组目标

1. 70%的参加者管教与教导儿的知识获得提升;

2. 70%的参加者对于管教与教导儿童的自信心得到提升;

3. 60%的参加者的孩子问题行为有减少。

（三）小组性质教育性小组

（四）对象

1. 4—6岁的自闭症儿童家长；

2. 2—9岁普通儿童(含过度活跃/专注力失调)的家长。

（五）时间

小组从2017年3月开始，历时两个月，共两期12节。

（六）小组程序

上学期—我都做得到！

单元	日期	本节目标	主题/名称	内容简要
一	3.9	1. 参加者了解本课程的内容。 2. 参加者能知悉及讨论小组契约。 3. 参加者彼此认识。 4. 参加者能了解亲子关系如何影响孩子的成长。 5. 参加者能了解与孩子聊天的方法和背后的理念。	大家的家——建立良好的关系	1. 介绍"教得其乐"的背景及导师参加培训的情况。 2. 小组成员相互认识。 3. 讨论小组契约并签名遵守。 4. 讲解亲子关系对孩子成长的影响。 5. 讲解与孩子聊天的方法和背后的理念。
二	3.13	1. 参加者能了解与孩子玩耍的方法（"开心摇摇板"）及背后的理念。 2. 参加者能了解孩子问题的成因。	开心摇摇板	1. 讲解与孩子玩耍的方法及背后的理念。 2. 讲解孩子问题的成因。
三	3.16	1. 参加者能了解导致孩子问题行为的管教陷阱。 2. 参加者能以ABC行为分析法理解孩子的问题行为。	ABC行为分析	1. 讲解导致孩子问题行为的管教陷阱。 2. 讲解ABC行为分析法，并学习理解孩子的问题行为。
四	3.20	1. 参加者了解赞赏孩子的方法。 2. 参加者能了解奖励孩子的方法。 3. 参加者能了解"好孩子计划"，并运用这计划鼓励孩子良好的行为。	鼓励良好行为	1. 讲解赞赏孩子的方法。 2. 讲解奖励孩子的方法。 3. 讲解"好孩子计划"。
五	3.23	1. 参加者能运用工序分析法拆解技能以有效训练儿童。 2. 参加者能以流程图向儿童展示工作步骤，并逐步训练儿童。 3. 参加者能以"先问后提，鼓励赞赏"的方式来巩固孩子所学的。 4. 参加者能明白活动时间表的作用，以及了解使用时的方法。	我都做得到	1. 讲解工序分析法拆解技能以有效训练儿童。 2. 讲解流程图向儿童展示工作步骤，并逐步训练儿童。 3. 讲解"先问后提，鼓励赞赏"的方法。 4. 讲解活动时间表的作用和使用方法。
六	3.27	巩固参加者前面五节所学内容	大家做到了吗	1. 回顾前面所学的内容。 2. 服务对象分享。 3. 总结并结束小组。

单元	日期	本节目标	主题/名称	内容简要
		《下学期——惩罚的研究》		
一	4.6	1. 参加者了解调节环境对于减低问题行为的作用。 2. 参加者懂得订立家规的技巧。 3. 参加者懂得运用精简指令。 4. 参加者懂得合宜的方式鼓励孩子表达和应对情绪。 5. 参加者能运用"替代活动"减少问题行为的出现。	预防问题行为	1. 回顾上一期的内容及亲子练习分享。 2. 内容讲解。 3. 练习及技巧演练。
二	4.6	1. 参加者能了解"干扰不当行为"的目的及使用时的步骤。 2. 参加者能明白何谓"适切后果",并掌握如何运用"忽视不理""自然后果""暂停享乐"及"承担后果"去处理孩子问题行为。	处理问题行为	1. 内容讲解。 2. 练习及技巧演练。 3. 总结及布置家课。 4. 预告下一节内容。
三	4.13	1. 参加者能掌握如何实行"停想时段"策略。 2. 参加者能掌握如何实行"隔离区域"策略。	停想时段与隔离区域	1. 回顾上一节的内容及亲子练习分享。 2. 内容讲解。 3. 练习及技巧演练。
四	4.13	1. 参加者明白实行"停想时段"及隔离区域的注意事项。 2. 参加者回顾并理解下学期家长管教十一式的内容。	惩罚演技的舞台	1. 内容讲解。 2. 回顾下学期家长管教十一式的内容。 3. 总结及布置家课。 4. 预告下一节内容。
五	4.20	参加者能懂得运用"综合计划七步曲"。	订立综合计划	1. 回顾上一节的内容及亲子练习分享。 2. 内容讲解。 3. 练习及技巧演练。
六	4.20	参加者懂得为特定情境订立综合计划。	教得其乐传万家	1. 分组商定及制订计划。 2. 讲解各组完成的情况。 3. 毕业典礼及嘉许。 4. 完成问卷调查。

社会工作者实务技巧分析

上述案例背景局部描述了社会工作实务通用过程中的"计划"环节。在这个案例中,社会工作者主要呈现的是制定服务目的及目标、明确理论及介入策略以及制定服务计划的过程,涉及实务技术主要是:目标制定、活动策划及时间规划。

该小组的服务目标如下:(1)70%的参加者管教与教导儿童的知识获得提升;(2)70%的参加者对于管教与教导儿童的自信心得到提升;(3)60%的参加者的孩子问题行为有减少。由目标制定的技巧可知,该目标的制定对于 SMART 原则的把握比较好,能够做到清晰明确、可测量、可达到等要求。特别值得说明的是,关于时间限定(T)这个元素,如果是活动结束后或小组结束后就可以达到这个效果,很多时间社会工作者往往会省略时间说明。但从新手社会工作者学习的角度,建议严格按照这五个要素撰写服务目标。

该小组服务计划分为两个阶段,每个阶段分为 6 节,能够很好地呈现出 When(何时)＋Why(目标)＋What(内容)＋Whom(对象)＋Who(工作人员)＋HOW(如何做)的过程。但比较遗憾的是未有机会看到包括 Where(地点)＋If…then(应变方案)＋Evaluation(评估)＋How much(资金和预算)在内的"6W＋2H＋I＋E"完整版本的计划书。

此外,这个小组还涉及到时间的规划。小组从 2017 年 3 月开始,历时两个月,共两期 12 节。社会工作者将小组的内容及进程拆分成 12 个部分,每节紧扣目标设定具体子目标,以子目标的实现推动小组整体目标地实现。

四、服务计划实施过程

实施阶段	工作重点及内容
1. 开始阶段	目标制定与期望厘清:小组开始,社会工作者首先与服务对象讨论小组的目标,订立大家共同认知的小组目标,让服务对象清楚小组拟帮助他们实现什么样的目标。另外,社会工作者利用问卷的形式了解服务对象对小组的期望,厘清服务对象对小组的期望,并调整个别服务对象的期望。这样能够促进小组服务对象认识和接纳小组,做好融入小组的心理准备。 制定小组规范:小组规范是小组初期社会工作者和服务对象一起建立的适合管理和协调服务对象行为的准则。社会工作者与服务对象一起讨论小组规范,包括准时出席、绝对保密、积极投入、支持关怀、完成家课。
2. 中期转折阶段	处理抗拒行为:抗拒是小组过程中不可避免的现象,是服务对象在参与小组时的自然反应,是因为不承认小组是可以公开表白的安全场所,或因为不愿面对自身的潜意识问题。因此,社会工作者在小组带领过程中,营造了一种开放的气氛,帮助服务对象了解小组是分享和表达感受的场所,鼓励他们承认并解决自身所体验的犹豫和焦虑等。 适当控制小组的进程:在转折阶段,社会工作者会认识到服务对象经过处理抗拒和冲突的过程,会养成一定的自我管理、自我决策的能力,但尚未达到完全独立自主的状态。尤其在小组开展过程中,社会工作者对小组的把控十分重要。服务对象渐渐融入到小组当中,开始形成了开放性的表达感受的场所。难免会有服务对象无法控制自己的倾诉欲,从而影响小组的进程。这时,社会工作者适当控制小组的进程,引导服务对象参与以小组的目标为中心的互动。如在每节小组当中,社会工作者会设有讲解和演练以及家课布置的环节,根据每节的主题进行有针对性的演练和家课布置。创造一个以小组为中心的环境,以期更好地实现小组目标。

(续表)

实施阶段	工作重点及内容
3. 后期成熟阶段	协助服务对象从小组中获得新的认知:社会工作者协助和鼓励服务对象进一步自我表露,更深地自我探索,以获得正确的自我认识。在小组中社会工作者根据服务对象的实际情况,引导服务对象分享自己的家课。通过他人的回馈反省自己,让服务对象对管教技巧有更客观的了解,对自己管教问题的形成原因和可能解决的方法有更新的认知。 协助服务对象把认知转变为行动:在服务对象有了新的认知后,社会工作者协助服务对象意识到必须为自己的改变承担责任,并将这种认知转化为实际的行动。除了检查家课以外,日常的分享也是了解服务对象是否把认知转化为实际行动的方法之一。在分享当中,社会工作者鼓励和支持服务对象不断尝试新的行动,并在被期待的新行动出现时,不断予以强化,使其更有信心更有勇气去尝试和坚持。
4. 结束阶段	协助服务对象保持小组经验:社会工作者协助服务对象保持已经改变了的行为,并在日常生活中运用在小组中获得的成长经验。主要方法有:一是模拟练习。在每节小组当中,社会工作者设计相应的练习介绍、技巧演练环节,巩固服务对象对管教技巧的认识和使用。在小组最后,社会工作者带领服务对象进行管教技巧回顾。以结对子的形式,两两一组进行抽签,抽取某一管教技巧,要求服务对象自己设计情景并使用抽中的管教技巧解决问题。二是树立信心。社会工作者把观察到服务对象的变化反馈给他们,给予鼓励和肯定,让他们对离开小组后在管教孩子方面充满信心。

社会工作者实务技巧分析

上述内容主要涉及社会工作实务通用过程中"介入环节"和"结案环节"。在实际操作中,社会工作者将12节的小组概况成开始阶段、中期转折阶段、后期成熟阶段及结束阶段四个阶段,这一过程与小组传统的阶段划分有些差异,但也能够整体反映出小组的进程。其中,前三个阶段主要对应的是社会工作实务通用过程中的"介入环节",而最后一个阶段对应的则是社会工作实务通用过程中的"结案环节"。

依据社会工作者的记录可知,这个小组的开始阶段、中期转折阶段、后期成熟阶段主要涉及资源整合、关系协调、提升组员及情感支持等技巧。

1. 资源整合技巧:在这个小组中,社会工作者主要是透过建立共同心愿——小组目标,来动员小组内部资源,比如,透过订立"准时出席""绝对保密"小组规范,创造安全稳定的环境,从而保证小组组员的参与;订立"积极投入""支持关怀"的小组规范,来活跃小组资源;另外,还订立"完成家课",从而保证小组目标实现。这些对于小组的顺利进展是至关重要的。但比较遗憾的是社会工作者并未具体阐述组员由个体心愿(目标)走向共同心愿(目标)的过程。这一点在小组介入和带领过程中很有价值和意义。

2. 关系协调技巧:在这个小组中,社会工作者主要是透过发挥小组凝聚力的正向功能来促进组员之间的关系,如营造安全及开放的小组氛围,帮助组员个体增强安全感,降低焦虑及犹豫等。此外,还透过制定小组规范,如订立"准时出席""绝对保密"等制定小组规范,来帮助稳定小组成员;订立"积极投入""支持关怀"和"完成家课"来推动小组组员的改变。

3. 能力提升技巧:这个小组主要是帮助特殊儿童家长发展管教技能及能力,这是一个发展模式下的组员能力提升的小组。从整个小组带领角度可知,这个小组主要采取了经验学习模型去提升组员的能力:如小组内的模拟练习,从模拟案例中获得具体的经验,到自我探索和组员反馈,再到社会工作者后期的归纳概括,以及家课中的应用联系,将整合经验学习模型完全走完。此外,社会工作者还透过家课的布置这个环节,帮助组员从组内的学习到组外的生活实践,不仅反馈了反映了这一经验学习模型带领模式,还增加组员在小组内向小组外延展,并激发组员的内驱力与自我实现,从不同的维度推动组员能力的提升,助力组后的自助行动。

4. 情感支持技巧：这个技巧在该小组中，主要体现为来自社会工作者的肯定及鼓励以及在小组进展中来自组员的肯定及鼓励，这一点都是支持小组顺利进展的重要条件。

依据社会工作者的记录可知，这个小组结束阶段主要涉及总结技巧。在本案例中，社会工作者在结束小组之前，带领组员回顾了一直以来学习到的管教技巧，以及对他们取得的进步进行肯定，由此强化巩固原有改变。

五、服务评估

（一）评估方式

1. 过程评估。过程评估，即每一次小组之后，评估参加者对安排的满意程度。这个过程主要采取的方法是观察法，即观察小组服务对象在活动中的投入度来了解小组的合适性。

2. 目标达成评估。目标达成效评估，即评估目标的实现情况。了解小组是否达到预期的目标，是评估工作的主要任务之一。目标达成的相关资料，对反思小组的设计有很大的作用。对于小组目标是否达成的评估方法主要包括两部分，小组开展前的前测和小组结束后的后测。通过前测和后测，评估服务对象对管教技巧的掌握程度及孩子问题行为的情况是否有所减少。采用的是问卷调查的形式。

（二）小组成效

1. 服务对象参与度。在整个小组过程中，每次活动服务对象都能积极参与，整体出席率达到92%。从投入度来看，整体服务对象的投入程度都比较高。

2. 目标达成度。通过前后测问卷了解到100%的服务对象表示在管教与教导子女的知识上面获得了提升，通过小组他们学会了管教技巧十二式。100%的服务对象认为提高了他们在未来教育子女的自信心。87.4%的服务对象在处理孩子的问题行为能力上有所提升。结合建立良好亲子关系以及培养良好行为，服务对象表示孩子的问题也相应较少。

社会工作者实务技巧运用分析

上述内容主要是涉及社会工作实务通用过程中"评估环节"。在这个小组中，社会工作者主要是采取观察法和问卷法（前后测问卷）收集信息资料，从而对小组设计以及小组目标实现情况进行评估。

但是，由文字的描述来看，前线的社会工作者对于社会工作实务通用过程的评估技术掌握得不是特别好。在案例中，将过程评估和目标达成评估放在"评估方式"这一纬度，但其实是两个角度的描述。过程评估是从时间的角度进行描述的，说明的是在什么时候进行评估；而目标达成评估则是从评估内容和对象的角度进行说明的。同时，前线社会工作者还将组员出席率作为是小组设计（组员对活动安排的满意度）的衡量指标，这个也存在一定的风险。目前，这一现象在国内并不是单个现象，它具有一定的代表性。

六、专业反思

（一）小组设计

每节小组的形式主要以回顾、讲解、练习介绍、技巧演练、总结及布置家课。在形式上比较局限，可以根据每节不同的主题更换不同的形式，提高服务对象的参与程度及归属感。例如，增加小组讨论环节、小组游戏环节、小组阅读环节等。每节当中会发现服务对象谈及自己孩子的问题时总是滔滔不绝，社会工作者可以根据实际情况在小组中留一个分享时间，让有需要的服务对象分享自己的经验或者倾诉自己的烦恼。

在每节小组中都有布置家课及家课分享的环节,家课的设计主要是想巩固及督促服务对象的学习,也是评估小组成效的一种方式。所以在每节小组中都有着重要的作用,社会工作者应作为一名监督者,监督和督促服务对象做家课和提交家课,同时,社会工作者也要对服务对象的家课进行批阅,检视和巩固服务对象所学的知识。

1. 社会工作者的带领技巧

时间把控性:由于每节小组的内容都比较多,要在2个小时内把这么多内容和环节都完成,对于社会工作者来说是一个挑战和考验。所以社会工作者的带领技巧也是很影响小组的进程,尤其是对时间的把控。在讲解过程中有不少服务对象会因为某些情景而产生共鸣并开始纷纷议论,这时社会工作者必须得用聚焦的技巧把服务对象的焦点拉回主题,以免严重拖延时间。

专业知识把控性:社会工作者必须在开组之前熟悉课程的内容,对特殊儿童的知识有所了解。尤其是对于课程中提到的管教技巧要做到倒背如流,即使做不到倒背如流也要对管教技巧的解释及使用有所熟悉,随时能回应服务对象的提问。即使遇到一些没有接触过的专业问题也要保持着谦卑的心,切记"不懂装懂"。遇到问题除了可以请教督导、专业人士、自己找资料,也可以借此机会在小组中与服务对象一起探讨,调动服务对象的积极性和提高他们解决问题的能力。

社会工作者实务技巧分析

上述内容涉及的还是社会工作实务通用过程中"评估环节"。由专业反思这部分可知,社会工作者主要是在评估策略技巧的有效性。具体包括小组的设计及小组的带领等技术。此外,其中也涉及社会工作者专业角色评估。但这里依旧存在类似服务评估中的问题——基本概念混乱。此外,究竟是评估什么内容,社会工作者模糊不清。同样,这一现象在国内并不是单个现象,它具有一定的代表性。

社区工作案例：护老者关爱喘息计划[①]

一、案例背景

护老者关爱喘息计划是2016年广州市心明爱社会工作服务中心（以下简称"心明爱"）公益创投项目，主要是面向海珠区辖区范围内有需要的长者及家属，旨在为长者的照顾者提供暂时性替代照顾的服务，让其得以短暂休息、恢复精力便于更好地照顾长者，同步希望探索与发展完善长者社区居家养老服务支持体系。该项目在项目结项后被评选为"2016年度广州市最具社会影响力项目"，也曾引得电视台多次跟踪报道。

（一）项目缘起

该项目是在心明爱过往几年的长者前线服务实践及经验的基础上发展起来的。它经历了早期的需求探索、服务对象明确及锁定，再到后续项目发展及延伸几个阶段。

在前线服务过程中，长者社会工作者发现，经常会有一些社区居民临时打电话过来，咨询是否可以安排人上门给老人做个午饭或去医院拿个药；还有一些家庭也会咨询能否安排短期老人院，让家庭有机会带着子女出去短期旅行；还有居民就直接把老人送到家庭综合服务中心这边来，让社会工作者帮忙照看，让他自己有时间出去办个事……

为此，心明爱社会工作者尝试为该类长者及家庭提供支援服务。在早期接触过程，往往会透过联系义工的形式为这些家庭提供服务。但是，这种服务形式很快就遇到了挑战。

第一个挑战是时间匹配的问题。一般求助的居民往往很紧急，而义工的联系及动员往往需要时间，且带有不确定性，令到服务的提供不稳定。

第二个挑战是专业性的问题。照顾老人是个需要照顾经验的活儿，但很多义工往往不具备照顾老人的经验，在服务过程中很难为老人提供好的照顾，甚至出现过服务风险事件。

这系列的探索，让心明爱社会工作者不断地思考。在督导地指导下，社会工作者从不同角度优化解决问题的办法：一是老人照顾专业性的问题，谁比较专业。二是如何解决时间匹配的问题。在这两个问题的引导下，除了传统的发动社区义工及邻里资源解决长者日常照顾者支援问题外，针对生理照顾依赖比较重的长者，心明爱社会工作者尝试引入专业服务机构合作解决该问题。

（二）需求评估

2015年，心明爱社会工作者曾经对瑞宝街过往服务数据进行盘点统计，发现一个比较有意思的事情，每年有25%~30%的长者个案都是类似的资源整合及转介类型的个案。这个情况同样出现在心明爱承接运营的另外一个家综。

此外，心明爱社会工作服务机构2014年12月至2015年3月在承接海珠居家养老服务调研的时候，透过文献研究、问卷调查及访谈等方式，对辖区的为老服务工作者和老年人进行调查，也发现：对于半自理及无法自理的长者家属照顾者，其渴望得到康复及照顾支援。具体包括：(1) 康复需求：希望得到康复的指导以及使用设备协助康复，如中风后恢复；(2) 辅助器材需求购置，希望能够帮忙购置一些生活辅助器材；(3) 情感支援，希望能够协助照顾长者，缓解

[①] 案例来源于广州市心明爱社会工作服务中心，罗敏怡社工撰写，刘百秀督导点评。

照顾压力。

社会工作者实务技巧分析

上述案例背景局部描述了社会工作实务通用过程中的"接案"环节。在这个案例中,社会工作者主要呈现的是如何了解服务对象及收集服务对象的需求及问题的过程,涉及实务技术主要是:收集资料。

在该项目中,可以明显看到的是前线社会工作者采用了文献检索的方法收集信息资料,主要是透过过往服务信息资料的分析,了解包括同类需求的服务对象比例以及需求等信息。此外,他们还采取文献检索、问卷法及访谈法,针对辖区的为老服务工作者和老年人进行了专项的服务调查。

二、案例分析(预估)

(一)服务对象群体界定

社会工作者发现,进行求助的服务对象具有以下几个特点:

1. 长者往往需要长期照顾,他们可能是半失能的长者、长期患病的长者或行动不便的长者等;

2. 照顾长者的人(下文统称为护老者)可能往往固定一个人或一对夫妻,他们长期承担照顾的任务,往往承担着比较大的照顾压力,精神状态比较紧张;

3. 护老者并不指望其他人能够帮助自己照顾老人,只是期待有人在自己需要的时候能够搭把手,让他/她能够喘口气,休息一下或处理一些事情;

4. 这些护老者可能是需要照顾长者的子女、老伴或家中亲戚。

因此,明确接受替代性照顾服务的长者为:高龄、孤独、空巢、失能、行为能力不健全、慢性疾病等六类长者。申请人可以是老人本人,也可以是护老者。如果申请的护老者是存在聘用关系的护理员,则需要提供家属同意书。

(二)需求及成因分析

问题的成因是:一是长期单独照顾长者,遇到临时紧急情况希望有人帮忙搭把手;二是因长时间照顾带来的压力,需要放松心情,舒缓压力;三是因照顾技巧及经验不足,带来的照顾压力。

解决的方案:一是替代性照顾;二是减压活动;三是照顾技巧训练。

护老者关爱喘息计划第一期主要是提供第一种解决方案。

(三)社区资源探索

为促成项目的落实,心明爱一线项目团队做了大量准备工作:

一是项目前期的准备:申请项目资金,解决钱的问题。为此,项目团队到处找钱,申请了2016年度福彩公益金公益创投项目。同时,也希望和专业服务机构合作,共同进行试水性探索服务。

二是建立服务供应商资源库。项目团队向很多社区养老院、日托中心以及有意向的家政公司、康复服务机构等发出合作意向,签署一系列合作意向书。

三是建立服务对象求助转介网络。项目团队确定家庭综合服务中心、社区居委会、星光老年之家、街道居家养老服务部等为初步合作伙伴,并透过服务邀请书、项目启动礼等形式伸出橄榄枝。

社会工作者实务技巧分析

上述案例背景局部描述了社会工作实务通用过程中的"预估"环节。在这个案例中,社会工作者主要呈现的是分析和解释服务对象的资料与问题、认定问题及进行资源分析的过程,涉及实务技术主要是:问题及资源分析。

上述案例内容描述了服务对象的具体需求,并对其需要这项服务的原因进行了具体阐述。从这个阐述中,可知,他们主要是运用需求为本的社区模式对服务对象的问题及资源进行了探索,详细如下:

社区问题分析主要关注点	案例具体阐述及描述
服务对象问题是什么	需要长期照顾
问题的原因是什么	1. 长期单独照顾长者,遇到临时紧急情况希望有人帮忙搭把手 2. 因长时间照顾带来的压力,需要放松心情,舒缓压力 3. 因照顾技巧及经验不足,带来的照顾压力
服务对象面临的最迫切的问题是什么	紧急性情况下的替代照顾
哪些社区外部资源有利于问题的解决	1. 社区义工及邻里资源 2. 社区养老院、日托中心以及有意向的家政公司、康复服务机构

但从行文内容来看,案例对这个探索过程呈现得比较凌乱,可能与对技巧的运用及把握程度有关系。

三、服务计划

(一)项目拟解决问题:长者临时照顾及托管问题

(二)服务目标及目标

1. 为护老者提供短期支援,缓解其照顾压力;
2. 探索与发展完善长者社区居家养老服务支持体系。

(三)理论指导及服务策略

1. 指导理论:社区照顾

社区照顾是指整合全部社会资源,运用正规照顾和非正规照顾网络,为需要照顾人士在家庭或者社区中提供全面照顾,促成其过正常人的生活。照顾基本可以从四个不同层面进行界定:(1)行动照顾——起居饮食的照顾、打扫居所、代为购物等;(2)物质支援——提供衣物家具和现金、提供食物等;(3)心理支持——问候、安慰、辅导等;(4)整体关怀——留意生活环境、发动周围资源以支援等。一般而言,围绕需要照顾人士应当形成以下几种社会支持网络:(1)个人网络;(2)互助网络;(3)紧急支援网络。该项目拟为有需要的长者及家庭搭建紧急支援网络,目标是为其提供行动及整体关怀。

2. 服务策略:个案管理

个案管理(Case management)指的是由社会工作专业人员为一群或某一案主统整协助活动的一个过程。过程中各个不同服务机构之工作人员相互沟通协调,以团队合作方式为案主提供所需之服务,并以扩大服务之成效为主要目的。当提供案主所需之服务必须经由许多不同专业人员、福利服务机构、卫生保健单位或人力资源来达成时,个案管理即可发挥其协调与监督之功能。本项目社会工作者主要发挥个案管理员的角色,评估长者及护老者的需求,并为其整合及联络资源满足其需要。

(四)服务内容

1. 服务内容:暂时托管及临时照顾服务。
2. 服务方式有三类,可根据实际情况进行选择:

上门式喘息服务:链接社会资源,安排工作人员上门为有需要的长者提供暂时托管及临时照顾服务,让照顾者及家属得到短暂休息。

日托式喘息服务:链接日托资源,安排有需要的长者前往日间托老中心接受暂时托管及临时照顾服务,让照顾者及家属得到短暂休息。

院舍式喘息服务:链接养老院资源,在养老服务机构预留部分床位,以便有需要的长者提供暂时托管及临时照顾服务,让照顾者及家属得到短暂休息。

(五)合作方及角色定位

在本项目中,主要涉及三个服务主体:

一是服务供应商团队,主要是针对服务申请者的需求提供上门式、日托式或院舍式临时替代照顾服务。

二是家综、居委会、居家养老服务部等,主要是服务对象转介者,负责将有需要的长者及家庭转介至项目。

三是项目团队,主要是承担个案管理的角色,需要对申请者的需求进行评估、审核其是否符合无偿服务资格、后期服务质量评估等。

(六)服务计划

1. 服务计划:(1)预计在项目周期内为30名有需要的长者及护老者提供喘息服务;(2)开展不同形式及渠道项目推广活动。

序号	预设指标
1	"喘息服务计划"项目启动仪式
2	"喘息服务计划"社区巡回宣传
3	"喘息服务计划"媒体宣传:项目周期内至少有2家主流媒体报道项目
4	"喘息服务计划"经验总结会
5	为30名海珠区长者提供喘息服务

2. 项目周期:2016年3月—11月。
3. 人员配置及分工安排:1名社会工作者人员＋兼职主管。
社会工作者人员:长者需求评估、资格审核、服务安排及服务评估;
社会工作者主管:搭建项目资源网络及合作方平台、过程监管、专业督导。
4. 应急计划:
(1) 服务商资源库应急计划:控制服务质量,以及临时集中性服务安排。
(2) 项目团队应急计划:透过跨项目运作,解决人员缺位情况。

社会工作者实务技巧分析

上述案例背景局部描述了社会工作实务通用过程中的"计划"环节。在这个案例中,社会工作者基本上将计划环节所有的工作任务呈现出来,具体包括:明确需要介入的问题及对象、制定服务目的及目标、明确理论及介入策略、明确社会工作者、案主及相关合作方角色定位及制定服务计划,涉及实务技术主要是:目标制定、活动策划。

该案例的服务目标如下:(1) 为护老者提供短期支援,缓解其照顾压力;(2) 探索与发展完善长者社区居家养老服务支持体系。由目标制定的技巧可知,该目标的制定对于SMART则的把握有待加强,未能做到可测量要求。

该案例服务计划能够很好地呈现出When(何时)＋Where(地点)＋Why(目标)＋What(内容)＋Whom(对象)＋Who(工作人员)＋How(如何做)＋Evaluation(评估)的过程。但比较比较遗憾的是未有机会看到包括If…then(应变方案)＋How much(资金和预算)在内的"6W＋2H＋I＋E"完整版本的计划书。

四、服务实施

本项目内容,主要分为两大部分,一是项目服务工作,二是项目推广工作。下面将分别针对这两部分工作实施情况进行介绍。

(一) 项目服务工作实施情况介绍

由于是试水阶段的服务,本项目服务的指标为30个,即在项目周期内为30名有需要的长者及其主要照顾者(护老者)提供喘息服务。以下是具体的指标完成情况:

序号	服务主题	服务内容	执行情况	指标完成情况
1	资源搭建	搭建服务资源网络	喘息服务计划与两家养老院、海珠区日托中心、一家养老服务中心建立合作关系,为项目提供具体的服务	已成功搭建
2	服务转介	建立目标长者转介渠道	项目组与海珠区各家庭综合服务中心建立服务转介关系,为目标长者提供资源转介,由项目统筹喘息服务长者资源的使用	已成功搭建

续表

序号	服务主题	服务内容	执行情况	指标完成情况
	前线社会工作者服务跟进	上门式喘息服务	喘息服务计划与广州市宝云健康科技公司达成合作意向,并签订合作协议书。项目目前有37人申请上门式喘息服务,审核通过并正式接受服务的有35人,有2人审核不通过	36人(指标完成率达120%)
2		日托式喘息服务	喘息服务计划与广州市海珠区华洲街瀛洲长者乐苑达成合作意向,并签订合作协议书。目前有2名长者咨询了解喘息服务计划的日托服务,但因路途等因素没有申请服务	
3		院舍式喘息服务	喘息服务计划与广州市海珠区琶洲街社区卫生服务中心建立合作关系,为服务申请者转介至院舍服务供应方。项目启动以来,有5个长者及其家属咨询院舍式服务,其中有1人申请审核通过并接受服务	

(二) 项目推广工作实施情况介绍

根据项目方案的安排,该部分工作暂未设立具体的指标量。具体的项目服务执行情况如下表:

1. 项目启动仪式。根据项目指标,目前已开展喘息服务计划启动仪式。4月21日,开展主题为"护老者喘息关爱计划启动礼暨养老服务小型博览会"活动,喘息服务计划正式启动。现场得到了广州市社区服务中心主任、瑞宝街道办事处、海珠区福利服务协会等12个主要单位领导的大力支持,4家家庭综合服务中心、5家协会、2家居家养老公司以及多家养老器械公司的积极参与和摊位展示,并得到了广州电视台、羊城晚报、广州日报等6家媒体对该项目的热切关注。启动礼现场还吸引了不少长者咨询喘息服务计划。

2. 社区巡回宣传。项目无明确的社区巡回宣传指标,但根据项目服务开展的实际,目前已开展3场社区宣传活动。项目联合瑞宝街家庭综合服务中心、龙凤街居家养老服务部、龙凤街家庭综合服务中心开展社区宣传活动。具体活动分别如下:

(1) 5月13日,喘息服务社区巡回宣传之江南新村社区站;

(2) 6月3日,喘息服务社区巡回宣传活动之工业大道南站;

(3) 6月20日,喘息服务计划之"喘息服务知多少"龙凤街社区宣传活动。

直接受益人50人,间接受益人约150,直接申请服务的人数有11人。

3. 新媒体宣传。喘息服务计划已开通微信、微博平台,每月定期发布喘息服务相关内容。目前,喘息服务微信平台已推送14次微信文稿,微博也定期更新。

此外,喘息服务计划自4月21日启动以来,还得到了广州电视台、羊城晚报、广州日报等传统媒体大力支持。

4. 经验总结会。根据项目指标,目前已开展一场喘息服务计划的经验交流会。11月30日开展了一场主题为"谨言献策,携手共进"的经验交流会,总结喘息服务经验,宣传项目成效,现场还邀请了专家督导、长者服务社会工作者,一同探讨喘息服务的深化服务。

社会工作者实务技巧分析

上述案例背景局部描述了社会工作实务通用过程中的"介入"环节。在这个案例中,社会工作者主要呈现的是如何整合及动员社区资源参与服务的过程,涉及实务技术主要是:资源整合。

在该项目中,可以明显看到的是前线社会工作者在与在地组织关系建立与维系、传播媒介运用及资金募捐方面花了很多精力。

1. 在与在地组织关系建立与维系方面,如他们与两家养老院、海珠区日托中心、一家养老服务中心建立合作关系,为项目提供具体的服务。同时,他们还透过发布签署转介合作意向书以及社区巡回服务等形式,与海珠区各家庭综合服务中心建立服务转介关系,让目标长者更容易找到他们。此外,透过大型活动,他们与广州市社区服务中心、瑞宝街道办事处、海珠区福利服务协会等12个主要单位建立了初步合作关系。

2. 在传播媒体运用方面,项目开通微信、微博等新媒体平台,每月定期发布喘息服务相关内容。同时,借助大型社区活动等形式,成功吸引了广州电视台、羊城晚报、广州日报等6家媒体对该项目的热切关注,从而进一步扩大了项目的影响面,为其获得年度最具影响力项目奠定基础。

3. 在资金募捐方面,项目主要采取特别事件、企业捐赠等形式,借助广州市慈善会设置的专属平台进行资金募捐。

五、服务评估

进入项目末期,申请及接受喘息服务计划的长者开始增多,服务指标完成率达120%,取得了阶段性的成果。具体如下:

1. 项目宣传进入新阶段,媒体加服务受益者(项目义工)同步宣传,服务项目的社会知晓度提高。

在项目启动初期,社会大众,包括项目的直接服务对象——长者及其照顾者(护老者)对喘息服务均未有意识,项目成员在早期需要反复介绍喘息服务的概念、设立背景。但经过一段时间的推广及宣传,尤其是经过广州电视台和南方电视台的2期电视报道及宣传,并打趣项目服务为"养老救火队",项目的宣传面扩宽。到了项目中期,项目的宣传主要以媒体宣传为主。随着服务的推进、项目大发展,不少服务受益者自发成为项目的宣传义工,为项目做宣传,并为项目转介服务对象。项目宣传进入新阶段,由媒体加服务受益者同步宣传。

2. 喘息服务计划有36位服务接受者,服务指标完成率高达120%,服务覆盖面拓宽,服务认可度高。项目对服务接受群体做了访谈了解,对项目成效做了以下评估:

(1) 100%的照顾者认为,喘息服务可以让其得以喘息及恢复精力,照顾压力减轻。项目根据实际情况和本人意愿适当地提供"喘息服务",安排上门照顾或把失能老人送到社区居家养老中心、老年康复中心等养老服务机构接受临时性照护服务,让照顾者得到喘息的机会。服务申请者(照顾者)普遍认为,享受喘息服务期间,照顾者可以与朋友或其他家人外出活动、短暂休假、重拾爱好、参与重要的社交活动,有助于照顾者舒缓压力、调节心情、恢复精力。

(2) 有89%的照顾者认为,有学习到照顾技能,能协助提高照顾的质量。喘息服务可以帮助家庭照顾者在得到喘息的同时,还有专业服务人员现场指导长者照料技巧,很多照顾者及老人学习到了一些照顾的微技巧,能够帮助他们更轻松地处理照顾问题。不仅有助于其提高照顾质量,而且能够使被照顾者得到更有质量的照护。

(3) 有98%的照顾者认为,喘息服务能为其提供心理支持,缓解心理压力,从而缓解家庭关系。项目采取一对一的跟踪服务,主要体现为上门服务的工作人员及项目专员处理服务申请中介入家庭成员认知的调整及改变,并定期访谈跟踪,为其提供心理支持,从而带来家庭成员关系的改变。经回访了解,有98%的照顾者认为,项目社会工作者可以倾听他们的压力,给予支持鼓励,照顾压力得以缓解,家庭矛盾也得到缓解。

(4) 服务受益者成为项目的"代言人"。服务受益者接受喘息服务之后,对喘息服务高度满意。以服务受益者为点,以点牵线,让服务受益者成为项目宣传的一员,向身边的街坊邻居宣传,挖掘潜在的喘息服务对象。

3. 初步探索现行服务体制下喘息服务计划,并形成了"网络化的个案管理"的服务模式(见图1)。

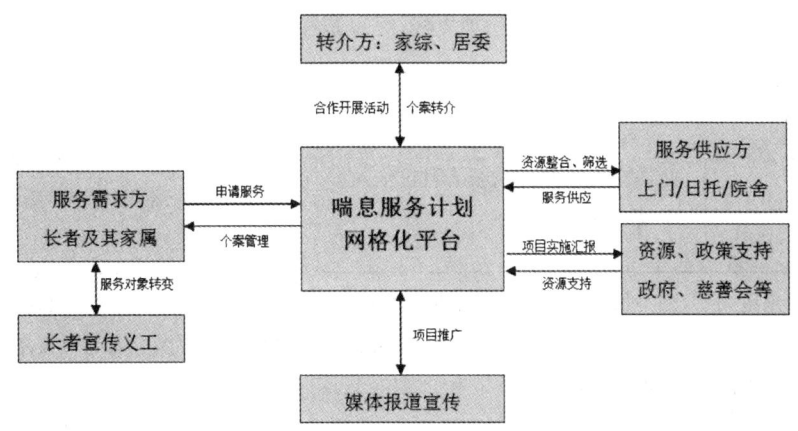

图1 喘息服务计划的网格化个案管理模式

喘息服务计划在现行服务体制下,基本处于试水探索阶段。经过9个月的服务摸索,项目组形成了一套服务模式,其基本要点归纳总结为"网格化的个案管理模式"。喘息服务计划以项目财政及各资助方的资金支持,通过整合链接上门服务机构、日托中心及养老院舍的专业人员服务资源,为服务申请者提供符合需求的专业服务。其具体操作为:第一步为资源链接及整合。项目组与各类型的上门服务机构、日间照料中心和养老院舍建立合作关系,对其服务做好审核和筛选,做好资源链接的储备。第二步为建立网络平台。为推进项目服务,项目组建立了"家综+居委+媒体+长者义工"网络化服务转介平台,此网络平台由海珠区辖区范围内22个家综长者服务部/组、熟悉的居委会、媒体宣传以及由项目服务申请者演变成为项目宣传义工的长者,透过平台间联系,建立服务转介网络,让有需要的长者及其照顾者(护老者)能够找到项目组本身。第三步为个案管理。主要是针对实际申请服务的长者及其照顾者(护老者),为其提供一对一的评估、服务安排及服务跟踪,全方位探索服务申请者在使用服务过程中的想法、顾虑及需求。

社会工作者实务技巧分析

上述内容主要是涉及社会工作实务通用过程中"评估环节"。在这个项目中,社会工作者主要是采取访谈法收集信息资料,从而对项目目标实现情况进行评估。具体来看,社会工作者运用目标核对的办法对项目成效进行了评估,如对项目任务目标(帮扶个案数量)进行了对比。此外,围绕项目既定目标也进行了程度测量,如下表:

项目既定目标		项目目标实现情况
目标类型	具体内容	
任务目标	为30名海珠区长者提供喘息服务	有36位服务接受者,服务指标完成率高达120%
	项目周期内至少有2家主流媒体报道项目	有广州电视台和南方电视台的2期电视报道及宣传
过程目标	1. 为护老者提供短期支援,缓解其照顾压力	100%的照顾者认为,喘息服务可以让其得以喘息及恢复精力,照顾压力减轻
	2. 探索与发展完善长者社区居家养老服务支持体系	初步探索现行服务体制下喘息服务,并形成"网络化的个案管理"的服务模式

从上述的角度来看,因为目标设定没有设定量化标准(见本案例第三部分),故部分目标是无法判断是否达成的。从行文内容来看,案例对这个服务评估的过程呈现得比较凌乱,可能与对技术的运用及把握程度有关系。目前,这一现象在国内并不是单个现象,它具有一定的代表性。

六、专业反思

项目结项后,服务指标完成120%。服务需求量大,项目组也争取到广州市慈善会对喘息服务计划的大力支持,在项目结项后,利用项目自筹资金剩余款项,继续推广喘息服务计划的实施。总结项目实施经验,对后续实施服务进行深化,具体如下:

1. 维持稳定的宣传面,每两周定期电访或走访海珠区各家庭综合服务中心,稳固服务转介系统,并不断优化服务转介机制、策略技巧有效性评估。

2. 以服务受益者为点,牵动其身边的线。带动服务受益者成为项目的宣传者,使其用亲身经历向身边的朋辈宣传。

3. 搭建覆盖面更广的服务转介平台,更全面地回应长者的需求。加大喘息服务计划项目对广州市区范围内的日间照料托管中心、养老院舍的合作力度,与更多的专业养老领域服务机构建立合作联系。同时,在资源链接上,拓宽服务内容,增加多个不同服务种类的服务供应方。

4. 完善及深化喘息服务的服务内容。完善服务申请评估标准,明确项目定位,做出项目特色。

5. 为提高服务质量,对服务工作人员提供专业、正规的培训支持。同时,初步设立一套喘息服务的考核制度。对服务工作人员设立奖惩考核制度，提高服务工作人员的积极性，全面提高服务质量。

社会工作者实务技巧分析

上述内容涉及的还是社会工作实务通用过程中"评估环节"。由专业反思这部分可知，社会工作者主要是在评估策略技巧的有效性，具体涉及的是项目设计技术。在本案例，主要体现的是：如何寻求服务需求与社区资源的有效配合，如与各家庭综合服务中心以及专业养老领域服务机构等建立更密切的合作关系，如何完善服务内容以及培训服务人员，以保证服务需求及服务提供的有效配合；此外，本案例还涉及到促进居民参与解决自己的问题，如把服务受益者带动成为项目的宣传者，使其用具体事例向身边的朋辈宣传，实现群体内自助。

但需要说明的是，该项目的服务评估需要改进的空间还比较大。同样，这一现象在国内并不是单个现象，它具有一定的代表性。

参考文献

[1] 全国社会工作者职业水平考试教材编写组.社会工作实务(中级)[M].北京:中国社会出版社,2017.

[2] 王思斌.社会工作概论(第三版)[M].北京:高等教育出版社,2014.

[3] Barry Cournoyer.社会工作实务手册[M].万育雄译.台北:洪业文化事业有限公司,2006.

[4] 朱眉华,文军.社会工作实务手册[M].北京:社会科学文献出版社,2006.

[5] 徐永祥.社区工作.北京:高等教育出版社[M],2004.

[6] 中国社会工作教育协会组编.社区工作[M].北京:高等教育出版社,2017.

[7] 甘炳光,胡文龙等.社区工作技巧[M].香港:香港中文大学出版社,2006.

[8] 甘炳光等.社区工作理论与实践[M].香港:香港中文大学出版社,1996.

[9] 张兆球,苏国安,陈锦汉.活动程序:计划、执行和评鉴[M].香港:香港城市大学出版社 2011.

[10] 黄轩知,梁玉麒.社会工作小组丛书[M].香港:策马文创有限公司,2011.

[11] 何洁云,谢万恒.社会工作实践:小组工作[M].王英译.香港:香港理工大学应用社会科学出版,2002.

[12] 赵芳.小组社会工作:理论与技术[M].上海:华东理工大学出版社,2015.

[13] 吕新萍.小组工作(第二版)[M].北京:中国人民大学出版社,2013.

[14] 张洪英等.小组工作[M].济南:山东人民出版社,2012.

[15] 项目臭皮匠.项目百子柜——一本社工写给同行者的工具书[M].北京:中国社会出版社,2017.

[16] Linda Cummins,Judith Sevel等著.社会工作技巧演示直接实务的开始.韩晓燕,陈赟译上海:格致出版社,上海人民出版社,2011.

[17] 许莉娅.个案工作[M].北京:高等教育出版社,2004.

[18] JoEllen Patterson,Lee Williams等著.家庭治疗技术[M].王雨吟译.北京:中国轻工业出版社,2012.

[19] Robert Taibbi著,黄峥,肖军,聂晶译.如何做家庭治疗—临床实践中的技巧[M].北京:中国轻工业出版社,2012.

[20] [加]莱斯利·S.格林伯格(Leslie S. Greenberg).情绪聚焦疗法[M].孙俊才,郭本禹译.重庆:重庆大学出版社,2015.

[21] [美]William R. Miller,[英]Stephen Rollnick. 动机式访谈法:帮助人们改变[M]. 郭道寰等译. 上海:华东理工大学出版社,2013.

[22] [美]吉拉德·伊根(Egan. G). 高明的心理助人者:处理问题并发展机会的助人途径[M]. 郑维廉译. 上海:上海教育出版社,2008.

[23] 风笑天. 社会学研究方法(第二版)[M]. 北京:中国人民大学出版社,2005.

[24] Catherine Marshall,Gretchen B Rossman 著. 设计质性研究:有效研究计划的全程指导[M]. 何江穗译. 重庆:重庆大学出版社,2015.

[25] 褚镕. 社区组织募捐管理[M]. 北京:中国社会出版社,2016.

[26] 肖鹏军. 公共危机管理导论[M]. 北京:中国人民大学出版社,2016.

[27] 沈丽冰. 社工机构多元合作建设研究[D]. 广州大学,2017.

[28] 袁奇峰. 广州保障住房建设两例[J]. 北京规划建设,2015(4)

[29] 王思斌. 社会工作者要善于合作[J]. 中国社会工作,2014(16)

[30] 刘芳,吴世友,Mark W. Fraser. 案主满意度评估:一种有效的社会工作实务评估方法[J]. 华南理工大学学报(社会科学报)2013(4):29 - 30

[31] 潘绥铭,侯荣庭,高培. 社会工作伦理准则的本土化探讨. 中州学刊 2012(1):98

[32] 社会工作中的资源链接指南[EB/OL]. https://mp. weixin. qq. com/s/MOQcW-Gx-aF7vnYfuZjD_yg,2017 - 11 - 13.

[33] 过程总结及改进:AAR 事后回顾法[DB/OL]. http://www. it610. com/article/146440. htm